C. CONESTOUS

Declarations de Successions

C. GODDE, Editeur.

DE LA RÉDACTION

DES FORMULES

DE

DÉCLARATIONS DE SUCCESSIONS

et des pièces annexées

DE LA RÉDACTION

DES FORMULES

DE

DÉCLARATIONS DE SUCCESSIONS

et des pièces annexées

PAR

G. GINESTOUS

DOCTEUR EN DROIT

RECEVEUR DE L'ENREGISTREMENT A BOULOGNE-SUR-SEINE

PARIS

IMPRIMERIE ET LIBRAIRIE GÉNÉRALE DE JURISPRUDENCE

MARCHAL ET BILLARD

G. GODDE, Successeur

27, Place Dauphine, 1er

1924

ERRATA

Page 22 — 16e ligne :   disposition *au lieu de* disparition.

  » 25 — 25e   »   édicté *au lieu de* édité.

  » 39 — 15e   »   contrat de mariage *au lieu de* contrat de contrat.

  » 109 — 16e   »   n'y recourera pas *au lieu de* y recourera.

  » 124 — 44e   »   il acquiert *au lieu de* il en acquiert.

  » 145 — 34e   »   dès qu'il en est fait *au lieu de* dès qu'il en fait.

  » 151 — 27e   »   agir ainsi *au lieu de* agir.

DE LA RÉDACTION

DES FORMULES DE DÉCLARATIONS DE SUCCESSIONS

ET DES PIÈCES ANNEXÉES

D'APRÈS L'ARTICLE 11 DE LA LOI DU 6 DÉCEMBRE 1897

ET D'APRÈS LES LOIS DU 25 FÉVRIER 1901 ET DU 31 MARS 1903

ET AUTRES LOIS SUBSÉQUENTES

INTRODUCTION

La loi du 6 Décembre 1897, promulguée au *Journal officiel* du lendemain a, dans son article 11, consacré une réforme qui était depuis longtemps réclamée en ce qui concerne les déclarations de mutations par décès. Cet article était ainsi conçu : « Les déclarations de mutations par décès seront établies sur des « formules imprimées fournies *gratuitement* par l'Administration. Elles seront « signées par les héritiers, donataires ou légataires, leurs tuteurs ou curateurs. « Elles seront écrites par le receveur, si les parties le requièrent. — Un règle- « ment d'Administration publique déterminera les mesures d'exécution du pré- « sent article. »

Ce texte de loi est encore en vigueur. Toutefois les formules ne sont plus four- nies gratuitement, depuis la loi du 25 février 1901, mais sont achetées moyen- nant la faible rétribution de deux centimes 1/2 pour chaque formule simple, et de cinq centimes pour chaque feuille double.

Le règlement d'administration publique dont il est parlé dans la partie finale de l'article 11 précité est intervenu le 10 janvier 1898, et a été inséré au *Journal officiel* du 23 du même mois.

Les dispositions de la loi du 8 décembre 1897 et du décret du 10 janvier 1898 devaient être appliquées à partir du 1er juillet 1898; mais pour divers motifs qu'il est inutile de rappeler ici cette application fut ajournée au 1er août suivant.

Nous lisons dans l'exposé des motifs de la loi qui nous occupe. « Dans la « pratique, les déclarations de mutations par décès font très fréquemment l'ob- « jet de projets préparés par le représentant des intéressés, le plus souvent un « notaire, et ces projets sont remis au receveur qui les recopie plus ou moins « littéralement. La transcription entraîne, pour les agents aussi bien que pour « les contribuables, d'assez sérieuses complications. Pour les agents, elle accroit « sans profit appréciable leur travail matériel et leur fait perdre un temps qui « pourrait être mieux employé à des recherches profitables au Trésor. Quant

« aux redevables, elle leur occasionne des démarches et des retards considéra-
« bles. ».

On aurait pu ajouter que la déclaration établie sur une formule par le redevable lui-même est bien plus son œuvre que celle écrite par le Receveur d'après
des indications plus ou moins précises fournies par le contribuable et reproduites
avec plus ou moins d'exactitude. La déclaration est ainsi bien plus l'œuvre des
parties, selon le désir exprimé par le législateur dans l'article 27 de la loi du
22 frimaire de l'an VII, reproduisant l'article 23 de l'édit de 1703 et l'art. 12 de la
loi du 5 décembre 1790.

Il y a lieu seulement d'être surpris que les inconvénients, auxquels le législateur de 1898 a voulu remédier, en rendant l'emploi des formules obligatoire
pour toutes les déclarations de mutation par décès, aient mis près d'un siècle à
être découverts. On s'explique moins qu'une fois établis au grand jour, la réforme
ait été si longtemps et si ardemment combattue par ceux qui auraient eu le devoir
de la faire aboutir au plus vite.

Ces inconvénients que nous apercevions peut-être, mais auxquels on ne voulait pas remédier, avaient déjà été trouvés intolérables dans plusieurs pays étrangers, et on s'était empressé d'apporter depuis longtemps des modifications à la
législation sur ce point. C'est ainsi pour ne citer qu'un exemple, que nous voyons
établi au Piémont un système analogue à celui adopté chez nous en 1898.

Après la guerre d'Italie, lorsque Nice et la Savoie furent librement cédées à la
France, lors de la constitution de l'unité italienne nous avons trouvé dans les
bureaux d'enregistrement les déclarations de mutation par décès reçues avant
l'annexion, écrites sur des formules par les parties elles-mêmes. Il a fallu, pour
se soumettre à la loi française de l'époque, renoncer à cet usage pratique et
transcrire les déclarations sur le registre *ad hoc*. Dans ces pays nouvellement
annexés, on comprenait plus qu'ailleurs les avantages du système qu'on avait dû
abandonner et les désagréments de la transcription sur le registre du contenu
des pièces produites à l'appui de la déclaration. Pendant plus de 38 ans on a dû
attendre, comme réforme en France, l'application du système piémontais.

Les inconvénients qui sautaient aux yeux du législateur de 1898, auraient été
aperçus depuis plusieurs années déjà par les moins clairvoyants. A plusieurs
reprises les réclamations furent si vives que l'Administration s'en émut. La question fut étudiée en haut lieu avec toute la lenteur dont on a l'habitude d'entourer
toutes les réformes même urgentes à la Direction Générale de l'Enregistrement.

En 1891 on décida de consulter le personnel départemental sur les modifications à apporter au service. On invita tous les employés supérieurs et un certain nombre de receveurs qui furent désignés par les directeurs dans chaque
département à exposer dans un rapport spécial leurs idées de réformes administratives.

Trois ou quatre ans après eut lieu une nouvelle consultation du personnel de
l'Enregistrement. Celle-ci fut plus générale. On s'adressa à tous sans exception.
On pria tous les agents de bien vouloir soumettre leurs propositions. La réponse
était facultative ; mais ceux qui avaient des projets et voulurent bien les communiquer, étaient invités à les formuler séparément sur des feuilles distinctes pour
chaque proposition.

Dans cette double consultation les *desiderata* des agents furent à peu près
unanimes pour la suppression de la transcription littéraire sur le registre des
déclarations de mutation par décès. Presque tous s'occupèrent de cette question

et réclamèrent que les projets de déclarations que la plupart des receveurs conservaient enliassés puissent tenir lieu du registre de déclaration, et que la recette des droits perçus fasse seule l'objet d'une mention sur le registre avec un numéro correspondant.

L'Administration supérieure ne consentit pas, néanmoins, à prendre l'initiative de la réforme et lui resta hostile. En effet, lors de la discussion du premier projet de loi sur le *régime successoral avec déduction du passif*, un amendement fut proposé dans ce sens, comme compensation au travail que devait occasionner aux agents la nouvelle loi successorale. M. Liotord Vogot, alors directeur général de l'Enregistrement, s'opposa à l'adoption de cet amendement qui fut repoussé par la Chambre des Députés. Le motif invoqué par lui fut l'intérêt des contribuables, alors que cet intérêt bien compris militait, au contraire, pour l'adoption de la réforme.

L'opposition de M. le Directeur Général à une réforme sollicitée par tous fut vivement critiquée. Certaines personnes peu familières avec les questions administratives prêtèrent l'oreille à ces critiques et les trouvèrent fondées, de telle sorte qu'on prévoyait le moment, où la réforme serait votée malgré l'opposition de l'Administration. Alors soit pour ce motif, soit pour tout autre, la Direction Générale prit l'initiative d'un projet de modification qui devint l'article 11 de la loi du 6 décembre 1897.

Depuis le 1ᵉʳ août 1898 les déclarations de mutation par décès doivent être établies sur des formules, au lieu d'être transcrites sur un registre par le receveur de l'Enregistrement. L'emploi des formules est obligatoire et l'Administration a poussé cette obligation jusqu'à exiger une formule pour une simple omission mobilière ou un simple supplément de droit ne donnant lieu précédemment qu'à une recette. Il y a ici une complication au régime ancien qui n'atteignait au début que les agents, mais qui est légèrement onéreuse pour les contribuables, depuis que les formules ne sont plus gratuites (art. 22, l. 25, février (1901 . Certains ont prétendu que cet emploi abusif des formules avait été prescrit pour enlever, dans la mesure du possible, au nouveau mode de procéder tout son caractère libéral : nous n'en croyons rien cependant.

Il va sans dire, que les formules exigées pour *les recettes ne donnant pas lieu à déclaration par les parties* (omissions mobilières et suppléments de droits) sont toujours établies par le receveur (Instruction 2954, p. 8 . Le receveur est encore tenu en vertu de l'article 11 précité de remplir la formule, lorsque les parties veulent se contenter de faire des déclarations verbales. Cette faculté réservée aux parties a été insérée dans la loi, afin qu'on ne puisse même pas prétendre, comme l'avait fait M. Léotard Vogt, que le mode nouveau de procéder entraînerait un supplément de charges pour le contribuable. En fait, cependant, ces déclarations verbales reproduites par l'Agent de l'Administration sont assez rares et ne se produisent que pour des successions d'une très minime importance, et n'offrant aucune complication. Pour les autres, ce ne serait pas pratique; on s'exposerait à des erreurs considérables, car le receveur ne doit jouer, comme précédemment, qu'un rôle à peu près passif. Il faudrait lui fournir, comme jadis, un projet détaillé qu'il recopirait sur la formule : on a aussitôt fait de la remplir soi-même et on n'a plus à attendre que le travail soit terminé au bureau de l'enregistrement pour la signer ensuite, après s'être assuré de l'exactitude de cette copie.

Les formules de déclarations de mutation par décès sont donc présentées toutes garnies au receveur de l'Enregistrement, qui s'assure qu'elles ont été rédigées conformément à la loi. Si toutes les exigences légales sont remplies, il liquide l'impôt, cette liquidation restant son œuvre, et perçoit les droits qu'il croit exigibles.

La rédaction de ces formules et des différentes pièces qui doivent y être jointes n'est pas sans présenter de sérieuses difficultés, surtout depuis la loi du 25 février 1901. Aussi croyons-nous être utile au public en général, et aux contribuables en particulier, en essayant de leur indiquer quelles sont les différentes énonciations qu'elles doivent contenir.

CHAPITRE PREMIER

PRÉLIMINAIRE

Section I. — Cadre imprimé

Les formules délivrées par l'Administration moyennant cinq centimes par feuille double et deux centimes et demi par feuille simple depuis la loi du 25 février 1901, contiennent d'abord au recto un cadre imprimé. Sur la première ligne il faut indiquer comme titre en abrégé, la succession qu'on va déclarer en énonçant le nom du *de cujus* . Il n'est pas nécessaire de mentionner ses prénoms que nous retrouverons ensuite.

§ 1ᵉʳ. — Déclarants

Dans les trois lignes suivantes est ménagé un espace pour inscrire les noms, prénoms, professions et domiciles du ou des déclarants. D'abord une question se pose. Combien doit-il y avoir de déclarants ? Nous répondons qu'il doit y avoir autant de déclarants qu'il y a dans la déclaration de parties non solidaires.

1° *Héritiers.* — L'article 32 de la loi du 22 frimaire an VII est ainsi conçu dans ses deux premiers paragraphes : « Les droits des déclarations des mutations par « décès seront payés par les héritiers, donataires et légataires. — Les cohéritiers « seront solidaires. »

Lorsqu'il n'y a que des héritiers légitimes, un seul doit souscrire la déclaration, se portant fort, conformément à la loi, pour tous les autres. Sans doute tous les héritiers pourraient comparaître et signer ensuite la déclaration ; mais cette intervention amènerait inutilement des complications, surtout lorsque les cohéritiers sont nombreux. Un seul suffit et nous conseillons de ne pas faire figurer les autres comme déclarants. Cette recommandation est surtout très importante depuis la loi du 14 avril 1914, qui dans son article 7 prescrit à chacun des déclarants : héritiers, légataires et donataires, tuteurs, curateurs ou administrateurs légaux, d'insérer à la fin de la déclaration la mention suivante : « *Le déclarant* affirme « *sincère et véritable la présente déclaration ; il affirme en outre, sous les peines* « *édictées par l'article 8 de la présente loi, que cette déclaration comprend l'ar-* « *gent comptant, les créances et toutes autres valeurs mobilières françaises ou* « *étrangères, qui, à sa connaissance appartenaient au défunt soit en totalité* « *soit en partie.* »

Comme chaque déclarant doit inscrire de sa main la formule on a donc tout avantage à en diminuer le nombre. En pratique, pour éviter l'insertion de toutes ces mentions profondément ridicules du reste, tous ceux qui, à un titre quelconque auraient à souscrire la déclaration donnent mandat sur une feuille timbrée à 2 francs ou 2 fr. 40 depuis la loi du 22 mars 1924 à un tiers de les représenter, de signer la formule et de la remettre au bureau compétent. Il importe de remarquer que lorsque la déclaration de mutation par décès est passée par un mandataire, celui-ci n'a pas à formuler, soit en son nom, soit au nom de son mandant ou de ses mandants, l'affirmation prescrite par l'article 7 de la loi précitée. De leur côté les mandants ne sont pas tenus de souscrire l'affirmation dans la procuration qu'ils donnent.

Dans le cas où les déclarants ne savent pas ou ne peuvent pas signer, ils ne sont naturellement pas tenus d'insérer cette mention qui devrait être écrite de leur main. Le receveur leur donne lecture de la mention prescrite qui punit les affirmations frauduleuses, ainsi que de l'article 8 de la loi 28 avril 1918, et certifie au pied de la déclaration que cette formalité a été accomplie et que les déclarants ont affirmé l'exactitude complète de leur déclaration. En cas de solidarité, par exemple lorsqu'il s'agit d'héritiers, l'un d'eux, même ne sachant ou ne pouvant pas signer, est fondé à se présenter au nom de tous pour déposer la déclaration nécessaire.

Bien que cette mention ne signifie rien en réalité, et que la menace de l'application de l'article 366 du Code pénal ne puisse produire aucun effet, même sur les esprits les plus timorés, par cette raison capitale que la mauvaise foi nécessaire dans l'espèce doit être prouvée par l'administration, ce qui est à peu près impossible, le receveur n'en est pas moins forcé de refuser toute déclaration, où l'affirmation légale ne serait pas insérée, lorsque le déclarant n'est pas un mandataire, aussi est-il essentiel de choisir soigneusement celui qui doit la souscrire, en pesant toutes les conséquences qui peuvent en résulter, au point de vue des simplifications à réaliser.

2° *Légataires*. — La solidarité n'a été admise par le législateur qu'entre les cohéritiers, c'est-à-dire, entre les parents légitimes du défunt appelé à la succession *ab intestat*. Elle ne peut s'étendre au delà. C'est en effet une disposition de droit étroit. Ainsi la solidarité n'existe pas entre les légataires universels et les héritiers réservataires, bien qu'ils soient tenus les uns et les autres des dettes de la succession *ultra vires*; elle n'existe même pas entre les légataires entre eux. Sans doute ils peuvent donner pouvoir à un même mandataire, mais ils doivent figurer tous dans le pouvoir, tandis qu'un héritier solidaire peut donner pouvoir au nom de tous ses cohéritiers. — Quelques auteurs et entre autres M. Demante (n° 661), 2ᵉ éd.) avaient essayé à ce double point de vue de soutenir une opinion contraire, mais ils ont dû y renoncer et la Jurisprudence administrative et judiciaire est définitivement fixée dans le sens de la non solidarité (Seine 6 décembre 1848, 14.672-27; — 13.584 J. N.; 23 novembre 1861, 10.511 R.; 17.318, D. P. 62, 3, 40; — Toulouse, 3 juillet 1862; 356 Rev. Not.; 17.468 J. N.; 1652 R. P.; — Le Havre 29 août 1872, S. 73, 2, 121 : — Sol. 20 mars 1878, 7 janv. 1879, 14 décembre 1879, 23 septembre 1879, 21 févr., 5 avril 1880; 30 avril 1901).

Par un argument *a fortiori* on doit décider, qu'il n'y a pas solidarité entre les héritiers et les légataires particuliers, entre ceux-ci et le légataire universel (sol. 7 mars 1881). Il ne peut pas également y avoir solidarité entre les divers légataires particuliers entr'eux. Cependant si une sorte de solidarité avait été établie par le testateur lui-même entre ses divers légataires, au sujet du payement des droits de mutation, au moyen d'une clause spéciale du testament, on ne voit pas pourquoi sa volonté ne serait pas respectée, car la non solidarité entre les légataires n'est pas une règle d'ordre public.

De ce qui précède, il résulte qu'en principe, et sauf certaines réserves et entre autres celle que nous venons de faire, l'héritier ou le légataire universel n'a pas qualité pour déclarer les legs particuliers. Par réciprocité, le légataire particulier ne saurait être admis à souscrire la déclaration au nom du légataire universel, de l'héritier ou d'un autre légataire particulier (Orléans 23 décembre 1834; 11.164 J.; — Lyon, 6 décembre 1843; 13.408 J.). — Si donc des héritiers et des légataires où simplement divers légataires veulent ne souscrire ensemble qu'une seule déclaration, ils doivent y figurer tous comme *déclarants* et la signer tous; s'ils savent le faire : Il y a simplement un inconvénient déjà signalé résultant de la loi du 18 avril 1918.

Cette obligation de faire souscrire une déclaration spéciale par chacun des légataires ou de les faire intervenir tous dans une déclaration unique n'est pas sans offrir de sérieuses difficultés, surtout, si ces divers légataires sont nombreux. Le cadre de la formule se prêterait difficilement à une telle avalanche de déclarants. Il faudrait, en outre, la faire circuler pour réunir les signatures exigées par la loi, d'où des déplacements, des pertes de temps considérables, en supposant même que la présence des divers déclarants ne soit pas requise au moment de la remise de la formule au bureau de l'enregistrement. La nécessité de faire des déclarations multiples pour chaque ayant droit présenterait plus d'inconvénients encore.

Pour remédier dans ce cas aux ennuis de la non solidarité, il n'y a qu'à recourir au mandat. Les divers légataires peuvent donner mandat à l'héritier, ou à l'un des héritiers, ou à l'un des légataires ou même à un tiers de les représenter. Le pouvoir ainsi donné est dispensé d'enregistrement. La personne, munie d'un mandat régulier de tous les intéressés, a qualité pour engager valablement tous ses mandants vis-à-vis de l'Administration. La déclaration ainsi faite doit être acceptée, comme si elle émanait des mandants eux-mêmes, et en cas d'omissions ou d'insuffisances, ce sont eux qui encourent les peines prononcées par la loi, sauf leur recours contre le mandataire, s'il y a lieu (Cass., 18 août 1829; 9.760 J.; 2.713 R.; Dict. Fessard, V° succ. n° 629).

3° *Usufruitiers*. — Le légataire en usufruit, comme tout légataire, ne peut d'une façon régulière souscrire, sans mandat, la déclaration de la nue propriété échue à un héritier ou à un autre légataire. Cependant, à défaut de paiement par le nu-propriétaire, l'usufruitier pourrait le cas échéant, se trouver tenu sur les revenus des biens héréditaires, c'est-à-dire sur son usufruit, de l'acquittement, de l'impôt auquel la mutation de la nue-propriété aurait donné ouverture, à cause du privilège sur les fruits et revenus concédé à l'Administration par l'art. 32 de la loi du 22 frimaire an VII. Le Trésor n'aurait sans doute pas le droit de poursuivre directement le légataire en usufruit, à cause de sa non solidarité avec le légataire de la nue-propriété; mais, comme l'art. 32 précité donne action à la *Nation* sur les revenus des biens à déclarer *en quelques mains qu'ils se trouvent*, pour le paiement des droits dont il faudrait poursuivre le recouvrement, l'Administration aurait la faculté d'agir par voie de saisie-arrêt sur les fruits et revenus soumis à son action privilégiée. C'est, en effet, ce qu'elle ferait sûrement, si son action directe contre la nue-propriété était incapable d'amener une prompte rentrée de l'impôt.

L'usufruitier a donc intérêt à la libération du nu-propriétaire. Aussi a-t-on reconnu que, si le premier offre le payement du droit dû par ce dernier, on ne saurait refuser ce payement pour diriger des poursuites contre celui-ci. Cette opinion a été consacrée par un arrêt de la Cour de Cassation du 18 décembre 1811 (J.4.134; — Dict. Fessard, V° SS°° n° 633).

L'usufruitier doit, ainsi sur sa demande formelle, être admis à passer la déclaration incombant au nu-propriétaire. Mais il est urgent d'indiquer alors dans la formule dans quelle condition, il agit, car sa déclaration n'est pas susceptible d'être opposée au nu-propriétaire, qui ne saurait être rendu passible du droit en sus, si une omission avait été commise et encore moins des pénalités pouvant résulter de l'art. 8 de la loi du 18 avril 1918, en supposant qu'il soit loisible de les appliquer.

Si l'usufruitier se présente en même temps que le nu-propriétaire ou que l'un des héritiers solidaires, il doit figurer avec ce dernier comme *déclarant* dans la formule et apposer sa signature à la fin de la déclaration, avec la mention requise par l'art. 7 de la loi du 28 avril 1918.

Il est inutile d'ajouter que tout ce que nous venons de dire au sujet du légataire en usufruit s'applique pour identité de motifs au conjoint survivant, usufruitier légal, en vertu de l'art. 1er de la loi du 9 mars 1891, modifiant l'article 767 du Code civil.

4° *Tuteurs*. — Aux termes de l'article 450 du Code Civil le tuteur représente le mineur dans tous les actes de la vie civile. En cette qualité il a l'obligation de passer les déclarations de mutation par décès incombant à son pupille. Avant la rédaction du Code, le législateur de frimaire lui avait déjà imposé cette charge. Le paragraphe 2 de l'article 27 de la loi du 22 frimaire an VII, est ainsi conçu : « Les héritiers, donataires ou légataires, leurs tuteurs ou curateurs, seront tenus » d'en passer déclaration détaillée et de la signer sur le registre. » — L'article 39 de la même loi a sanctionné cette obligation, en rendant les tuteurs *débiteurs personnels* des amendes qu'ils ont encourues pour n'avoir pas passé dans le délai légal, la déclaration des successions échues à leurs pupilles ou pour avoir commis des omissions ou fait des évaluations insuffisantes.

Le tuteur supplée ainsi la personne du mineur ou de l'interdit dans tous les actes d'administration. En cette qualité il peut figurer comme déclarant pour le compte de son pupille avec toutes les prérogatives que celui-là aurait pu avoir s'il eut joui de sa pleine capacité. Par suite, il peut donner mandat à un tiers de souscrire la déclaration en son nom ou il peut y venir et se porter fort pour tous les cohéritiers du pupille. Ceux-ci sont valablement engagés et sont tenus solidairement des droits en sus encourus pour omissions ou insuffisances dans la déclaration souscrite par le tuteur. S'il a donné mandat à une tierce personne, celle-ci a les mêmes pouvoirs que lui, par rapport aux cohéritiers du pupille.

Quid du tuteur légataire ou usufruitier légal dans une succession échue en totalité ou en partie à son pupille ? Il conserve, au point de vue de la déclaration à souscrire les mêmes droits que s'il n'était pas légataire. Il peut déclarer à la fois, son legs et la succession revenant aux héritiers, en agissant pour son compte personnel, pour le compte du mineur ou de l'interdit et en se portant fort pour les cohéritiers de celui-ci. — Supposons, par exemple, une femme tutrice légale de ses enfants mineurs et usufruitière légale en vertu de la loi de 1891 ou même donataire ou légataire de la moitié en usufruit des biens composant la succession de son mari. Elle a qualité pour faire une seule déclaration pour son usufruit et pour le reste de l'hérédité, tant pour ses enfants mineurs, que pour ses enfants majeurs, cohéritiers de ces derniers. La déclaration ainsi faite est opposable à tous à cause de la solidarité entre tous les cohéritiers, dont elle représente légalement quelques-uns.

5° *Père administrateur légal*. — Pendant la durée du mariage, le père est administrateur des biens de ses enfants mineurs (art. 389 c. c.) A ce titre il doit souscrire les déclarations des successions échues à ceux-ci. Par suite il doit figurer comme déclarant agissant en leur nom et au nom de leurs cohéritiers, s'il y a lieu suivant les distinctions qui ont déjà été indiquées, ou donner en cette qualité mandat à un tiers d'agir en ses lieux et place.

Nous n'avons pas à rechercher ici, ce qui sortirait par trop des limites que nous nous sommes tracées, si le père administrateur légal des biens de ses enfants mineurs, qui a omis de souscrire une déclaration en leur nom est passible du demi-droit en sus, ou des pénalités édictées pour l'article 12 de la loi du 8 avril 1910, comme l'a décidé le tribunal de Toulouse le 5 mars 1863, ou s'il ne lui est pas applicable, à cause du silence des textes à son égard, suivant jugemen du tribunal de Bellac du 4 août 1881. En bon administrateur, il a non seulement qualité pour la souscrire, mais il doit le faire; car en supposant qu'il ne puisse être poursuivi personnellement par le Fisc, celui-ci aurait comme gage les biens héréditaires, et un préjudice pourrait en résulter pour les mineurs. Or, dans cette hypothèse, ces derniers seraient fondés à lui demander compte de cette négligence, en s'appuyant sur le 2ᵉ paragraphe de l'article 389 du Code civil ainsi conçu : « Il (le père administrateur légal) est comptable, quant à la pro- « priété et aux revenus des biens, dont il n'a pas la jouissance : et, quant à la « propriété seulement, de ceux des biens dont la loi lui donne l'usufruit. »

Mari administrateur légal. — Le mari administrateur légal des biens de sa femme, n'encourt pas au point de vue fiscal, la responsabilité imposée aux tuteurs et curateurs par l'article 39 de la loi du 22 frimaire an VII Cass. Civ. 10 novembre 1874 ; 3¹. 75, 1, 132, D. P. 75, 1, 115); mais il n'en doit pas moins faire la déclaration des successions incombant à sa femme et il a qualité pour y figurer seul et sans le concours de celle-ci. Il suffit qu'il ait la qualité, d'administrateur des biens de son épouse. C'est ce qui a lieu sous le régime de la communauté légale ou conventionnelle (art. 1428 C. C.), sous le régime exclusif de communauté, ce qui ne lui enlève pas l'administration (art. 1531 C. C., sous le régime dotal, lorsqu'il est stipulé par le contrat de mariage que les biens qui écherront à la femme par succession seront dotaux.

Toutefois le mari ne serait pas fondé à souscrire une déclaration de mutation par décès, pour le compte de sa femme, lorsqu'il n'est pas administrateur légal de ses biens personnels. Il ne pourrait intervenir alors que comme mandataire de son épouse et en vertu d'une procuration régulière. C'est ce qui a lieu, par exemple, sous le régime dotal, lorsque les biens recueillis par la femme sont paraphernaux. Celle-ci en a alors l'administration et elle peut faire la déclaration de la succession sans l'assistance du mari (art. 1576 C. C.. La même règle est applicable, lorsque le mariage a été conclu avec la clause de séparation de biens, car chacun des époux à l'entière administration de ses biens (art. 1536 C. C.).

Lorsque le mari est administrateur légal des biens de sa femme et a ainsi qualité pour souscrire seul la déclaration des successions qui sont échues à celle-ci, il jouit naturellement de toutes les prérogatives, qu'elle aurait eues elle-même, selon les règles déjà signalées, et notamment il a la faculté d'agir pour le compte de ses cohéritiers.

6° *Mineurs émancipés.* — Le mineur émancipé a aux termes de l'art. 481 du code civil, le droit de faire valablement tous les actes de pure administration. Il semble que la déclaration de succession est un acte de cette nature, qu'il doit pouvoir

faire sans le concours de son curateur (Sol. 23 mai 1872; — Dict. Fessard
V^r Succ,. n°s 630 et 950).

7° *Curateurs.* — Nous savons ici qu'au point de vue des déclarations de mutation par décès, la loi impose aux curateurs les mêmes obligations qu'aux tuteurs. Il n'y a pas lieu de distinguer entre les curateurs des héritiers, donataires ou légataires. Tous sont tenus au payement des droits et doivent souscrire les déclarations de succession au nom de ceux qu'ils représentent. Il en est surtout ainsi du curateur au ventre art. 393 C. C.; G. Demante n° 813,. Sous la réserve de ce qui vient d'être dit, il en est de même du curateur du mineur émancipé. Ce dernier, comme nous venons de le voir a qualité pour remplir cette formalité rangée parmi les actes d'administration; mais le curateur doit s'assurer sous sa responsabilité qu'elle a été remplie, sinon il doit la remplir lui même. Le mineur émancipé pourrait se voir réclamer directement le payement des droits; mais, vu la généralité des termes de l'article 39 de la loi du 22 frimaire an VII, la possibilité de cette action directe contre ledit mineur émancipé, ne semble pas mettre complètement son curateur à l'abri, en cas de négligence de sa part.

8° *Curateurs de successions vacantes.* — Malgré la généralité des termes des art. 27 et 39 de la loi de frimaire, en ce qui concerne les curateurs, il est généralement admis en doctrine et en jurisprudence qu'ils ne visent pas le curateur à succession vacante, et que celui-ci n'est tenu de payer aucun droit de mutation, lorsqu'il est établi qu'il n'est pas nanti de fonds dépendant de la succession vacante. Il n'est donc pas obligé de faire l'avance de ces droits sur sa fortune personnelle (Cass. 29 avril 1807; Testu Lebeau, V^r Succ. vac. n° 10; Bruxelles 4 novembre 1815, R. G. N° 16, 180, — Cass. 3 décembre 1839; S. 40, 1, 28; — Dalloz, C. Enreg. n° 4417; — Champ. et Rig. IV, 3857 et 3883, — Dict. Fessard, V^r Succ., n° 183; Tours, 14 Mars 1862, D. P., 63, 3, 30; Saint-Amand, 26 février 1831, R. 3664; — Mantes 30 juillet 1841; 12806 J. — Seine, 12 mai 1853, R. 8905; 11 mai 1861, D. P. 61, 3, 48; — Bar-le-Duc, 21 août 1856 et Montbéliard 22 janvier 1857. Rép. gén. n° 16, 180, Sol. 29 novembre 1843. J. 13,590-8;.

Mais il résulte de ces diverses décisions et des Instructions de la Régie n°s 2.389 § 7 n° 65 et 2.598; page 22 que le curateur à succession vacante est obligé de passer la déclaration et d'acquitter l'impôt dans le délai légal lorsque la succession offre des ressources suffisantes. Il a donc qualité pour figurer comme déclarant au nom de l'hérédité qu'il représente et administre.

9° *Héritiers bénéficiaires.* — Au point de vue fiscal les héritiers bénéficiaires doivent être assimilés à des héritiers purs et simples et sont tenus comme tels au payement des droits de mutation par décès, solidairement avec les autres héritiers. Ils ont, par suite, pleine qualité pour souscrire tant en leur nom qu'au nom de leurs cohéritiers la déclaration imposée par la loi. (Angoulème, 23 janv. 1850; 14.905-2 J.; — Grenoble, 31 août 1840; 12.374 J.; — Dict. Fessard, n° 949; — Champs et Rig. IV, 3.879).

10° *Cessionnaires de droits successifs.* — La Cession de droits successifs à la charge du payement des dettes et droits de mutation par décès ne saurait modifier les obligations du cédant héritier ou légataire. Vis-à-vis du Trésor cet acte est *res inter alios acta* et ne peut lui concéder une action directe contre le cessionnaire. Toutefois cette cession peut être considérée comme tenant lieu de mandat pour faire la déclaration au nom de l'héritier. (Sol. 26 juin 1827; R. 1.936; — Melle 26 mars 1852; 15.395 J.; 8.615 R.; Dict. Fessard, n° 621; 14.676 J. N.).

11° *Exécuteurs testamentaires.* — L'exécuteur testamentaire ne saurait être assimilé à un curateur au point de vue de l'obligation du payement de l'impôt. De plus à la différence du curateur, il n'a aucune qualité pour souscrire la déclaration de succession. Il ne le pourrait qu'en vertu d'un pouvoir régulier, émanant des héritiers ou légataires ou des personnes ayant légalement qualité de les représenter (Marseille 25 juillet 1867; — Sol. 19 févr. 1879; Dalloz V^r Enreg. n° 4.178; — Champ. et Rig., IV, 3.854; — Sol. 28 avril 1902; Inst. 3.089 § 13).

12° *Commissaires-priseurs.* — Le commissaire-priseur chargé par jugement de procéder à la vente des meubles et de payer sur le produit les dettes privilégiées et droits de mutation par décès ne représente pas la succession et ne peut pas faire une déclaration régulière (5.977 J.; — Dict. Fessard n° 622).

13° *Notaires commis.* — De même le notaire commis en justice pour représenter des présumés absents, n'a pas qualité pour faire la déclaration des successions ouvertes à leur profit (Sol. Belge, 16 septembre 1867; 2.686 R. P.).

14° *Consuls étrangers.* — En sens inverse, le consul est considéré comme le représentant naturel des membres de la nation dont il gère les intérêts et on admet qu'il a qualité pour souscrire la déclaration des valeurs délaissées par un étranger de sa nation décédé en France, laissant des héritiers étrangers demeurant hors de France.

15° *Séquestres.* — Le séquestre, nommé en justice, pour faire vendre certains biens de la succession et en distribuer le prix aux créanciers, ne saurait être assimilé aux curateurs. Il n'est tenu que de l'exécution de son mandat consistant à distribuer les fonds disponibles de la succession. Il n'a pas ainsi qualité pour souscrire la déclaration de succession : Ce soin incombe toujours aux héritiers non renonçants (Lyon 18 août 1874; 19.608 J.; 3.911 R. P. — Sol. 28 septembre 1876 et 10 mars 1880).

15° *Syndics de faillite.* — Le failli n'est pas dessaisi de la propriété de ses biens, mais seulement de leur administration par le jugement déclaratif de faillite; par suite, s'il vient à décéder, ses héritiers les recueillent et peuvent les conserver en arrêtant les poursuites des créanciers. (C. Caen, 19 janvier 1229; Pardessus n° 1.113; — Dalloz V° Faillite n°s 24 et 182). Le syndic n'est pas fondé dans ce cas à déclarer la succession. Cette formalité regarde les héritiers, et s'ils ont tous renoncé, il y a lieu de faire déclarer la vacance et de nommer un curateur (Seine 29 mars 1862; D. P., 62, 3, 87-83; — Dalloz C. Enreg. n°s 4.017 et 4.018; — Lure, 14 juin 1873; — Rouen, 16 mars 1876).

Mais ce que nous venons de dire ne s'applique qu'à la succession du failli. Il en serait autrement d'une succession échue au failli; le syndic serait alors tenu au payement des droits de mutation par décès pour le compte du failli et, par conséquent aurait le pouvoir de déclarer la succession, surtout s'il l'a acceptée, pour le compte du failli, au nom des créanciers qu'il représente, conformément à l'art. 788 du Code civil (Cass. 10 mai 1815; 5.169 J.; — 28 juillet 1851; D. P., 51, 1, 233; — Dict. Fessard, n° 623).

10° *Mères divorcées ou séparées de corps ayant la garde des enfants.* — Une femme divorcée ou séparée de corps qui a obtenu du tribunal la garde de ses enfants, mais qui n'a pas l'administration de leurs biens, ne peut être admise à souscrire la déclaration qui leur est échue. (18.437-2 J.).

18° *Personnes Morales.* — Les représentants naturels des personnes morales, tels que les maires et administrateurs ont qualité pour souscrire les déclarations des dons et legs faits aux départements, communes, établissements publics charitables et hospitaliers, sociétés de secours mutuels, etc. (art. 19, V° L. 25 février 1901).

§ 1. — Qualité des déclarants

Nous venons de voir quelles sont les personnes, qui doivent soit de leur chef, soit au nom de leurs représentés ont ou non qualité pour passer une déclaration de succession et peuvent se présenter au bureau de l'enregistrement pour demander à acquitter d'après la formule présentée les droits de mutation tels qu'ils seront liquidés par le receveur art. 28, 1. 22 frimaire an VII.

Dans la partie de la formule qui suit celle réservée aux noms, prénoms, et domiciles des déclarants, se trouve un espace vide commençant par ces mots imprimés : « *agissant en qualité de* ». Les déclarants doivent énoncer là autant que possible, la qualité qui les fait agir, d'après ce que nous venons de dire. Ils doivent indiquer, s'ils sont héritiers, légataires, donataires, tuteurs, curateurs, mandataires ou autres ayant le pouvoir de représenter des tiers d'après les distinctions déjà faites. Les mandataires ne doivent pas omettre d'énoncer qu'un mandat déposé est annexé à la déclaration.

S'il y a plusieurs déclarants avec des qualités diverses, il est donc urgent de les énoncer. Si c'est un héritier solidaire agissant pour le compte de ses cohéritiers, il doit indiquer qu'il agit comme : *héritier, et comme se portant fort pour ses cohéritiers qui seront dénommés ci-après*.

Très fréquemment à la suite du décès d'une personne mariée, le conjoint survivant figure avec un des héritiers solidaires dans la formule de déclaration à cause de l'usufruit légal résultant de la loi du 9 mars 1891 ou de la donation ou du legs en usufruit qui lui a été concédé par son conjoint prédécédé. Dans ce cas l'héritier doit faire connaître qu'il se porte fort pour ses cohéritiers et le conjoint qu'il vient comme usufruitier légal ou donataire en usufruit en vertu du titre énoncé ci-après. Si le nom de l'héritier figure le premier dans la formule, on met par exemple ceci, en ce qui concerne la qualité : « Agissant le premier en qualité « d'héritier unique ou héritier solidaire, se portant fort pour ses cohéritiers « ci-après désignés et le second comme usufruitier légal ou donataire en « usufruit. »

Même distinction pour un légataire universel ou particulier faisant une déclaration conjointement avec un héritier ou un ou plusieurs autres légataires. La qualité de chacun doit être soigneusement indiquée. Si le cadre de la formule est trop exigu, il y a lieu de le modifier en conséquence. Du reste il n'est nullement nécessaire de le respecter. Le cadre imprimé a été fait, dans l'intérêt des contribuables, afin de leur servir pour ainsi dire de guide au début de la déclaration. Mais s'il devient une gêne, il n'y a qu'à le supprimer, en ne tenant aucun compte des mentions qu'il renferme. Ainsi le cadre pourrait être rempli entièrement, des noms, prénoms et qualités des déclarants, et si cela ne suffit pas, on peut se servir, pour l'insertion de ces noms et qualités, de toute la première page et même des pages suivantes.

Les déclarants peuvent s'ils le préfèrent, faire connaître immédiatement à la suite des nom, prénoms et domicile de chacun d'eux, la qualité qui les fait agir, avant d'inscrire les nom et prénoms d'un autre et ainsi de suite.

Lorsqu'un héritier agit, en vertu d'une procuration, pour un ou plusieurs légataires, il y a lieu de l'indiquer, par exemple, en déclarant qu'il agit « *tant en son nom personnel que pour le compte des dits légataires suivant pouvoir ci-annexé.* »

§ 3. — Nom et prénoms du Défunt

Après avoir fait connaître les déclarants avec la qualité qui les fait agir, il y a lieu de commencer la déclaration proprement dite, en désignant tout d'abord, d'après les indications successives de la formule, les nom, et prénoms de la personne dont on déclare la succession. On ne doit pas se contenter de mentionner un prénom : il faut les détailler tous, car il est indispensable qu'il n'y ait pas le moindre doute sur le décédé en question.

Cette énonciation complète et détaillée est nécessaire pour éviter des confusions regrettables, pouvant amener ensuite des réclamations inexactes de la part du receveur ou des employés supérieurs, d'après les renseignements du répertoire général, sans qu'il y ait la moindre faute à imputer à ces agents. C'est ce qui pourrait se produire, si on se contentait de n'attribuer au défunt qu'un prénom qu'on lui a donné toute sa vie en famille et dans l'intimité, mais qui n'a jamais existé en ce qui le concerne, sur les registres de l'Etat-civil. Sans doute l'indication de ce prénom d'emprunt n'est pas de trop, il est au contraire, très utile de ne pas l'omettre, car le *de cujus* a pu figurer sous ce prénom dans plusieurs actes de la vie civile et on peut trouver un compte sous cette dénomination au répertoire du bureau d'enregistrement. Les recherches sont ainsi facilitées et les chances d'erreurs diminuées.

Mais il ne faut pas manquer d'énumérer tous les autres prénoms, en faisant savoir que ce nom d'emprunt ne lui était donné qu'en famille, car sur la notice fournie par le Maire de la commune, où s'est produit le décès, le défunt ne sera ordinairement désigné que sous ses véritables prénoms ; or il importe qu'il n'y ait pas d'erreur, lorsque seront faits les rapprochements.

§ 4. — Age du défunt

Le cadre imprimé de chaque formule renferme une place spéciale imprimée relative à l'âge du défunt. Pour que la formule soit complète, il est bon d'indiquer cet âge. Toutefois cette énonciation n'est prescrite ni par l'article 27 de la loi du 22 frimaire an VII, ni par aucune disposition législative ou réglementaire. Elle n'est surtout utile à connaître que lorsqu'il s'agit d'une personne décédée en minorité, par exemple, pour savoir si elle n'avait pas la capacité de disposer par testament art. 903 C. C.), ou si elle ne pouvait disposer que pour moitié art. 904 C. C.

L'âge du défunt résulte des actes de décès, et il est ainsi facile de le retrouver. Du reste, ce renseignement figure sur la notice de décès que chaque maire fournit chaque trimestre au receveur de l'enregistrement de son canton, ou du canton où s'est produit le décès, lorsqu'il y a plusieurs bureaux de successions dans une même commune art. 55 l. 22 frimaire an VII). Le receveur chargé de recevoir la déclaration pourrait au besoin aisément compléter la formule à cet égard, en annotant la table des décès au vu de la déclaration.

§ 5. — Qualité du défunt

Il y a lieu d'indiquer ensuite la qualité du défunt au point de vue matrimonial.

S'il est célibataire, il suffit d'inscrire dans la partie désignée à cet égard dans la formule le mot : *célibataire*.

S'il était marié ou s'il était veuf, il faut le faire connaître en énumérant comme pour le défunt lui-même les noms, prénoms, professions et demeures de son conjoint existant ou de son conjoint ou de ses conjoints prédécédés. Si le de cujus a convolé en plusieurs justes noces, il est urgent qu'on soit renseigné à cet égard. Ainsi on mettra par exemple ; veuf en premières noces de…, veuf en secondes noces de… etc, et, s'il est remarié, époux en 3ᵉ ou 4ᵉ noces, de…

S'il est divorcé, les nom et prénoms de l'ex-conjoint divorcé ne doivent pas être oubliés avec l'énonciation au besoin du jugement prononçant le divorce. A la suite on place s'il y a lieu les nom et prénoms du nouveau conjoint.

Que le décédé soit remarié ou non, à la suite du décès d'un ou de plusieurs de ses conjoints, il est fort utile, bien que ce ne soit pas rigoureusement prescrit, de faire connaître à la suite des noms et prénoms de ces conjoints prédécédés, la date et le lieu de leurs décès. Ces indications permettront de retrouver plus facilement tout ce qui intéresse le de cujus et pourront éviter certaines erreurs préjudiciables aussi bien à l'Administration de l'Enregistrement qu'aux contribuables eux-mêmes.

§ 6. — Profession du défunt

Il y a lieu de mentionner ensuite, d'après les indications de la formule, la profession qu'exerçait le défunt de son vivant. S'il exerçait plusieurs professions, il est bon de les faire connaître toutes d'une façon très sommaire. Mais cette énonciation sommaire de la profession ou des professions du de cujus, ne doit pas laisser de doute sur leur véritable caractère. Ainsi s'il s'agit d'un ingénieur, comme il y en a de plusieurs sortes, on doit dire s'il s'agit d'un ingénieur des mines, d'un ingénieur des ponts et chaussées ou d'un ingénieur des tabacs. S'il s'agit d'un magistrat, ce serait un peu bref de le désigner simplement par ce mot; il faudrait préciser, en indiquant exactement les fonctions exactes dont il était investi. De même si le décédé était directeur, il serait urgent de dire de quelle direction il était chargé, car il y a des directeurs de toutes sortes, depuis les directeurs des grandes administrations publiques, jusqu'aux directeurs de cirques, de ménageries, et de manèges de chevaux de bois.

Ce renseignement concernant la profession du de cujus peut présenter une certaine utilité, lorsqu'il y a plusieurs personnes dans une même localité ayant des noms et des prénoms identiques. Parfois la profession sert seule à les distinguer. Si le défunt n'exerçait aucune profession, il faut également le déclarer.

Si le défunt était militaire des armées françaises ou alliées de terre ou de mer et mort sous les drapeaux, soit après renvoi dans ses foyers dans l'année à compter de la cessation des hostilités, de blessures reçues ou de maladies contractées pendant la guerre ou si, étant civil, il a été tué par l'ennemi soit au cours d'un combat, soit comme otage fusillé par des représailles ennemies, soit en mer du fait de l'ennemi, il est indispensable de l'indiquer, afin que, s'il y a lieu, ses ascendants, ses descendants et sa venue, puissent bénéficier de l'exemption des droits de mutation par décès, prévue au profit de ces héritiers par l'article 9 de la loi du 26 décembre 1914. Pour bénéficier de cette exonération d'impôt, les ayants—droit sont tenus de fournir un certificat de l'autorité militaire ou, s'il s'agit d'un civil, de l'autorité compétente, constatant que la mort a bien été occasionnée par les faits prévus par le législateur de 1914, tels qu'ils sont définis par l'Instruction de la Régie n° 3464, du 18 décembre 1915. En pratique ce certificat est fourni pour les militaires par le commandant du dépôt du régiment, ou le commandant du corps de troupe, dont le de cujus faisait partie. Ce certificat est annexé à la déclaration et reste au bureau avec les autres pièces nécessaires telles que les procurations et les pièces relatives aux dettes héréditaires susceptibles de déduction.

Sous le nom de militaire, on comprend tous ceux qui faisaient partie d'une armée de terre et de mer, sans distinguer entre les militaires proprement dits, c'est-à-dire ceux appartenant aux corps de troupes combattantes et les assimilés aux militaires, c'est-à-dire ceux attachés aux divers services de l'armée, tels que l'intendance, le service de santé, le service vétérinaire, la trésorerie et les postes, etc. Mais on ne saurait attribuer la qualité de militaires aux personnes qui, tout en rendant des services à l'armée ne lui furent attachées par aucun lien obligataire, comme par exemple le personnel des diverses sociétés de secours aux blessés (Décision du Ministre des Finances du 23 juin 1915).

A la suite de la profession du défunt, on a souvent l'habitude de rappeler les titres qu'il a pu obtenir durant sa vie. Cette énonciation n'est pas nécessaire, mais peut être utile ; en tous cas c'est un dernier hommage rendu à sa mémoire, cinq ou six mois après son décès, et on ne peut que l'approuver.

§ 7. — Domicile du défunt

La mention du domicile offre une très grande importance, afin de s'assurer que la déclaration est réellement faite au bureau de l'Enregistrement compétent pour la recevoir (art. 27 — 3, 1. 22 frimaire an VII ; — art. 16 1. 25 février 1901 .

C'est aux redevables qu'il appartient d'apprécier, sous leur responsabilité et sous la réserve du contrôle des préposés de l'Administration, d'après les actes du défunt, quelle commune doit être considérée comme étant celle du dernier domicile de celui-ci et, comme conséquence, à quel bureau la déclaration de la succession doit être souscrite. L'Administration laisse une très grande initiative aux contribuables sur le choix du domicile et s'abstient d'une façon toute particulière de se prononcer à l'avance sur cette question (solution du 4 mai 1899).

Quand on a une déclaration de succession à souscrire, il importe donc de savoir quel est le domicile civil du défunt, le seul qui nous intéresse.

L'article 102 du Code Civil est ainsi conçu : « Le domicile de tout Français « quant à l'exercice de ses droits civils, est au lieu où il a son principal établissement. »

Le domicile n'est pas la maison, la construction matérielle : c'est une chose idéale, abstraite, le siège juridique d'une personne, le lieu, où elle est toujours censée présente pour l'exercice de ses droits et l'accomplissement de ses obligations (Aubry et Rau, I, § 141).

Tout individu a nécessairement un domicile, soit un domicile d'origine, soit un domicile de droit. Pour déterminer le domicile d'une personne décédée, il faut rechercher d'après sa propre déclaration ou d'après diverses circonstances, conformément aux dispositions des articles 103 et 104 du Code Civil, où elle avait eu l'intention de fixer son domicile au moment de son décès.

La loi impose parfois un domicile de droit à certaines personnes. Ainsi les fonctionnaires inamovibles tels que les magistrats assis des cours et tribunaux et de la Cour des Comptes, ont de droit leur domicile au lieu où ils sont appelés à remplir leurs fonctions (art. 107 c. c.). Leur acceptation de ces fonctions à partir du jour où ils entrent en charge, par suite de leur prestation de serment, entraîne immédiatement fixation de leur domicile dans ce lieu. (Demolombe I, 364), Demante et Cornet de Sancerre, I, 136 ; Laurent, II, 90 ; — conf. Cass. Req. 11 mars 1812, S. 13, 1, 418).

L'article 108, du code civil donne de droit :

1° Aux femmes mariées, le domicile de leur mari ; et ce domicile ne cesse que par le divorce, ou la séparation de corps, par l'interdiction du mari et par la naturalisation du mari en pays étrangers ; mais non par le simple transfert du domicile du mari à l'étranger, s'il reste français (Cass., 14 janv. 1873, G. 73, 1, 15, — C. Pau. 11 mars 1875; S. 75, 1, 409; C. Toulouse 22 mai 1880; D. P., 81, 2, 93. — C. 6 février 1893, art. 1er).

2° aux mineurs non émancipés le domicile de leurs père et mère ou tuteur et aux enfants naturels mineurs non reconnus et dépourvus de tuteur le domicile des personnes qui se sont chargées de leur entretien (Cass. civ. 9 mai 1889; S. 89, 1, 476).

3° aux interdits celui de leur tuteur.

Les individus qui travaillent habituellement chez autrui ont légalement le domicile de leur maître, lorsqu'ils demeurent avec lui, dans la même maison et qu'ils n'ont pas d'autre domicile de droit (Art. 109, c. c.). La règle est la même pour la femme mariée majeure habitant en qualité de domestique ou d'ouvrière, une autre maison que celle où son mari a son domicile. Si elle est séparée de corps, elle cesse d'être domiciliée de droit chez son mari et elle peut se choisir un autre domicile.

Les condamnés à des peines afflictives et infamantes, placés pendant la durée de leur peine en état d'interdiction légale sont domiciliés, comme tous les interdits, chez leur tuteur (art. 108-in fine C. C.).

Ces divers domiciles imposés par la loi servent à déterminer dans ces différents cas le bureau compétent pour recevoir la déclaration de la succession, sans qu'il y ait lieu de se préoccuper du fait du décès ou de l'habitation dans une autre résidence (Cass. 20 avril 1808; — 3 mars 1825; Toullier, I, 375; — Demo-lombe, I, 357; —Duranton I, 364; — Dalloz, V° Domicile, n°s 57 et 58).

Mais il importe de remarquer que ces domiciles imposés par la loi sont une dérogation au droit commun et par suite on ne saurait les étendre par analogie de situation. L'article 106 du Code Civil s'est, du reste, nettement prononcé à ce sujet en disant que « le citoyen appelé à une fonction publique temporaire ou « révocable, conservera le domicile qu'il avait auparavant, s'il n'a pas manifesté « d'intention contraire. » La masse des fonctionnaires est révocable : Il n'y a guère d'exception que pour les magistrats assis déjà énumérés sommairement et pour les professeurs titulaires des facultés, ainsi que pour les évêques et curés nommés avant la loi de séparation. A défaut d'intention contraire clairement manifestée, ces fonctionnaires amovibles conservent leur ancien domicile (Cass. 16 mai 1809 ; — C. Riom 16 févr. 1809. — Conf. Sol. 14 août et 8 septembre 1879). Toutefois leur intention de changer de domicile et de l'établir notamment au lieu, où ils exercent leurs fonctions peut résulter de circonstances diverses (Cass. 11 juil. 1831 ; 10, 179 J ; — 20 juin 1832 ; S., 32, 1, 694 ; — Fessard, Dict. V° Domicile, n° 8 ; — C. Limoges, 12 mars 1844 ; S., 44, 2, 623 ; — Cass. req. 14 février 1855 ; S. 56, 1, 239).

Ces circonstances diverses faisant supposer la perte de l'ancien domicile ne sont pas spéciales aux fonctionnaires amovibles : elles s'appliquent à tous. Ainsi un médecin, après plusieurs changements successifs de résidence, sans avoir fourni les déclarations prescrites, peut avoir perdu son domicile en France et avoir acquis un nouveau domicile en Algérie ou dans les colonies, s'il résulte des circonstances qu'il a eu l'intention de se fixer définitivement dans un de ces pays. (Mâcon 11 décembre 1878). L'exercice permanent d'un commerce ou d'une industrie, le payement des contributions personnelles, l'exercice des droits politiques peuvent faire supposer l'établissement du domicile du *de cujus* (Cass. req. 11 mai 1887 ; S. 87, 1, 376 ; — Poitiers 17 novembre 1875 ; D. P. 76, 5, 165 ; — Cass. req. 10 mars 1879 ; S. 79, 1, 465. — 19 mars 1813 ; S. 13, 1, 22 ; — Paris, 23 mars 1872 ; D. P. 72, 1, 108 ; — Cass. req. 19 décembre 1877, S. 90, 1, 451).

En cas de doute, l'Administration laisse aux héritiers le soin de déterminer eux-mêmes, le domicile de leur auteur (Sol. 9 décembre 1893 et 9 janvier 1897, J. E. 25, 165.)

Quid des militaires ? — Les militaires sont censés avoir conservé le domicile qu'ils avaient avant leur entrée en service, à moins qu'ils n'aient manifesté une intention contraire (Cass., 11 vendémiaire an XIII. — C. Toulouse, 7 janv. 1813. — Sol. 17 mars 1875).

Comme conséquence, si un militaire en activité de service aux colonies y décède, sa succession devra être déclarée au bureau du domicile qu'il avait avant son arrivée sous les drapeaux. Il en serait de même pour la succession de sa femme, si elle venait à décéder au lieu de sa garnison, en vertu de l'article 108 du Code Civil.

Toutefois il a été décidé que l'Hôtel des Invalides, étant une habitation permanente pour les militaires qui y sont admis, constituait pour eux le siège d'un véritable domicile (C. Paris, 16 janv. 1807).

Quid d'un religieux ? — La loi des 13-19 févr. 1790 ne reconnaissant plus la validité des vœux perpétuels, le fait seul de l'entrée en religion ne permet pas de présumer un changement de domicile. Néanmoins comme c'est l'intention de la personne intéressée qui doit servir à déterminer son domicile, lorsqu'un religieux vient à décéder dans une maison de son ordre, la question de savoir où est son domicile, et, par suite, où sa succession doit être déclarée est particulièrement délicate. Tout dépendra des circonstances. Particulièrement, si le religieux est décédé avant d'avoir terminé le temps requis pour le noviciat et pour l'entrée définitive dans la vie religieuse, s'il était soumis à des changements incessants de résidence, on peut décider qu'il n'était pas réellement domicilié dans la maison de son ordre où il est décédé (Sol. 27 avril 1880).

Quid des résidences passagères ou forcées ? — Il est presque inutile d'ajouter que les simples résidences passagères ne peuvent modifier le domicile d'origine. Par exemple, la demeure d'un étudiant dans le lieu où il fait ses études ne détermine pas le changement de domicile ; et s'il vient à y décéder, sa succession devra être souscrite au bureau de son ancien domicile. Très souvent ce domicile sera celui de ses parents, même s'il est majeur, car il est rattaché à eux par une foule de considérations, qui font qu'il a bien chez eux son principal établissement. Il pourrait en être ainsi même si ces parents avaient changé de domicile : tout dépend dans l'espèce des circonstances. Dél. 7 mars 1828; 8956 J; 6.540 J. N.; — Fessard, Dict., V° n° 7; — I. 25 février 1901, art. 16).

Il en est de même *a fortiori* des baigneurs décédés pendant leur séjour dans un établissement d'eaux thermales.

On ne doit pas admettre que les prisonniers et les exilés aient leur domicile aux lieux où ils subissent leur peine, car ils n'y résident que forcément et ne peuvent pas être présumés avoir la volonté de s'y établir. En cas de décès leur succession devra être déclarée au bureau du domicile qu'ils avaient auparavant (Favard de Langlade, Rép. de la nouv. lég,, V° SS°°, n° 311.

Étrangers non domiciliés en France. — Nous avons vu que le domicile, surtout depuis la loi du 25 février 1901, joue un grand rôle en matière de mutation par décès, puisque désormais il n'y a plus lieu de tenir compte de la situation ou de l'assiette des biens meubles et immeubles, pour la déclaration et le payement des droits dus au Trésor. Les deux premiers paragraphes de l'article 27 de la loi du 22 frimaire an VII sont, par le fait, abrogés par l'art. 16 de la loi de 1901. — La disposition du paragraphe 3 du même article 27 de la loi de frimaire, ainsi conçu : « *Les rentes et les autres biens meubles, sans assiette déterminée lors du décès,* « *seront déclarés au bureau du domicile du décédé* » est devenue la règle générale absolue : tous les biens sans exception doivent être compris dans une déclaration unique au bureau du domicile du défunt, même les biens situés en Algérie, soumis au droit de mutation par décès par deux décrets du 29 décembre 1919 et un du 18 janvier 1920 .Inst. 3.622.

Cette règle nouvelle devient inapplicable, lorsque le *de cujus* avait son domicile hors de France. Il ne pouvait être question dans ce cas de faire souscrire la déclaration au lieu du domicile du défunt, car les lois fiscales ne peuvent pas profiter à des pays étrangers, elles sont, par dessus tout, du domaine du statut réel au point de vue international. La loi du 25 février 1901 n'a apporté sur ce point, aucune modification à la législation antérieure ; de sorte que tous les biens situés en France ou ayant des rapports avec les intérêts primordiaux de la France, sont exclusivement, quant à l'impôt, soumis à la législation française Il restait donc à déterminer, où seraient payés les droits de mutation par décès, pour des biens dépendant de la France lorsque le décédé n'avait pas son domicile dans cet état.

Il paraissait logique dans ce cas de faire souscrire la déclaration au bureau de la résidence en France du défunt ou, à défaut, au bureau de la situation des biens s'ils étaient tous situés dans le ressort du même bureau d'enregistrement, ou, du moins, au bureau de la principale situation des biens, c'est-à-dire du lieu où ils se trouvaient en plus grand nombre, puisqu'il ne pouvait plus y avoir qu'une déclaration unique, à cause de la nouvelle liquidation des droits. Le législateur de 1901 en a décidé autrement, dans le paragraphe 2 de l'article 16 de la loi du 25 février 1901 ainsi conçu : « A défaut de domicile en France, la déclaration sera « passée au bureau du lieu du décès ou, si le décès n'est pas survenu en France, « à ceux des bureaux qui seront désignés par l'administration. »

Ainsi il n'y a à tenir compte pour l'étranger décédé ni de sa résidence, en France, où il est probablement rattaché par une foule de liens, ni de la situation des biens. Ce sera le lieu de son décès, s'il s'est produit en France, qui déterminera le bureau où la succession devra être souscrite, alors même qu'il fût inconnu de l'étranger, alors même qu'il y fût venu pour la première fois, avec l'intention de ne faire qu'y passer pour s'éloigner au plus vite. Si ce décès s'est produit hors de France, il faudra aller faire sa déclaration dans des bureaux arbitrairement désignés par l'Administration.

Il nous paraît indispensable de donner ici-même, d'après l'Instruction de la Régie n° 3.508, la liste des bureaux chargés par l'Administration de la recette des droits de mutation par décès. Cette nomenclature est destinée à prévenir les contribuables du bureau où ils doivent se rendre, lorsque le domicile ne peut plus servir de base. A ce point de vue cette question nous a semblé devoir être traitée à cet endroit même de la formule où nous nous trouvons.

Les villes désignées pour recevoir les déclarations de succession des personnes décédées et domiciliées hors de France sont : Paris (1er bureau des successions), Lille (1er bureau des successions), Nancy, Belfort, Annecy, Lyon (1er bureau des successions), Nice, Marseille (1er bureau des successions), Pau, Bordeaux (1er bureau des successions) (Inst. 3.038, p. 28). — Briey, Lunéville (SSons), Pont-à-Mousson (Meurthe-et-Moselle), Inst. 3.067 § 9).

Les héritiers auront, dans cette hypothèse, le droit de choisir l'une des villes désignées ci-dessus pour y souscrire la déclaration qui devra comprendre, bien entendu, toutes les valeurs héréditaires passibles de l'impôt.

Ces divers bureaux n'ont, toutefois, la faculté de recevoir indistinctement les déclarations de personnes non domiciliées et non décédées en France qu'autant que ces déclarations seront souscrites dans les délais fixés par l'article 24 de la loi du 22 frimaire an VII.

Si les délais légaux sont expirés, le 1er bureau des successions de Paris devient seul compétent pour recevoir les dites déclarations et opérer le recouvrement des droits exigibles.

Il n'y a d'exception à cette dernière règle qu'en cas de demande de prorogation de délai. Les pétitionnaires doivent faire connaître celui des bureaux ci-dessus énumérés dont ils ont fait choix et, si leur demande est accueillie, la décision leur imposera, notamment l'obligation de passer la déclaration à ce bureau. (Inst. 3038 p. 28 et 29).

§ 8. — Lieu du décès

Après le domicile servant à déterminer la compétence du bureau au point de vue de la réception de la déclaration qui lui est soumise, il y a lieu, toujours en suivant l'ordre de la formule, de faire connaître le lieu où s'est produit le décès.

Il n'est pas fait allusion au lieu du décès dans les instructions, mais cette indication rentre dans les vues de l'Administration, puisque les parties sont invitées à la fournir, d'après le cadre même de la formule. Elle est d'une utilité incontestable, car elle sert à déterminer, immédiatement, si la déclaration est souscrite dans les délais fixés par l'article 24 de la loi du 22 frimaire an VII. Avec la mention du lieu du décès, le receveur pourra le plus souvent se reporter à la notice trimestrielle fournie par le maire de la commune où a eu lieu le décès, s'il est dans son canton ; dans le cas contraire il lui sera aisé de se procurer les renseignements nécessaires. Le contrôle de la date exacte du décès ne serait guère possible, si on ne mentionnait pas le lieu où il est arrivé. Aussi le receveur serait-il en droit de refuser une déclaration dans laquelle on ne lui permettrait pas de faire les recherches indispensables.

L'indication du lieu du décès peut encore avoir son utilité, si nous nous plaçons dans l'hypothèse prévue par le 2e paragraphe de l'article 16 de la loi du 25 février 1901. Nous avons vu, en effet, que si une personne est décédée en France, sans y avoir son domicile, la déclaration de sa succession sera passée au bureau du *lieu du décès*.

Il n'y a donc pas besoin d'insister pour montrer l'importance de cette mention d'autant mieux qu'on a bien des chances de décéder au lieu de son domicile, qui se confond la plupart du temps avec la résidence ordinaire sauf, dans l'hypothèse déjà examinée des fonctions amovibles. En cas de doute le lieu du décès servira même à déterminer le domicile du défunt, lorsqu'on aura eu à le constater, au centre des intérêts du de cujus dans un endroit qu'il avait l'habitude de fréquenter et qui pouvait être considéré comme son principal établissement.

Qu'entend-on par *lieu du décès* ? On entend par *lieu du décès* non seulement la commune, mais encore l'endroit spécial de cette commune où il s'est produit. Sans doute la mention de la commune est la principale indication à fournir. Mais si elle est primordiale et quelquefois suffisante, il n'en saurait être toujours ainsi ; aussi recommandons-nous d'ajouter le *lieu dit*, et s'il s'agit d'une ville, la rue et le numéro. C'est indispensable pour une ville d'une certaine importance, car il faut qu'avec les renseignements fournis on puisse retrouver l'endroit exact.

Ce que nous venons de dire pour le lieu du décès, s'applique également au domicile.

§ 9. — Date du décès

La date du décès est essentielle, car en règle générale, elle fixe le point de départ du délai accordé pour souscrire la déclaration. D'après l'Instruction 443, les parties devaient en justifier, en produisent certaines pièces à l'appui. Mais cette prescription n'est pas inscrite dans la loi, et aux termes d'une décision du ministre des Finances du 16 novembre 1812, les héritiers n'ont qu'à indiquer la date du décès, et sont dispensés de produire un extrait de l'acte de ce décès.

Les relevés des actes de décès qui sont transmis, tous les trimestres, par les maires de chaque commune au bureau de l'enregistrement de leur ressort en vertu de l'article 55 de la loi du 22 frimaire au VII permet à l'Administration de contrôler l'exactitude de l'indication fournie à ce sujet par les parties (Conf. 1. 27 Vent. an IX ; art. 6 ; Inst. 70). Depuis la loi du 8 avril 1910, la date du décès en cas de retard dans la déclaration permet de calculer la pénalité encourue conformément à l'art. 12 de la dite loi.

La date du décès sert encore, sauf certaines exceptions, à déterminer le tarif qui doit être appliqué. Depuis la loi de 25 février 1901, il y a un très grand intérêt à faire cette distinction. Seules les successions ouvertes postérieurement à la promulgation de cette loi peuvent bénéficier de la déduction des dettes dûment justifiées (art. 3 à 6), et de la déduction de la valeur de l'usufruit, d'après 'âge de l'usufruitier (art. 13) ; mais, en revanche, elles sont seules soumises au tarif progressif d'après la part nette recueillie par chaque ayant droit (art. 2). De même, les successions inférieures à 500 francs pour chaque part nette ne peuvent bénéficier de l'arrondissement de franc en franc, établi dans ce cas par l'article 11

de la loi du 30 Mars 1902 promulguée au Journal officiel du même jour, lorsqu'elles se sont ouvertes avant le 1er Avril 1902. La perception du droit proportionnel continuera, en ce qui les concerne, à suivre les sommes et valeurs de
vingt francs en vingt francs, inclusivement et sans fraction, conformément à
l'article 2 de la loi du 27 Ventôse an IX.

Quid en cas d'absence? — D'après l'article 120 du Code Civil la succession de
l'absent qui n'a pas laissé de procuration pour l'administration de ses biens est
dévolue à ses héritiers présomptifs au jour de la disparition ou des dernières
nouvelles, à la charge de donner caution pour la sûreté de leur administration.
Le droit pour ces héritiers de se faire envoyer en possession des biens de l'absent se transmet à leur décès à leurs propres héritiers, légataires ou donataires.

Néanmoins, ce n'est pas, comme on pourrait logiquement le supposer, le tarif
en vigueur au jour de la disparition ou des dernières nouvelles, ou du jour où
la caution est fournie, qui doit être appliqué, mais celui en vigueur à la date du
jugement d'envoi en possession qui doit être considéré comme le point de départ
des droits de mutation par décès. On se fonde pour le décider ainsi sur la première partie du paragraphe 3 de l'article 24 de la loi du 22 frimaire an VII, où
nous lisons ceci : « Le délai de six mois ne courra que *du jour de la mise en
« possession*, pour la succession d'un absent. » et sur l'article 40 de la loi du
28 avril 1816, dont voici le texte : « Les héritiers, légataires et autres appelés à
« exercer les droits surbordonnés au décès d'un individu dont l'absence est
« déclarée, sont tenus de faire, dans les six mois du jour de l'envoi en possession
« provisoire, la déclaration à laquelle ils seraient tenus s'ils étaient appelés par
« l'effet de la mort, et d'acquitter les droits sur la valeur entière des biens ou
« droits qu'ils recueillent. Cass. 2 avril 1823 ; 7487 J. ; — Seine, 9 avril 1856, et,
sur pourvoi Cass. req. 8 décembre 1856 ; S., 57, 1, 290 ; P., 57, 196 ; D. P.,
57, 1, 100 .

L'assimilation établie par ces deux textes entre l'effet du jugement d'envoi en
possession et l'effet de la mort semble avoir motivé cette dérogation au principe
posé par l'article 120 du Code Civil. La jurisprudence est formelle sur ce point,
et l'Administration tient la main à ce que la perception des droits sur les successions d'absents soit réglée, d'après le tarif en vigueur au moment, où ces droits
deviennent exigible par l'envoi en possession Sol. 21 avril 1877 ; G. Demante,
Princ. n° 680-1 . L'application de cette doctrine n'en est pas moins bizarre
dans certaines circonstances, par exemple, lorsque le légataire universel de l'absent vient à décéder après la disparition ou les dernières nouvelles dudit absent,
mais avant l'envoi en possession. Ce légataire universel n'en transmet pas moins
à ses propres héritiers ou représentants le droit d'obtenir l'envoi en possession
d'une succession, qui, au point de vue de l'impôt, n'est pas censée ouverte.
Merlin Rép., V° Absence, chap. III, n° 2. *Proudhon* . Etat des personnes, I,
p. 154 ; Marcadé, art. 123 n° 5 16,204 J. ; Sur la formule il faut par suite,
indiquer la date du jugement d'envoi en possession aux lieu et place de la date
ordinaire du décès.

Quid d'un militaire? — Le délai pour souscrire la déclaration de succession,
d'un militaire décédé en activité de service, hors de son département, ne court
que du jour de l'inscription de son décès au registre de l'état civil du lieu de son
domicile art. 24-§ 3-3° l. 22 frimaire an VII). Aussi dans cette hypothèse, il
importe d'ajouter sur la formule, immédiatement après la date du décès, celle
de l'inscription dudit décès au registre de l'état civil, du domicile du *de cujus*,

afin de montrer qu'on est encore dans le délai légal pour souscrire sans pénalité la déclaration dont il s'agit. Sur les notices trimestrielles des décès fournies
par les maires, conformément à l'article 55-2° de la loi du 22 frimaire an VII,
existe une colonne spéciale pour la date de l'inscription. Le contrôle de l'Administration est ainsi suffisamment sauvegardé. Ce cas étant très rare, les formules
de déclarations de successions ne contiennent pas une indication spéciale dans
le cadre imprimé : les déclarants auront donc à y suppléer.

Bien que le délai, dans le cas qui nous occupe, ne coure que du jour de l'inscription
du décès au registre de l'état civil du domicile du défunt, le tarif à appliquer
serait, cependant, celui en vigueur au jour du décès, si ce décès avait reçu
antérieurement à cette inscription une date certaine 16,623, § 4 J. L'art. 7 de la
loi du 26 décembre 1914 avait reporté à la fin des hostilités le point de départ des
délais accordés aux héritiers, donataires et légataires des victimes de la grande
guerre pour souscrire la déclaration des biens qui leur sont échus dans ces successions. Mais une loi du 18 décembre 1916, publiée au *Journal Officiel*, le
22, a abrogé cette disparition et reporté le délai au jour de la promulgation de
ladite loi Inst. 3490.

Quid en cas de séquestre? L'article 24 § 3-2° de la loi du 22 frimaire an VII
dispose que le délai court du jour de la mise en possession et non du jour du
décès, pour la succession d'un condamné, si ses biens sont sequestrés, et pour
celle qui aurait été sequestrée pour toute autre cause; mais cette dérogation à la
règle générale ne s'applique qu'au séquestre prononcé par autorité de justice ou
en vertu d'une décision de l'autorité administrative et est inapplicable au séquestre nommé sur la demande des parties. Cass. 22 vend. an IX; 659, 828 J; —
23 brum. an XIII ; 1935, J.; — août 1810; 3698 J.; — 14 août 1811; 4098 J ; —
9 novembre 1813, 4713 J. ; — Sol. 26 novembre et 13 décembre 1873; — Fessard,
Dict. Succ. n° 592 ; — Dalloz, C. Enregt, n° 3685.

Dans l'hypothèse d'un séquestre judiciaire, il y a donc lieu d'ajouter sur la
formule, à la suite de la date du décès, la date de la levée définitive du séquestre
et de la mise en possession réelle des héritiers ou ayants droit par la restitution à
eux faite des biens par la Nation. Cette indication est surtout nécessaire, si le
délai légal du jour du décès est expiré, afin de prévenir immédiatement ainsi le
receveur qu'il n'a pas de pénalité à percevoir. Il est indispensable de s'expliquer
également sur la situation particulière du décédé.

Successions recueillies indivisement avec l'Etat. — Le délai ne court encore
dans ce cas que du jour de la mise en possession et non du jour du décès, conformément à l'article 24 § 3 — 5° de la loi du 22 frimaire an VII. C'est ce qui arrivera notamment, lorsqu'un mineur âgé de plus de seize ans aura laissé pour
unique successeur un légataire universel auquel il n'aura pu transmettre légalement que la moitié de son patrimoine, d'après l'article 904 du Code Civil. Cette
date de mise en possession, comme dans l'hypothèse précédente, doit être inscrite
sur la formule, immédiatement après celle du décès, surtout lorsqu'elle est seule,
de nature à empêcher la perception d'une pénalité en sus, qui serait due si on
s'en tenait à la simple date du décès.

Legs faits à des départements, communes et établissements publics. — Les départements, les communes et les établissements publics, auxquels la loi a conféré la
personnalité civile, tels que les hospices, les séminaires, les fabriques, les congré-
gations religieuses autorisées, les consistoires ne peuvent acquérir à titre gratuit
qu'avec l'autorisation de l'autorité supérieure. L'article 910 du Code Civil, décide

à ce sujet, que les dispositions entre vifs ou par testament, au profit des hospices, des pauvres, d'une commune ou d'établissement d'utilité publique n'aurait d'effet qu'autant qu'elles seront autorisées par le gouvernement.

L'autorisation en ce qui concerne les départements est réglée par l'article 53 de la loi du 10 août 1871, et en ce qui concerne les communes par l'article 18 de la loi du 18 juillet 1837, par l'article 1er § 9 de la loi du 24 juillet 1857 et par les décrets du 25 mars 1852, tabl. A, n° 42 et 21 août 1872, art. 5 § 5.

La nécessité d'obtenir cette autorisation doit être considérée, comme une véritable condition suspensive affectant le droit lui-même, et le délai pour le payement des droits de mutation sur ces legs a pour point de départ la date de cette autorisation (Cass. 13 novembre 1849; S., 50, 1, 198; — 4 décembre 1866; S., 67, 1, 66; — 7 juill. 1868; S. 68, 1, 435; — 9 août 1871; S,, 71, 1, 83) mais non la date de réception à la mairie (Sol. 10 mars 1875; — 5 mai 1876; — 13 décembre 1878). — C'est également du jour où l'acceptation a été autorisée par le gouvernement étranger, que courra le délai pour souscrire la déclaration du legs fait à un établissement étranger.

Le législateur de 1901 a consacré de nouveau ce caractère suspensif relatif aux legs faits à des départements et autres établissements publics ou d'utilité publique dans le paragraphe 4 de la loi du 25 février 1901, ainsi conçu : « à l'égard de « tous les biens légués aux départements et à tous autres établissements publics « et d'utilité publique, le délai pour le payement des droits de mutation par décès « ne courra contre les héritiers ou légataires saisis de la succession qu'à compter « du jour où l'autorité compétente aura statué sur la demande en autorisation « d'accepter le legs, sans que le payement des droits puisse être différé au delà de « deux années à compter du jour du décès. »

L'utilité de mentionner la date de cette autorisation dans la formule de déclaration est donc indispensable, pour fixer le point de départ du délai. Elle doit suivre la date du décès. L'indication de celle-ci n'en est pas moins nécessaire pour savoir si on est bien encore dans le délai maximum de deux ans, du jour du décès, établi par le législateur de 1901, qui à ce point de vue encore a innové dans la matière.

Le droit exigible après l'autorisation d'accepter est celui qui était en vigueur à l'époque du décès, car il y a là une véritable condition suspensive qui rétroagit au jour où le droit a pris naissance pour l'établissement public, c'est-à-dire au jour du décès du testateur (Cass. 4 févr. 1834; D. M. F. 22 juin 1901).

Section II. — Préambule

Nous venons d'analyser tout ce que doit renfermer la formule d'après les indications du cadre imprimé. Il nous reste à rechercher dans cette section quelles sont les autres énonciations indispensables, dont il faut se préoccuper avant d'arriver au détail des divers natures de biens dépendant de la succession.

§ 1er. — Noms et prénoms des héritiers et légataires

Aussitôt après le cadre imprimé, ou aussitôt après les énonciations prévues dans ce cadre, si la place qui y est réservée n'a pas suffi, il y a lieu d'inscrire les noms, prénoms, professions et domiciles de tous les héritiers et légataires, sans en omettre un seul, alors même que la déclaration serait souscrite par l'un des successibles au nom de ses cohéritiers. Il convient, en effet que l'administration soit renseignée sur les noms de tous ceux qui sont appelés à la succession afin d'être au besoin en mesure d'exercer contre eux les actions qui lui sont accordées par la loi.

Ici s'applique tout ce que nous avons déjà dit des noms et prénoms du défunt. Il faut indiquer les noms, prénoms, professions des héritiers. Il faut donner, comme pour le défunt, les noms prénoms exacts, indiquer tous les prénoms et y ajouter même les surnoms, ce qui peut faciliter les recherches du répertoire. De même pour la profession, il faut faire connaitre toutes celles exercées s'il y en a plusieurs.

S'il s'agit de personnes mariées, il ne faut pas omettre les noms, prénoms, professions et demeures des conjoints. Ce renseignement est indispensable, pour les femmes mariées ; et il est d'une très grande utilité pour les hommes, afin d'éviter toute confusion.

Si le déclarant est un héritier et a déjà été régulièrement dénommé avec tous les détails utiles et nécessaires, dans le cadre imprimé, il est inutile de reproduire tous ces renseignements une seconde fois. On peut se contenter de renvoyer à ce qui a été dit précédemment.

Quant au domicile des héritiers et légataires il n'y a pas besoin de le rechercher comme pour le défunt. On peut se contenter d'indiquer leur résidence ordinaire, c'est même cette résidence qu'on devra désiguer de préférence, car c'est là où l'on pourra le mieux les retrouver.

A la suite des noms, prénoms, professions et demeures des héritiers, il est indispensable d'ajouter leur degré de parenté avec le défunt, car c'est d'après le degré de parenté que le receveur appliquera le tarif édicté par la loi.

Si on n'est pas bien fixé sur la manière de compter les degrés tels que les a admis le Code civil (art. 750 à 755) sans s'expliquer sur ce point, on peut se contenter de faire connaitre comment et par qui l'héritier ou le légataire est parent avec le *de cujus*.

La déclaration étant l'œuvre des parties, le receveur ne serait pas fondé à la refuser sous prétexte qu'elle renfermerait une allégation inexacte quant à la dévolution de la succession. Les parties n'ont même pas à justifier, par la production d'actes réguliers de l'état civil, de leur degré de parenté avec le défunt, (Championnière et Rigaud, IV, 3388). Le receveur, ne pourrait faire une objection que si les énonciations contenues dans la formule relativement à la parenté étaient en contradiction avec les renseignements fournies par les parties elles-mêmes au moment de la déclaration. Les diverses pièces jointes par les déclarants à leur déclaration forment un tout qui doit être en harmonie pour permettre la liquidation immédiate de l'impôt. Si cette harmonie n'existait pas, la responsabilité directe du receveur qui passerait outre pourrait se trouver engagée, et les redevables ne seraient plus exposés qu'à un supplément de droit simple sous pénalité. Mais en l'absence de toute contradiction dans les pièces produites, les parties sont libres de s'attribuer telle parenté qui leur convient avec le défunt, comme elles ont la faculté de commettre toutes les omissions et insuffisances, qu'il leur plait, sous la réserve de se voir appliquer pour fausse déclaration préjudiciables au Trésor les pénalités édictées par l'article 39-2 de la loi du 22 frimaire an VII (Cass. 14 Mars 1814. — Auxerre, 19 juill. 1851 ; 15,274 j. —

Amiens 11 juin 1856; 16,375 j.; — Cass. 7 juillet 1863; S., 63, 1,450. — 3 févr. 1869;
S., 69, 1,185) par l'art. 12 de la loi du 8 avril 1910 et par les lois postérieures
des 31 décembre 1917 et 25 juin 1920.

L'Administration a naturellement le droit de contrôler l'exactitude de la qualité que les héritiers ou légataires se sont attribuée, et elle a pour découvrir la
fraude tous les moyens de preuve admis en matière d'enregistrement, c'est-à-dire
toutes les preuves ordinaires, sauf la preuve par témoins et la preuve par commune renommée, qui sont incompatibles avec la procédure spéciale établie par
les articles 64 et 65 de la loi du 22 frimaire an VII (Cass., 29 févr. 1860 ; S., 60, 1,
475; D. P., 60, 1, 139 ; — 19 mars 1862. S., 62, 1, 537, D. P., 62, 1, 223 ; — Cass.
belge 15 novembre 1851 ; 15 376 j. ; — Merlin, v. Fraude, p. 387). On pourrait
donc recourir aux actes de l'état civil, conformément à l'article 34 et s. du Code
Civil, et à défaut de ces actes ou des éléments, ordinaires de preuve, les tribunaux pourraient admettre d'autres documents ou éléments de conviction (C. Paris,
mars 1814 ; — Cass. 8 novembre 1820 ; — 10 juin 1833 ; S., 33, 1, 794 ; — C. Lyon
27 juin 1833., S., 34, 2, 329 ; — Cass. 18 décembre 1838 ; S.. 39, 1, 44 ; — Aubry
et Rau, 1, § 67, texte et note 12 ; — Demolombe, 2, 339 et s.. Lorsqu'une inexactitude reconnue a été commise du chef des parties, si elle donne lieu à un droit
plus élevé, la différence doit être considérée comme une omission entraînant le
double droit (art. 39-2°, précité de l'an VII).

L'alliance n'engendre jamais la parenté en droit français ; aussi faut-il se garder de toute confusion que semblerait justifier l'usage courant.

Quand le légataire n'a aucun lien de parenté avec le défunt il suffit de ne rien
mettre dans la formule, on appliquera pour la liquidation des droits le tarif le
plus élevé, c'est-à-dire celui édité entre les personnes non parentes, soit par les
lois des 21 avril 1833, art. 33 et 18 mai 1850, art. 10, avec application des décimes prescrits par l'art. 1er de la loi du 6 prairial an VII, par l'article 1er de la loi du
23 août 1871 et par l'article 2 de la loi du 30 décembre 1873 pour les décès arrivés
avant le 1er mars 1901, et par l'article 2 de la loi du 25 février 1901, pour les décès
postérieurs à cette date. Si un ou plusieurs héritiers ont renoncé à la succession,
il est bon de les nommer comme les autres, en faisant savoir qu'ils ont renoncé et
en indiquant la date de leur renonciation au greffe.

Si certains héritiers ne viennent à la succession que par suite de la renonciation d'héritiers du degré plus proche, il y a lieu de faire ressortir cette particularité, d'autant mieux que, si la renonciation n'a eu lieu qu'après le délai
légal, c'est-à-dire le plus souvent plus de six mois après le décès, le délai pour
les héritiers subséquents ne courra que du jour de la renonciation des héritiers
du premier degré (sol. 26 janv. 1874. — 7 novembre 1878 ; — 11 décembre 1878 ;
— 4 mai 1879 ; — Fessard, Dict. n° 588). Mais le délai ne serait pas augmenté, et
il courrait du jour de ces décès, même pour ces nouveaux appelés si la renonciation avait eu lieu avant l'expiration du délai légal. (sol. 12 frimaire an XI ; —
Fessard, SS^on n° 588. — Dél. 21 novembre 1814).

Même solution pour les héritiers appelés par suite de l'éviction totale ou partielle d'autres héritiers, le délai pour acquitter l'impôt ne commence que du
jour de la décision judiciaire, qui l'a investi (Cass. civ. 11 févr. 1807; 1734 et
2810 J..., Dalloz C. ann. n° 3688; — Fessard Dict. n° 571. — Champ. et Rig. — IV,
3960; Dict., 2e éd. N° 232. — Seine 25 mars 1852; 15, 451 J.)

De même il importe d'énoncer la rétractation d'une renonciation faite par
un héritier, car c'est du jour seulement de la rétractation que courra le

délai pour souscrire la déclaration (Seine 22 novembre 1873 ; — Auch, 9 décembre 1878).

Une énonciation spéciale est également nécessaire pour les héritiers appelés par suite de la déclaration d'indignité d'un autre successible, puisque le délai pour faire la déclaration de succession ne part pour eux que du jour de l'arrêt qui a prononcé l'indignité, c'est-à-dire du jour où la décision judiciaire a acquis l'autorité de la chose jugée (Cass. 20 août 1816, 5602 J. ; — 28 juin 1820 : 6781 J. ; — 24 août 1841 ; S. 41, 1, 621 — 16 avril 1856 ; S., 66, 1, 264 ; D. P., 66, 1,175 ; — 1608 Rev. not. ; 18, 553), ou du moins du jour du jugement prononçant l'indignité (Cass. 19 août 1868, S., 68, 1, 416. D. P. 68,1, 480 ; — 26 janv. 1870 ; S. 70, 1, 159 ; — Cass. req., 13 févr. 1878 ; S., 78, 1, 475).

Il doit en être de même pour les héritiers appelés par suite du décès d'un enfant né non viable. L'enfant simplement conçu est héritier, mais cette qualité est subordonnée à la condition qu'il naisse viable, sinon son droit est résolu en vertu de la maxime : *infans conceptus pro nato habetur, quoties de commodis ejus agitur.* (D. m. f. et Just. 9 octobre 1810 ; — 3797 et 4005 J. ; — Fessard Dict. SS^on n° 577). S'il est mort-né, les héritiers nouvellement appelés à son défaut ne sont tenus de souscrire la succession qui leur est ainsi dévolue que dans le délai de six mois, à partir du jour de l'accouchement. (Dél. 7 août 1822).

La même mention est nécessaire pour les héritiers ou légataires appelés à la succession par suite d'une annulation d'adoption ; car ils ont six mois à partir de l'annulation, soit pour passer la déclaration, si elle n'a pas été souscrite, soit pour acquitter les droits supplémentaires dont ils peuvent être tenus par suite de la différence de tarif, car l'adopté est considéré au point de vue fiscal comme le propre enfant de l'adoptant (Cass. req., 1er août 1878, S., 79, 1, 231, ; D. P. 78, 1, 457).

DISPOSITIONS SPÉCIALES

RÉSULTANT DES LOIS DES 31 DÉCEMBRE 1917 ET 2 JUIN 1920

L'article 31 de la loi du 25 juin 1920, complétant l'article 13 de la loi du 31 décembre 1917 décide que lorsqu'un héritier, donataire ou légataire aura quatre enfants ou plus vivants au moment de l'ouverture de ses droits à la succession, les droits de mutation par décès seront diminués de 10 p. 100 par chaque enfant en sus du troisième, et sans que la réduction puisse dépasser 2.000 francs par enfant et que la réduction totale puisse excéder 50 p. 100.

Il est donc essentiel d'indiquer dans la formule ceux des héritiers donataires et légataires ayant une nombreuse progéniture en faisant suivre les indications les concernant directement des noms et prénoms etc. de tous ses enfants vivants au moment de l'ouverture de la succession, afin que le Receveur puisse les faire bénéficier de la réduction légale.

Le texte ne parle que d'enfants *vivants* de sorte que des petits enfants ne semblent pas pouvoir représenter leurs père ou mère, décédés, pour permettre à leurs aïeux d'obtenir une réduction de droits. Mais on considérera comme *vivants* les enfants militaires ou non morts victimes de la guerre sous réserve des justifications nécessaires (Inst. 3,645.)

En ce qui concerne la taxe successorale établie par l'article 10 de la loi du 31 décembre 1917, modifié par l'art. 29 de la loi du 25 juin 1920, pour toute succession où le défunt ne laisse pas au moins 4 enfants vivants ou *représentés*, les enfants *morts pour la patrie* sont considérés comme vivants pour empêcher la perception de cette taxe ou la rendre moins onéreuse. Il est donc indispensable de faire connaître cette particularité dans la formule, en l'accompagnant des certificats requis de l'autorité militaire.

De même entre en compte pour l'application de la taxe successorale en vertu de l'art. 34 de la loi du 25 juin 1920 et par suite doit être dénommé dans la formule pour être ajouté au nombre des enfants *vivants* ou *représentés* l'enfant décédé après avoir atteint l'âge de 16 ans révolus. Il en est ainsi de l'enfant âgé de moins de 16 ans, tué par l'ennemi au cours des hostilités ou décédé des suites de faits de guerre durant les hostilités ou dans l'année à compter de leur cessation. Les pièces justificatives à fournir sont dans le 1er cas une expédition de l'acte de décès et dans le 2e un acte de notoriété délivré sans frais par le juge de paix du domicile du défunt et établissant les circonstances de la blessure et de la mort (Inst. n° 3645.

Petits enfants venant par représentation de personnes mortes victimes de la guerre. — L'article 30-3° de la loi du 25 juin 1920 rend applicable le tarif de la ligne directe descendante au 1er degré, lorsqu'une succession passe des grands parents aux petits enfants par suite du prédécès du père ou de la mère tué à l'ennemi, ou mort victime de la guerre dans les conditions fixées à la première partie de l'article 34 de la même loi. Naturellement ce renseignement doit être inséré dans la formule afin de permettre au recevoir d'appliquer le tarif réduit, et être accompagné, des pièces justificatives prévues par ledit article 34 infine, c'est-à-dire s'il s'agit d'un militaire, d'un certificat de l'autorité militaire constatant que la mort a été causée par une blessure reçue ou une maladie contractée pendant la durée de la guerre, — et s'il s'agit d'un non militaire, d'un acte de notoriété délivré sans frais par le juge de paix du domicile du défunt et établissant les circonstances de la blessure ou de la mort.

Quid, s'il s'agit d'un de cujus étranger ? — Il est certain que quelle que soit la nationalité du *de cujus*, le tarif appliqué sera celui régi par la loi française pour les motifs que nous avons déjà fait connaître en vertu de la règle : *Locus régit actum*. Mais de quelle manière ce tarif français frappera-t-il les biens laissés en France par un défunt étranger?

Il y a place pour la théorie du *statut personnel*, tel que permettent de l'accepter les premiers textes du Code Civil et tel qu'il est admis par la Jurisprudence. Il est bon d'exposer ici sommairement le système adopté par celle-ci.

1° S'agit-il d'immeubles, la *lex rei sitœ* ou loi de la situation des biens préside seule à la dévolution successorale. Il suffit donc en ce qui les concerne de s'inspirer uniquement de la loi française, en vertu du principe : *Tot patrimonia quot territoria*, (Cass. civ. 22 Mai 1865; D. P., 65, 1, 127. — C. Paris 22 Juillet 1872 ; D. P., 72, 2, 223 ; — Fœlix et Demolombe, Dr. int., I, n°s 35, 38, V°, Lois n° 422. — Aubry et Rau, I, § 31, texte et n. 45 . Il y a ainsi, d'après cette règle, autant de successions, qu'il y a d'immeubles dans différents pays.

2° S'agit-il de meubles laissés en France par le *de cujus*, on applique la théorie du *statut personnel*. On s'inspire, à défaut de testament de la volonté présumable du défunt, qui doit être une comme sa personne ; par conséquent il n'y aura qu'une succession à ouvrir et par suite qu'une loi à appliquer au point de vue de la dévolution. Quelle sera cette loi ?

La jurisprudence fait ici une distinction.

La succession mobilière des étrangers domiciliés en France avec l'autorisation du gouvernement est réglée par la loi française, même pour les meubles situés à l'étranger, sans distinction entre les meubles corporels et les meubles incorporels. Mais pour qu'il en soit ainsi, il faut un domicile autorisé et un domicile de fait ne suffirait pas (Merlin, Rép., V° Domicile, § 13, in fine ; — Favard, Rép. V° Dr. d'aubaine, sect. I, n° 4 ; — Aubry et Rau, I § 31, texte et n. 53 ; — Cass. civ. 7 novembre 1826 ; — C. Paris 25 Mai 1832 ; S., 52, 2, 289 ; — Rouen, — C. 22 Juin 1864; D. P., 64, 3, 13; — Seine, 6 janvier 1866; D. P, 67, 3, 64; — Lyon 28 Août 1869 et C. Lyon S., 72, 2,202; C. Paris, 26 Juill. 1872 ; D. P., 72, 2, 223 ; — C. Alger, 20 févr. 1875 ; Journ. de dr. inter. pr., II, p. 275).

C'est, au contraire, la loi étrangère qui régit la succession mobilière corporelle des étrangers, même établis et décédés en France, s'ils n'ont pas obtenu du gouvernement l'autorisation d'avoir un domicile en France Dalloz, V° Lois, n° 422, 423 ; — Duranton, I, 90 ; — Fœlix, D. int. n° 37. — Favard, Rép. V° Dr. d'aubaine, sect. I, n° 4 ; — Demangeat, n° 83 ; — Belast Jolimont sur Chabot art. 726, n° 5 ; — Valette sur Proudhon I. p. 98 ; — Rodière, Rev. de législ. 1850, I. p. 180 et 1. ; — Aubry et Rau, I, § 31, texte et n. 52 ; — Toullier I, p. 57; — Cass. (req.) 2 Juin 1806 ; — C. Paris 1er févr. 1836 ; S., 36, 2, 173 ; — 3 févr. 1838 ; — Cass. (civ.) 22 Mars 1865; S., 65, 1, 175 ; — 12 Janv. 1869 ; D. P., 61, 1, 294 ; — C. Paris, 29 Juill. 1872 ; D. P., 72, 2, 233 ; — Cass. (Civ.) 24 Juin 1878 ; D. P., 79, 1, 56 ; — C. Grenoble, 25 Avril 1848; S. 49, 2, 257; — C. Paris, 13 Mars 1850 ; S., 51, 2, 791 ; D. P., 52, 2, 79. — 6 Janv. 1862 ; S., 62 2,337; D. P.62, 2, 73).

Réciproquement la succession mobilière des Français domiciliés à l'étranger sera réglée par la loi étrangère (C. Pau, 6 Juin 1864 ; S., 65, 2, 105 ; — Cass. (req., 21 Juin 1865 ; S. 65, 1, 313 ; D. P., 65, 1, 148 ; — C. Pau, 19 Janv. 1872; S., 72, 2, 223 ; — Cass. 5 Mai 1875 ; S., 75, 1, 401 ; — 27 Avril 1868; S., 68, 1, 257 ; Aubry et Rau, I, § 31, texte et n. 55).

En règle générale on peut dire que la loi du domicile légal régit la dévolution *ab intestat* de sa succession mobilière. Il n'y a de limites à cette règle, que celles qui sont tracées par l'ordre public tel que nous le comprenons en France. Ainsi les majorats qui seraient établis par une loi étrangère ne pourraient être respectés en France, parce qu'on les considère comme portant atteinte au crédit et à la sécurité des tiers. Mais à l'inverse l'héritier serait fondé à réclamer sur les biens mobiliers situés en France les privilèges d'aînesse et de masculinité résultant de la loi du domicile du *de cujus*. Laurent n° 109).

En ce qui concerne les étrangers non autorisés à avoir leur domicile en France la parenté est établie par leur loi nationale. C'est donc cette loi étrangère qui doit servir de règle pour la dévolution de sa succession mobilière, toutes les fois qu'il n'y a à cette application rien de contraire à l'ordre public et aux bonnes mœurs admis par la législation française.

Ainsi que nous l'avons déjà indiqué la perception des droits de mutation par décès se fera d'après le tarif établi par nos lois fiscales, car elles tiennent essentiellement à l'exercice de la souveraineté nationale comme les lois de procédure ; mais les droits seront liquidés en ce qui concerne les valeurs mobilières, conformément à la dévolution successorale admise par la loi étrangère lorsqu'il y aura lieu de l'appliquer.

Lorsqu'une succession mobilière est soumise, quant a sa dévolution successorale, à une loi étrangère, il y a lieu d'expliquer les principales dispositions de
cette loi dans la formule de déclaration remise au bureau de l'Enregistrement.
Les fonctionnaires de l'Enregistrement sont obligés de connaître la loi française,
mais ils peuvent ignorer les lois étrangères et en fait ils les ignorent presque
toujours. Il importe donc de les renseigner sur ce point d'une façon précise, afin
qu'ils soient en mesure de faire à cette dévolution successorale étrangère une
juste application du tarif français. Le receveur chargé de liquider les droits n'a
qu'à se conformer aux indications qui lui ont été fournies et il ne saurait jamais
être rendu responsable si les renseignements produits sont erronés. En s'y conformant, il a fait une saine application de la loi et s'est inspiré des vrais principes du droit international privé.

§ 2. — Dispositions Testamentaires

Lorsque le *de cujus* a fait des libéralités *à cause de mort*, il y a lieu de les
mentionner et de les analyser, après avoir énuméré les divers successibles, si
nous voulons suivre les prescriptions de l'Instruction 2.954, qui ne s'impose, du
reste, qu'aux agents du Fisc.

Si le défunt n'a pas fait de testament ou n'a pris aucune disposition *mortis
causa*, il suffit de déclarer qu'il est mort *intestat*. On peut même se contenter de
l'indiquer dans le cadre imprimé à la suite de la date du décès.

S'il a fait un testament ou une donation entre époux par devant notaire (art.
971 C. C. ou devant les personnes susceptibles de recevoir ces actes en pays étrangers, il faut énoncer les noms, qualités et domiciles des officiers publics qui ont
reçu ces actes, leur date et la date de leur enregistrement. L'art. 21 de la loi du
22 frim. an VII renferme à cet égard les dispositions suivantes : « Les testaments
« déposés chez les notaires ou par eux reçus doivent être enregistrés dans les
« trois mois du décès du testateur, à la diligence des héritiers, donataires, légataires ou exécuteurs testamentaires. » Il importe donc de renseigner immédiatement le receveur à qui la déclaration est remise sur l'accomplissement de cette
formalité. Il serait même bon de préciser, en faisant connaître le folio et la case
du registre.

Les donations entre époux à cause de mort, bien qu'il n'en soit pas question
dans l'article 21 précité, sont assujetties à la même règle que les testaments au
point de vue de l'enregistrement. Pareille énonciation est, par suite. nécessaire.
(Cass. 20 juill. 1836; S., 36, 1, 671 ; — 22 janvier 1838; Inst. 1577, § 10 ; — Loches,
28 avril 1837; 9667, J. N.; — Niort. 14 juin 1837; — 722, J. N.; — Orléans,
1er août 1837; 9.826 J. N.; — Châteauroux, 22 août 1837; 11.881 J.; — Vitré,
30 août 1837; 9.826 J. N. .

Les mêmes renseignements doivent être fournis pour les testaments mystiques
ou secrets reçus par les notaires, conformément à l'article 976 du Code Civil. Ils
sont également soumis à l'enregistrement dans le délai de trois mois, à compter
du décès du testateur. Il en est de même des actes de souscription de ces testaments dressés en exécution du même article Dél. 12 germ., an XIII; Inst. 290.
§ 73. Il est essentiel de montrer que toutes ces formalités fiscales ont été
remplies.

Pour les testaments olographes non déposés chez un notaire l'obligation de les faire enregistrer dans les trois mois du décès n'existe pas. Le législateur n'a fixé aucun délai pour leur enregistrement. Ils échappent de la sorte à la pénalité édictée par l'article 38 de la loi du 22 frimaire an VII ainsi conçu : « Les actes sous « seing privé, et ceux passés en pays étrangers qui n'auront pas été enregistrés « dans les délais déterminés, seront soumis au double droit d'enregistrement. — « Il en sera de même *pour les testaments non enregistrés dans le délai.* » Il n'y a donc pas pour eux de contrôle à exercer de la part des agents du fisc, comme pour les autres testaments dont nous venons de parler et à qui s'applique seuls cette pénalité. Néanmoins s'ils ont été réellement enregistrés, il est bon de le faire savoir, en indiquant en outre le bureau d'enregistrement, où cette formalité a été remplie. L'indication de ce bureau est ici nécessaire, car on ne peut pas le découvrir, comme pour les testaments publics ou mystiques par la résidence du notaire.

Ordinairement les testaments olographes sont déposés chez un notaire après le décès du testateur, en vertu d'une ordonnance rendue par le président du Tribunal civil de l'arrondissement où il a été découvert. Dans ce cas le notaire rédige un acte de dépôt et y annexe le testament : l'un et l'autre sont alors soumis à l'enregistrement dans le délai de dix ou quinze jours, conformément aux dispositions de l'art. 20 § 2 et 3 de la loi de frimaire. Il suffit alors de mentionner l'acte de dépôt avec les nom et domicile du notaire dans la formule de déclaration·

Après ces indications sommaires des testaments et des donations entre époux, il y a lieu de les analyser. Cette analyse ne doit comprendre que ce qui intéresse directement l'Enregistrement. Ainsi il est inutile de parler des recommandations qu'aura pu faire le testateur à ses héritiers ou légataires. Il en est de même des diverses dispositions qui n'ont aucune influence sur la liquidation à faire et sur les droits à percevoir, comme, par exemple, l'obligation de faire dire des messes ou des prières, si elle n'affecte pas le caractère d'un legs, c'est-à-dire si une libéralité n'est pas faite à un prêtre ou un ministre d'un culte quelconque qui sera chargé de cette mission.

Au contraire il est extrêmement nécessaire de faire connaître les avantages préciputaires, résultant du testament au profit d'un des successibles. Autrefois ce renseignement était utile, pour déterminer immédiatement les droits revenant à chacun, et en cas de décès d'un des héritiers ou légataires, afin d'éviter peut être des réclamations ou trop fortes ou trop faibles, lorsque surtout l'enregistrement du testament n'avait pas eu lieu au même bureau que celui de la déclaration Mais si pour les successions ouvertes avant le mois de mars 1901, il n'est indispensable pour la liquidation de l'impôt relatif à la succession, que lorsque le préciputaire a avec le défunt un degré de parenté autre que celui des autres héritiers ou institués, donnant lieu à un tarif différent, il en est tout autrement sous l'empire de la loi du 25 février 1901.

Aux termes de l'article 2 de cette loi les droits sont perçus d'après un tarif gradué non seulement d'après le degré de parenté des héritiers ou légataires avec le défunt ; mais encore d'après l'importance de la part nette recueillie par chaque ayant droit.

Il faut donc fournir au receveur les éléments nécessaires pour pouvoir établir cette part Les lois postérieures n'ont rien changé à ce principe.

§ 3. — **Age et lieu de naissance de l'usufruitier**

Pour les successions ouvertes antérieurement à la promulgation de la loi du 25 février 1901, l'indication de l'âge des usufruitiers ordinaires est inutile dans les formules de déclarations de mutation par décès. L'usufruit est évalué d'une manière uniforme quel que soit l'âge de l'usufruitier. L'art 14, n° 11 de la loi du 22 frimaire an VII dispose pour les biens meubles que « l'usufruit transmis à « titre gratuit s'évalue à la moitié de la valeur entière de l'objet ». — La valeur des immeubles est déterminée pour les transmissions d'usufruit à titre gratuit par l'évaluation qui en sera portée à dix fois le produit des biens ou le prix d es baux courants sans distraction des charges (l. 22, frim., an 7, art. 25, n° 8).

La nue propriété est taxée, au moment du démembrement, comme la pleine propriété.

Les règles que nous venons d'exposer ne sont plus en vigueur pour les successions ouvertes postérieurement à la loi de 1901. La nue propriété et l'usufruit ne supportent plus l'impôt de mutation que sur leur valeur respective au moment de la transmission, c'est dans l'espèce qui nous occupe au moment du décès ou du jugement déclaratif d'absence : cette valeur est représentée par une fraction de fa valeur de la pleine propriété de telle sorte que les droits ne puissent jamais être perçus sur un capital supérieur à celui de la pleine propriété des biens transmis, même en cas de transmission simultanée. La loi de frimaire est abolie sur ce point.

Le législateur de 1901 a créé une sorte de barème pour établir la valeur imposable de la nue propriété et de l'usufruit concernant les transmissions à titre gratuit, entre-vifs et par décès, et les échanges, c'est-à-dire les mutations ne comportant pas l'expression d'un prix.

La valeur de la *propriété entière*, sur laquelle on prend une fraction pour la nue propriété et une autre pour l'usufruit, d'après les règles que nous allons faire connaître est déterminée pour les biens meubles meublants par l'estimation de l'inventaire ou autres actes conformément à l'article 27 de la loi du 22 frimaire, an VII, ou par le prix de la vente publique qui aurait pu être faite dans les deux ans du décès (art. 13. l. 21 juin 1875), ou à défaut, d'inventaire et de vente, en prenant pour base 33 % de l'évaluation faite dans les polices d'assurances en cours, (art. 11, l. 25, février 1901), pour les créances par leur capital exprimé et les intérêts échus (art. 14, § 2, l. 22 frim. an VII), pour les rentes par un capital formé de dix fois leur valeur pour les viagères et de vingt fois pour les perpétuelles (art. 14, § 9 l. frim.) pour les immeubles, par un capital formé par 20 ou 25 fois le revenu (art. 15-7° l. 22 frim., an VII. — art. 2 l. 21 juin 1875. *La loi* du 28 mai 1918 a substitué la valeur vénale à celle du revenu capitalisé pour successions ouvertes postérieurement à cette date car la loi n'a pas d'effet rétroactif (Inst. 3541, § 3).

On forme ainsi le total de toutes ces valeurs héréditaires et on cherche la fraction correspondante à l'usufruit, et celle relative à la nue-propriété, d'après les prescriptions de l'art. 13-2° de la loi du 25 février 1901, ainsi conçu : « 2° Pour les « échanges et pour les transmissions entre vifs à titre gratuit ou celles qui s'opèrent « par décès des mêmes biens (meubles et immeubles), par une évaluation faite de « la manière suivante : si l'usufruitier a moins de vingt ans révolus, l'usufruit est estimé aux sept dixièmes et la nue-propriété aux trois dixièmes de la propriété

« entière, telle qu'elle doit être évaluée d'après les règles sur l'enregistrement.
« Au-dessus de cet âge, cette proportion est diminuée pour l'usufruit et augmen-
« tée pour la nue-propriété d'un dixième par chaque période de dix ans, sans
« fraction. A partir de soixante-dix ans révolus de l'âge de l'usufruitier, la pro-
« portion est fixée à un dixième pour l'usufruit et à neuf dixièmes. Pour déter-
« miner la valeur de la nue-propriété, il n'est tenu compte que des usufruits
« ouverts au jour de la mutation de cette nue-propriété. »

D'après ce texte on peut fixer la valeur de l'usufruit et de la nue-propriété, d'après le tableau suivant :

AGE DE L'USUFRUITIER	VALEUR DE LA NUE-PROPRIÉTÉ	VALEUR DE L'USUFRUIT
Moins de 20 ans révolus...	3/10 de la propriété entière.	7/10 de la propriété entière.
— 30 — ...	4/10 —	6/10 —
— 40 — ...	5/10 —	5/10 —
— 50 — ...	6/10 —	4/10 —
— 60 — ...	7/10 —	3/10 —
— 70 — ...	8/10 —	2/10 —
Plus de 70 — ...	9/10 —	1/10 —

La connaissance de l'âge de l'usufruitier est donc essentielle puisque c'est d'après cet âge que la liquidation des droits pourra être faite. Aussi l'article 14 de la loi de 1901, impose aux parties l'obligation de fournir ce renseignement à l'Administration.

Les formules de déclarations de succession comprenant des usufruits ordinaires doivent indiquer la date et le lieu de naissance des usufruitiers. Comme lieu de naissance il suffit de mentionner la commune où elle s'est produite, en faisant connaître le département et l'arrondissement, dont dépend la dite commune. Les receveurs sont tenus en effet, à mesure qu'ils enregistrent des actes ou reçoivent des déclarations régis par les paragraphes 2 et 3 de l'article 13 de la loi du 25 février 1901 de relever, *par arrondissement*, les nom, date et lieu de naissance de chaque usufruitier sur des imprimés spéciaux. Ces relevés sont arrêtés le 30 juin et le 31 décembre de chaque année pour être transmis par l'intermédiaire de la Direction aux employés supérieurs chargés de les rapprocher des doubles des registres de l'état civil déposés au greffe du tribunal de chaque arrondissement (Inst. 3058 p. 14). Ce relevé ne se fait plus maintenant que d'une façon partielle, ce qui ne modifie en rien les obligations des déclarants.

Justifications. — Les indications fournies par les parties sont suffisantes, en règle générale, puisqu'il y a un moyen de vérifier leur exactitude de la manière qui vient d'être signalée. Mais ce contrôle serait impossible pour les naissances arrivées hors de France ou d'Algérie. Aussi la loi impose-t-elle aux parties l'obligation de justifier de la date, avant la déclaration. Bien qu'il n'y ait pas de mode de justification spécifié par le législateur, il faudrait, ordinairement présenter l'acte de naissance.

A défaut des indications et, s'il y a lieu, des justifications prescrites, les droits les plus élevés sont perçus ; en d'autres termes la nue-propriété est évaluée comme si l'usufruitier avait plus de 70 ans et l'usufruit, comme si l'usufruitier avait moins de 20 ans, d'après l'intérêt du Trésor. Mais par dérogation à l'article 60 de la loi du 22 frimaire an VII, la différence entre les droits ainsi perçus et ceux réellement exigibles sera sujette à restitution dans le délai de deux ans. Pour obtenir ce remboursement, les intéressés doivent représenter l'acte de naissance de l'usufruitier, s'il est né hors de France ou d'Algérie (art. 14 — 1° 1. 25 février 1901.

La mention de la date et du lieu de naissance de l'usufruitier peut être placée à n'importe quel endroit de la formule, mais il est d'usage, de la mettre immédiatement après les, énonciations du testament qui attribue cet usufruit. S'il s'agit de l'usufruit légal revenant au conjoint survivant par l'article 767 du Code civil, modifié par l'article 1er de la loi du 9 mars 1891, il importe d'inscrire cette mention après avoir détaillé les noms, prénoms. professions, demeures et qualités des héritiers. On pourrait même utilement fournir l'indication de la date et du lieu de naissance de l'époux survivant, dans le cadre imprimé, à la suite de ses noms et prénoms, lorsque c'est lui qui doit bénéficier de l'usufruit, soit en vertu de la loi, soit à cause des dispositions testamentaires du *de cujus*.

L'article 14 de la loi du 25 février 1901 édicte des pénalités en cas de déclaration inexacte soit de la date, soit du lieu de naissance de l'usufruitier. Il importe donc de ne pas se tromper dans les énonciations à insérer dans la formule. Si un supplément de droit simple est devenu exigible par suite de la rectification de la date déclarée, l'inexactitude commise est passible d'un droit en sus égal à ce supplément de droit simple. — Si c'est le lieu de naissance de l'usufruitier, qui est inexact, le droit le plus élevé devient exigible ; mais il sera restitué, lorsqu'on aura prouvé que la date de naissance est bien exacte.

Usufruits à durée fixe. — Les usufruits constitués pour une durée fixe ne sont plus établis d'après les règles précédemment exposées et il est inutile dans l'espèce de faire connaître l'âge et le lieu de naissance de l'usufruitier. L'art. 13 *in fine* de la loi du 25 février 1901 dispose, en effet, « L'usufruit constitué pour une durée « fixe est estimé aux deux dixièmes de la valeur de la propriété entière pour cha- « que période de dix ans de la durée de l'usufruit, sans fraction et sans égard à « l'âge de l'usufruitier. »

L'usufruit concédé pour un temps déterminé (art. 580 C. C.) s'éteint de plein droit au décès de l'usufruitier, alors même que ce décès surviendrait avant l'expiration du terme fixé ; par conséquent, s'il ne peut pas dépasser ce terme, il peut fort bien ne pas l'atteindre (Demolombe, cours de Code Civil X, n° 680 ; — Baudry-Lacantinerie et Chauveau, des Biens, n° 733). Il en résulte que la valeur attribuée à l'usufruit temporaire constitue uniquement une valeur *maxima*, et pour la liquidation de l'impôt elle doit toujours rester inférieure à celle de l'usufruit viager, telle qu'elle a été établie par la loi de 1901. Si la valeur de cet usufruit temporaire était, d'après la partie finale de l'article 13 précité, supérieure à celle qu'on obtiendrait d'après l'âge de l'usufruitier, il y aurait intérêt à faire connaître la date de sa naissance.

Usufruits conjoints. — L'indication de la date et du lieu de naissance est encore nécessaire, lorsque l'usufruit est constitué, au profit de plusieurs personnes appelées à en jouir conjointement. Dans ce cas, on fractionne fictivement la pleine propriété en prenant pour base la part (1/2, 1/3, 1/4, etc.) afférente à chaque usufruitier dans cet usufruit conjoint ; puis, la valeur en nue propriété et en usufruit de chacune des fractions est fixée, d'après le barème ci-dessus indiqué, comme s'il s'agissait d'usufruits divis.

Usufruits éventuels ou successifs. — L'usufruit est éventuel, lorsque plusieurs personnes sont appelées à en jouir successivement, ou lorsqu'une seule personne est appelée à en jouir, mais ne doit commencer à exercer son droit qu'à une époque plus ou moins éloignée de la mutation de la propriété. Dans ces deux cas, la question de savoir si l'usufruit s'ouvrira jamais au profit de chaque institué est incertaine, car elle est subordonnée à la condition de survie de chaque usufruitier au moment où son droit serait susceptible de prendre naissance.

L'article 13-2° de la loi du 25 février 1901 porte que « pour déterminer la valeur « de la nue-propriété, il n'est tenu compte que des usufruits ouverts au jour « de la mutation de cette nue-propriété. » Par conséquent il n'y a pas lieu de faire connaître dans la formule les date et lieu de naissance des usufruitiers, lorsque leur droit n'est pas ouvert et ne s'ouvrira qu'en cas de survie à l'époque où il prendra naissance.

En analysant le testament du de cujus, on a dû faire connaître ces divers usufruits éventuels. ; mais une nouvelle déclaration avec rédaction d'une nouvelle formule doit être faite dans le délai de six mois, à compter du jour de la réalisation de l'usufruit, sous peine de se voir appliquer la pénalité édictée par l'article 12 de la loi du 8 avril 1910. Cette déclaration est nécessaire pour permettre à l'Administration de percevoir, s'il y a lieu, les droits complémentaires, d'après le degré de parenté du de cujus avec le nouvel appelé et d'après le tarif en vigueur du jour du décès du testateur (Cass. req. 30 décembre 1834 ; Dalloz C. ann. n° 3696, — 23 Mars 1869. S. 69, 1,321, D.P., 69, 1,509 ; — 4 Janvier 1871, S. 71, 1,82, D.P., 71, 1,313. — Le Havre, 25 Juillet 1832, Inst. 1422, § 8. — Rouen, 15 Avril 1847; D. P. 48, 5, 169. — Seine, 6 février 1855 ; 15.740 J.N. ; — Lyon, 26 Janvier 1867, 2658 R.P. ; — Rennes, 4 Août 1868, 2878 R.P. ; — Charleville, 30 Juin 1871, 29,40 Rev. Nat. ; — Nogent-le Rotrou, 23 décembre 1876 ; 4740 R.P.)

Nous avons vu que, soit en cas d'usufruit purement éventuel, soit en cas d'usufruit successif, la condition rétroagit au jour du décès du testateur pour l'application du tarif, et, suivant que ce décès est antérieur ou postérieur à l'application de la loi du 25 février 1901, il faut ou non indiquer la date et le lieu de naissance du nouvel appelé. Mais cette rétroactivité n'existe que pour le tarif et non pour la valeur à déclarer. Cette valeur est celle qu'ont réellement les biens soumis à l'usufruit à l'époque de la réalisation de la condition (Seine, 6 février 1855; 15.740 J.N.; — 18 Juillet 1874; 21.844 J.N.; 3.995 R.P.; — Lyon, 26 Janvier 1867, 2658 R.P., — Sol. 18 Janvier 1864; 2924 R. P.; — Cass. 4 Janvier 1871, *supra*). Ainsi, lors de l'ouverture d'un second usufruit l'impôt doit être liquidé, d'après le tarif en vigueur au jour du décès du testateur et d'après le degré de parenté du second usufruitier avec ce testateur, sur la valeur actuelle et selon la nature de l'objet soumis à l'usufruit, tel qu'il existait à l'époque du décès du premier usufruitier. (Conf. Versailles, 25 Juin 1872).

Sous l'empire de la loi de 1901, après la réalisation de l'usufruit éventuel, le nu-propriétaire a droit à la restitution d'une somme égale à ce qu'il aurait payé en moins si le droit acquitté par lui avait été calculé sur l'évaluation de la nue-propriété d'après l'âge de l'usufruitier éventuel ; toutefois cette restitution n'a lieu que dans les limites du droit dû par celui-ci. Son action en restitution se prescrira par deux ans à compter du jour du décès de l'usufruitier. L'article 13 de la loi de 1901 déroge au principe de la non restitution des droits régulièrement perçus inscrit dans l'article 60 de la loi du 22 frimaire an VII.

Usufruits conjoints avec clause d'accroissement. — Les mêmes règles sont applicables, en cas d'usufruit conjoint avec clause d'accroissement, pour la déclaration que l'usufruitier survivant pourrait être tenu de souscrire et pour la perception du droit complémentaire.

Ici se pose la question délicate de savoir quand il y a accroissement véritable ou non décroissement, en matière de legs, d'usufruit, c'est-à-dire lorsque l'usufruit d'une même chose a été légué à plusieurs *jure non decrescendo*, au *jure adecrescendo*, en s'inspirant des distinctions admises par la législation romaine pour les legs conjoints faits *re tantum*, *re et verbis* et *verbis tantum* et des dispositions des articles 1044 et 1045 du Code Civil.

Dans la première hypothèse, il n'y a ni déclaration à souscrire, ni droit complémentaire à payer. On a reconnu dans cet ordre d'idées, que, lorsqu'un legs d'usufruit a été fait à deux personnes conjointement pour durer jusqu'au décès du survivant des légataires, ce legs *non decrescendo* n'oblige à aucune déclaration nouvelle, et ne donne ouverture à aucun droit lors du décès du prémourant à raison de l'avantage résultant de ce décès pour le survivant : car les colégataires ont été saisis *ab initio* par la volonté même du testateur, de cet usufruit, qui doit rester entier (Dél. 9 novembre 1831 ; 9801 J ; — Cass. 1er juil. 1841 ; S.. 41, 1, 854). — Si la transmisssion de cet usufruit conjoint *non decrescendo* a eu lieu sous l'empire de la loi du 25 février 1901, la liquidation est faite à ce moment d'après l'âge des usufruitiers et, comme par le passé, il n'y a plus à y revenir ensuite, lors de la disparition de chacun des usufruitiers.

Dans la seconde hypothèse, c'est-à-dire en cas de legs fait *adecrescendo*, la part du premier mourant accroit réellement aux autres, il se forme une sorte de transmission, pour cette part, de la tête du prémourant sur celle des survivants. Un droit complémentaire peut devenir exigible et une déclaration nouvelle doit être passée : les règles que nous avons déjà exposées au sujet des usufruitiers éventuels et successifs reçoivent alors leur application, conformément à l'article 13 de la loi du 25 février 1901.

§ 4. — **Régime Matrimonial**

Lorsque le défunt était engagé dans les liens du mariage, il est indispensable de faire connaître dans la formule comprenant la déclaration de sa succession, quel était le régime adopté par lui et son conjoint, pour régler leur union conjugale. Ce régime sert de base à la liquidation.

Cette indication est essentielle, quand le conjoint est vivant. Elle est parfois, nécessaire, en cas de prédécès du conjoint, lorsque la situation conjugale n'est pas encore liquidée, lorsqu'il y a encore des reprises grevant la succession du mari *de cujus* du chef de son épouse prédécédée, reprises qui dans certains cas peuvent constituer des dettes héréditaires et être déduites du montant des biens propres de la succession, sous l'empire de la loi du 25 février 1901, autorisant sous certaines conditions la déduction du passif Chambre des Députés, séance du 16 octobre 1895; J. off., débats, page 2372. 3ᵉ Col.). — Pour ce motif et pour bien d'autres qu'il serait trop long d'énumérer, il est bon, bien que ce ne soit pas exigé, de mentionner toujours le régime qui a servi à régler l'union conjugale du défunt, alors même qu'elle serait dissoute depuis longtemps. Ce renseignement facilite les recherches, évite des erreurs et à ce point de vue est avantageux à la fois pour le Trésor et les redevables.

Lorsque le *de cujus* a été marié plusieurs fois, il n'est pas superflu, de signaler sommairement le régime qui a réglé chacune de ses unions, en insistant seulement sur celui concernant la dernière, surtout si elle n'a été rompue que par sa mort.

I. *Mariage sans contrat.* — Lorsqu'il n'y a pas eu de contrat ayant précédé l'union du *de cujus* et de son conjoint, le législateur déclare qu'ils sont mariés sous le régime de la communauté légale, c'est ce qui résulte de l'article 1400 du Code Civil, le premier relatif à ce régime et qui est ainsi conçu : « La commu-« nauté qui s'établit par la simple déclaration qu'on se marie sous le régime de « la communauté ou *à défaut de contrat*, est soumise aux règles expliquées « dans les six sections qui suivent. »

En cas de mariage sans contrat on connaît ainsi le régime matrimonial en se reportant à la loi. Il faut seulement indiquer le fait dans la formule. Mais cette simple indication ne suffit pas : il importe de connaître le point de départ de la communauté qui s'est établie par la célébration du mariage civil, pour en déduire les droits et les obligations réciproques de chaque époux. C'est de ce jour que chacun d'eux peut avoir des reprises à exercer (art. 1470-2° C. C.) ou peut devoir des récompenses à la communauté, cet être fictif qui s'est établi entre eux et sur lequel ils ont l'un et l'autre des droits égaux (art. 1468 C. C.). Il est donc nécessaire, indispensable, en signalant qu'il n'y a pas eu de contrat, de donner aussitôt la date du mariage civil et le lieu où il s'est produit. Ce renseignement ne saurait être passé sous silence, comme on le fait trop souvent : il constitue une des principales énonciations de la déclaration, une de celles qui servira à la contrôler d'après une base certaine. Aussi le receveur serait-il en droit de refuser une déclaration, qui ne contiendrait pas cette mention capitale, il doit même le faire, s'il ne veut pas s'exposer à de justes critiques de la part des employés supérieurs.

L'indication de la date et du lieu de célébration du mariage civil n'est néces-saire qu'en cas de mariage sans contrat. Autrement elle devient inutile : il suffit d'insérer la date du contrat de mariage avec les nom et résidence du notaire qui l'a reçu. C'est ordinairement le point de départ des divers effets du mariage. Nous lisons, en effet, dans la deuxième partie de l'article 1404 du Code Civil : « Néanmoins, si l'un des époux avait acquis un immeuble depuis le con-« trat de mariage, contenant stipulation de communauté, et *avant la célébration* « *du mariage*, l'immeuble acquis dans cet intervalle entrera dans la commu-« nauté, à moins que l'acquisition n'ait été faite en exécution de quelque clause « du mariage, auquel cas elle serait réglée suivant la convention. »

Le législateur n'a entendu réglementer le régime matrimonial des époux, qu'à défaut de conventions spéciales de leur part antérieures aux mariage (art. 1387 C. C.). Lorsqu'ils ont fait eux-mêmes des stipulations à cet égard, le législateur les respecte tellement qu'il en fait remonter les effets au jour du contrat. L'absence de contrat fait supposer l'intention des parties de se soumettre à toutes les dispositions de la loi : le contrat de mariage se confond, dès lors, avec le mariage lui-même. La date du mariage sert de commencement à la com-munauté. Une fois connue par les agents du Fisc, ils sont suffisamment ren-seignés, car ils ne doivent pas ignorer la loi.

II. *Mariage avec contrat.* — Il y a lieu dans l'espèce de faire connaître, comme nous l'avons déjà dit, la date du contrat et le nom et la résidence du notaire qui a retenu la minute; de plus il faut analyser ses dispostions principales, celles qui de loin ou de près peuvent intéresser l'Administration de l'Enregistrement.

En quoi doit consister cette analyse ? Elle doit comprendre tous les éléments constitutifs du contrat de mariage, c'est-à-dire toutes les conventions qui sont de l'essence de l'acte anténuptial, savoir : l'adoption du régime, la déclaration, la constatation et la reconnaissance des apports, puis les libéralités qui ont pu être faites aux époux soit par leurs parents, soit par des tiers ou celles qu'ils ont pu se faire entre eux.

Il nous reste à examiner sous quel régime sont placés les mariages faits sans contrat entre Français hors de France, ou entre étrangers en France ou entre étrangers hors de France, mais dont l'un est décédé en France ou entre étrangers décédés hors de France, mais ayant des intérêts en France.

En vertu du statut personnel, deux français qui se sont mariés à l'étranger sont censés, à défaut de contrat, s'être soumis à la communauté légale telle qu'elle est établie par la loi française Duranton, XIV, 88 ; Troplong, I, 33), à moins qu'il ne résulte de circonstances, comme par exemple la fixation du domicile matrimonial au lieu de la célébration du mariage qu'ils ont entendu adopter le régime de droit commun de ce pays (Cass. 29 décembre 1836 ; S., 37, 1, 437).

Par identité de motifs deux étrangers appartenant à la même nationalité, mariés en France sans contrat doivent être considérés comme ayant adopté le régime de droit commun établi par leur loi nationale et non la communauté légale telle qu'elle résulte de notre Code Civil, sous la réserve déjà exprimée de circonstances déterminant une volonté contraire, comme l'établissement en France du domicile matrimonial, précédé d'une résidence en France, Toullier, XII, 91 ; — Demolombe, I, 87 ; — Rodière et Pont, I, 34). Il faut l'établissement du domicile en France après la célébration en France du mariage sans contrat. Le fait d'avoir vécu longtemps en France avant et après le mariage ne suffit pas pour faire présumer qu'ils ont adopté la communauté légale française (C. Paris, 18 novembre 1864; 18039-1 J. ; — Versailles, 23 mars 1866, confirmé par C. Paris, 26 août 1866; 18204-2 J.).

En principe le domicile matrimonial sert à déterminer la loi qui, à défaut de contrat, régira l'union conjugale. Ainsi la communauté légale servira à régler le mariage d'étrangers domiciliés en France, même sans avoir obtenu l'autorisation du Gouvernement. Mais il faut pour cela que ce domicile ait été établi aussitôt après la célébration du mariage et non plusieurs années après, car le régime matrimonial est déterminé au moment même où l'union se contracte. (C. Paris, 15 décembre 1853 ; 16099-1 J. ; — Boulogne, 30 août 1866 ; 18,217 J.)

Le domicile du mari doit être considéré comme le domicile matrimonial, à défaut de tout fait déterminant d'une manière certaine l'intention des époux de fixer ailleurs le siège de leur association conjugale (Aubry et Rau, v. p. 275 ; — Rodière et Pont, I, 36 .

De tout ce qui précède, il résulte que la loi nationale règle en principe la situation conjugale pour des étrangers mariés hors de France, même pour des biens situés dans notre pays. Ainsi il n'est point dû de droit de mutation au décès en France d'une Anglaise, mariée à l'étranger à un Anglais, sur la moitié des immeubles par elle acquis en France, conjointement avec son mari, car la personne de la femme anglaise mariée sans contrat est absorbée par celle de son mari, et elle ne peut rien acquérir avec lui (Lille 12 décembre 1851 ; — Cass. 30 janvier 1854 ; 15,796 J. ; 9095 R.)

Dans tous les cas d'application d'une loi étrangère, il importe de faire connaître dans la formule ses principales dispositions, afin de permettre au receveur de s'y conformer lors de la liquidation des droits.

A défaut d'indication de la loi étrangère, le receveur serait forcément conduit
à appliquer la loi française, la seule qu'il est censé connaître, et il le ferait sans
pouvoir être critiqué quand même le mariage aurait été célébré à l'étranger et
entre étrangers. (Antoine, n° 134 ; — Dax, 30 janvier 1849 ; 14714 J.).

1° *Régime adopté*. — Il est essentiel de l'indiquer avec toutes les clauses extensives ou restrictives, définitives ou conditionnelles du régime adopté, en tant
qu'elles peuvent intéresser la liquidation à faire et la perception à établir et aussi
en tant qu'elles modifient sensiblement les règles du régime adopté tel qu'il est
établi par le Code Civil. — Si aucune modification sérieuse surtout au point de
vue fiscal n'est à signaler, il suffit de mentionner purement et simplement le
régime adopté par exemple le régime de la communauté légale, le régime de la
communauté réduite aux acquêts, le régime exclusif de communauté, le régime
de la séparation de biens, le régime dotal.

On sait, en effet, que le régime de la communauté légale est régi par les articles 1399 à 1496 du Code Civil, que celui de la Communauté réduite aux acquêts
est régi par les articles 1498 et 1499 du même code, le régime sans communauté
par les articles 1529 à 1635, celui de la séparation de biens par les articles 1536
à 1539, et le régime dotal par les articles 1540 à 1581.

De même en cas d'ameublissement, il suffit de se référer aux règles tracées
par l'article 1507 ou par l'article 1508 du Code Civil suivant les cas, en faisant
connaître l'étendue de l'ameublissement.

De même la clause de séparation des dettes n'a pas besoin d'être analysée, autrement que par sa simple énonciation s'il n'y a rien qui déroge aux dispositions de l'article 1510 du Code Civil.

Une analyse spéciale, mais toujours aussi sommaire que possible est indispensable, lorsque les époux, usant de la faculté que leur est accordée par l'art. 1387
se sont créés un régime matrimonial à part par exemple en empruntant à chacun des régimes offerts à leur choix ce qui convient le mieux au réglement de
leurs intérêts. Ils ont pu même, sans déroger aux dispositions prohibitives de
notre Code, relatives aux clauses contraires aux lois, aux bonnes mœurs, et à
l'ordre public (art. 6, 1133, 1833, 1387-in fine 373, 384 etc, C. C.) adopter un
régime admis par une législation étrangère ou combiner ce régime avec un
régime prévu par le Code français. Dans cette hypothèse il y a lieu de faire ressortir ce régime. Si on s'est référé purement et simplement à un régime consacré par une loi étrangère, il importe d'exposer très clairement cette loi, car
les fonctionnaires de l'Enregistrement sont tenus de connaître la loi de leur
pays, mais ils peuvent ignorer les autres.

L'article 1390 du Code Civil interdit de se référer purement et simplement à
l'une des coutumes, lois ou statuts locaux qui régissaient autrefois les diverses
parties du territoire francais, mais il est permis de reproduire son texte dans le
contrat de mariage et elle devient ainsi la règle conjugale, si elle n'a rien de contraire à l'ordre public tel qu'il est compris à notre époque. Une analyse doit en
être faite dans la déclaration, car on ne connait plus ces anciennes coutumes ou
on est censé ne plus les connaître.

2° *Apports*. — Après l'exposé du régime, l'analyse du contrat de mariage à
faire dans la déclaration comporte le rappel des apports fait par chaque époux au
moment de la passation du contrat. Il faut s'expliquer sur les états et inventaires

dressés à cette époque, à l'occasion du contrat ainsi que sur la valeur réelle de chacun de ces apports et sur leur nature afin que l'on puisse savoir, d'après le régime adopté, s'il y a ou non lieu à reprise soit d'après les articles 1471 et 1472, soit d'après l'article 1551 du Code civil.

Il faut expliquer, en cas de régime dotal, si les apports avaient un caractère dotal ou un caractère paraphernal, et, par suite, s'ils sont régis par les articles 1549 à 1573 du Code Civil ou par les articles 1574 à 1580 du même Code.

3° *Libéralités reçues par contrat de mariage.* — Il est indispensable de rappeler dans l'analyse du contrat de mariage les valeurs ou biens de toutes sortes, dont chacun des époux a pu être gratifié soit par ses parents, soit par des tiers, d'indiquer si les libéralités ont été consenties en avancement d'hoirie ou à titre de préciput et hors part (art. 913 à 919, C. C.), si ces donations portent sur des biens présents ou sur des biens à venir ou sur des biens présents et à venir (art. 1082 à 1085, C. C.

La donation de biens à venir n'est autorisée que par contrat de contrat et est prohibée dans les autres cas (art. 943, 944, C. C.). Elle n'est permise qu'au profit des futurs époux et des enfants ou descendants à naître du mariage (art. 1084). Par la donation de biens à venir le donateur promet la totalité ou une quote-part des biens qu'il laissera à son décès ou qui composeront sa succession. Il ne se dessaisit pas de ses biens, il peut même encore en disposer à titre onéreux en règle générale, mais il s'interdit le droit de les céder à titre gratuit au préjudice du donataire.

Après le décès du donateur, le donataire peut répudier la donation de biens à venir à lui faite par contrat de mariage, et conserver celle des biens présents qui lui aurait été faite par le même. Les enfants et descendants, à qui profite *jure sus* la donation, ont le même droit d'option (Grenier, II, sur 34 ; Duranton IX, 735 et 736 ; Coin, Delisle, art. 1085, n°s 2 et 3 ; Troplong IV, 2409 ; — Cass., 19 décembre 1843 ; S., 44, 1, 273 ; — 11 janvier 1827 ; S., 27, 1, 148 ; — 3 juillet 1827 ; S., 27. 1, 507 ; — 22 avril 1834 ; S. 34, 1, 235).

Lorsqu'un contrat de mariage contient une donation de biens à venir, il ne faut donc pas se contenter de la rappeler dans la formule. Ce qui serait suffisant pour des biens donnés présentement, régulièrement énumérés, ne le serait plus pour des biens à venir : il est indispensable de déclarer ce qui est résulté de cette donation, si elle a été suivie d'effet, ou si, usant de la faculté d'option de l'article 1084, le bénéficiaire n'y a pas renoncé. De même il est nécessaire de dire, si elle est encore en suspens par suite de la survie du donateur ou des donateurs, ou si elle devient caduque par suite du prédécès du donataire sans postérité, conformément à l'article 1089 du Code Civil.

Toutes les charges imposées aux diverses donations faites en vertu du contrat de mariage doivent être signalées, car elles peuvent servir également à déterminer exactement les droits respectifs de chaque conjoint au moment de la dissolution du mariage.

Tout ce qui a été dit au sujet des apports doit être répété pour les donations.

4° *Donations entre époux par contrat de mariage.* — Les époux peuvent se faire par contrat de mariage, toutes les donations qu'un tiers est autorisé à faire en leur faveur par ce même contrat art. 1.091 C. C.). L'un des époux a donc pu consentir à l'autre, ou ils ont pu se consentir réciproquement l'un à l'autre des donations de biens présents, ou des donations de biens à venir, ou des donations de biens présents et à venir, ou des donations qui dépendent exclusivement de la volonté du donateur art. 1.081 à 1.086.

La réglementation établie par le législateur pour les donations entre époux faites par contrat de mariage est la même que celle pour les donations faites aux époux avec cette différence, qu'elles ne sont pas transmissibles aux enfants à naître du mariage, en cas de décès de l'époux donataire avant l'époux donateur, s'il s'agit de biens à venir, ou de biens présents et à venir, (art. 1.093 C. C.).

L'époux donateur peut donc insérer dans sa donation toutes les conditions qu'il lui plaira. Il peut même se réserver la faculté de révoquer la donation qu'il a faite à son conjoint, car à la différence des donations ordinaires, la règle « *donner et retenir ne vaut* » ne reçoit pas ici son application, puisqu'il est permis de la faire sous une condition purement potestative.

La formule de déclaration doit contenir toutes les indications nécessaires à ce sujet, il faut y déclarer toutes les clauses qui modifient le principe de l'irrévocabilité des donations. L'article 1.092, C. C. décide que les donations de biens présents sont définitives, à défaut de condition de survie, tranchant ainsi une controverse de l'ancien droit. Si donc il y a eu condition de survie, il est nécessaire de le faire connaître. — Il faut indiquer en même temps les motifs qui empêchent les donations de pouvoir recevoir leur plein et entier effet, comme, par exemple, la réserve revenant aux ascendants ou aux descendants (art. 913, 914 et 1.094 C. C.) ; — C. Toulouse, 21 décembre 1821, et sur pourvoi, Cass., 23 juill. 1823; Dalloz, Dispos. entre vifs, 803 et 877). — Cette réserve nettement indiquée doit servir de base à la liquidation de l'impôt, car les droits de mutation sont assis sur les transmissions de propriété ou d'usufruit, telles qu'elles s'opèrent d'après la loi, sans tenir compte des appréciations des parties ou de l'exécution qui pourra en résulter : seule une renonciation régulière des réservataires pourrait en changer la quotité (Cass. civ., 6 févr. 1839); S., 39, 1, 188 et 190 ; — 6 fév. 1860, D. P., 60, 1, 88 ; — 6 juill. 1871 ; D. P., 71, 1, 349 ; — 14 févr. 1870; S., 70, 1, 136; — 30 décembre 1873; S., 74, 1, 129.

En fait la donation entre époux faite par contrat de mariage équivaut souvent quant à ses effets successoraux à une véritable disposition testamentaire, que le donateur n'a pas toujours pu révoquer. Il est donc urgent de la connaître.

III. — *Séparation de corps et séparation de biens.* — La séparation de corps, et la séparation de biens laissent subsister le mariage, mais elles ont pour effet de changer les conventions matrimoniales, par dérogation à l'article 1.395 du Code civil. Aussi ne peuvent-elles être prononcées que par la Justice.

Lors de la dissolution du mariage par la mort naturelle de l'un des époux, il importe de faire connaître dans la formule de déclaration de succession cette modification apportée au régime matrimonial, en indiquant la date et les principales dispositions du jugement, et en cas de jugement de séparation de biens, en faisant savoir que les formalités de publicité et autres prévues par les articles 1.444 et 1.445 du Code civil, 872 du code de procédure civile et 65 du Code de commerce ont été remplies.

Il ne suffit pas de donner la date du jugement, il faut encore mentionner exactement la date de la demande en séparation, car les effets du jugement remontent au jour de la demande ; par suite il peut y avoir intérêt à la connaître pour régler la situation des époux. Il n'y a pas de doute à cet égard pour la séparation de biens, puisque c'est écrit textuellement dans l'art. 1.445-2° du Code civil pour la séparation de corps. (Merlin Rép. séparation de corps, § 4 ; — Toullier et Duvergier, I, 776 ; — Bellat des Minières, II, p. 192 ; — Massal. p. 203, n° 13 ; — Troplong. Contr. de mar. II, 1386 et suiv.; — Aubry et Rau, V, § 494, p. 203 n°s 18 et 19 ; —

C. Bruxelles, 26 mars 1810, Sirey, 10, 2, 362; — C. Limoges, 27 juin 1835; S., 36, 2, 61; — Cass. 20 mars 1855; S., 55, 1, 401; — 13 mars 1862; S., 62, 1, 885; — C. Paris, 25 avril 1863, et C. Besançon, 15 févr. 1864; S., 64, 2. 132 et 133; — Cass.. 12 mai 1869; S., 69, 1, 301; — C. Dijon 3 décembre 1869; S., 70, 2, 117).

Lorsqu'après une séparation de corps et de biens ou une séparation de biens, la communauté dissoute a été rétablie au moyen d'un acte notarié, conformément à l'article 1.451 du Code civil, il est nécessaire de parler de ce rétablissement de communauté dans la déclaration de succession, en mentionnant la date de l'acte et le nom du notaire qui l'a reçu.

Le contrat de mariage n'est pas détruit entièrement par la séparation de corps et de biens ou par la séparation de biens. Ses effets essentiels sont simplement modifiés au point de vue de l'administration des biens de la femme qui est enlevée au mari pour revenir à celle-ci (art. 1.449 c. c.), et de la communauté qui est dissoute. Mais les gains de survie qui y sont stipulés subsistent et peuvent être réclamés par l'époux survivant à la mort de son conjoint.

La loi du 9 mars 1891, en attribuant un usufruit légal à l'époux survivant, l'a refusé, cependant au conjoint survivant contre lequel existe un jugement de séparation de corps passé en force de chose jugée (art. 1er modifiant l'article 767 C. C). Il y a ainsi un intérêt capital à savoir au profit de qui a été prononcé le jugement et il ne faut pas manquer de le dire dans la formule.

Aux termes de la même loi du 9 mars 1891, le conjoint survivant contre lequel existe un jugement passé en force de chose jugée ne succède plus, à défaut de parents au degré successible ou d'enfants naturels. Par suite dans cette hypothèse, la succession revient à l'Etat et le domaine peut exercer son droit de déshérence.

Il y a donc un intérêt considérable à faire connaître très exactement les dispositions du jugement.

Lorsque le conjoint survivant séparé de corps revendique la succession du prémourant en vertu de l'article 767 C. C., il est nécessaire d'indiquer que le jugement a été rendu en sa faveur et qu'il ne peut être écarté par l'Etat, d'après la loi du 9 mars 1891.

Quid du divorce? — Le divorce, à la différence de la séparation de corps, détruit non seulement les effets du contrat de mariage, mais le mariage lui-même. Dès lors il n'y a plus de conjoints, du jour où le jugement prononçant le divorce est passé en force de chose jugée, et chacun a pu valablement contracter une nouvelle union, sous la réserve des exceptions consacrées par les articles 295 à 298 du Code Civil modifiés par la loi du 27 juillet 1884.

Il semble que, le divorce détruisant le mariage, tous les effets du contrat de mariage devraient par celà même disparaître. Il n'en est rien, cependant. Les gains de survie stipulés par contrat de mariage ou depuis le mariage sont maintenus au profit de l'époux qui a obtenu le divorce (art. 300 et 1.452 C. C.) Le législateur de 1884 enlève seulement à l'époux contre lequel le divorce a été prononcé tous les avantages que l'autre époux lui avait faits (art. 299 C. C.. Les avantages sont donc supprimés au profit de l'époux coupable et maintenus au profit de l'autre, alors même qu'ils aient été stipulés réciproques,

Il n'y a pas besoin de faire ressortir la nécessité de signaler dans la formule de déclaration de succession au profit de qui le divorce a été prononcé et de mentionner les diverses clauses du contrat de mariage qui peuvent intéresser la succession.

A un autre point de vue il y a intérêt à faire connaître l'union dissoute par le divorce du *de cujus*, car si le divorce a rompu l'union et mis à néant la communauté ou le régime adopté, les effets antérieurs subsistent et il est parfois nécessaire de ne pas les laisser inaperçus.

De même si les époux divorcés ont contracté ensemble une nouvelle union, conformément à l'article 295 du Code Civil, toutes ces circonstances doivent être soigneusement passées en revue, bien que les époux aient été dans l'obligation d'adopter le régime matrimonial qui réglait originairement leur union. En effet il y a eu nécessairement un intervalle où le divorce a existé et certains actes ont pu valablement être faits par la femme sans l'autorisation de son mari. Les aliénations faites par les époux pendant leur divorce ne peuvent plus donner lieu à reprises.

Il y a lieu de remarquer, cependant, que le législateur de 1891 n'a pas reproduit les distinctions du Code consacrées par la loi du 27 juillet 1884, entre l'époux contre qui le divorce a été prononcé et celui qui l'a obtenu. Il a considéré avec raison que le divorce avait rompu le mariage et que les époux divorcés ont cessé d'être des conjoints. Aussi n'a-t-il admis pour aucun d'eux l'usufruit légal qu'il accorde à l'époux séparé de corps, lorsque la séparation a été prononcée à son profit.

§ 5. — Révocation et Renonciation

Après avoir énuméré les diverses dispositions testamentaires faites par le *de cujus*, analysé, s'il y a lieu, son contrat de mariage au point de vue des effets qu'il a été susceptible de produire et des libéralités qu'il pouvait contenir, indiqué l'âge de l'usufruitier ou des usufruitiers, il importe de savoir, si tous ces droits, lorsqu'ils n'étaient pas irrévocables, ont été maintenus par le défunt, ou dans tous les cas ont été acceptés par les ayants droit.

I. — *Révocation.* — Le de cujus avait la faculté de révoquer les libéralités qu'il avait faites par testament ou en vertu de son contrat de mariage au profit de son conjoint, lorsqu'elles étaient soumises à une condition purement potestative de sa part. Cette révocation peut être expresse ou tacite. Elle est tacite lorsque certains faits font supposer un changement de volonté. C'est ce qui résulte d'un nouveau testament en contradiction avec le premier ou de l'aliénation de la chose léguée (art. 1038 C. C.)

Ces divers faits doivent être soigneusement énoncés dans la formule de déclaration de succession. Pour les révocations tacites provenant d'un nouveau testament, une mention spéciale n'est pas nécessaire, elle résultera de l'analyse de ce dernier testament.

La révocation peut être expresse, et c'est ce qui arrive lorsque le défunt a pris soin de l'exprimer catégoriquement par un acte par devant notaire (art. 1035 C. C.) ou même par un acte sous seing privé écrit en entier de sa main, daté et signé de lui. D'après les travaux préparatoires de l'article 1035 du Code Civil, cet acte sous seing privé régulièrement fait doit produire tout son effet, alors même qu'il ne contiendrait aucun legs. (Merlin, Rep., V° Révoc. de codicille, § 4 n° 2; — Grenier, I, 342. — Toullier, V, 833; — Duranton IX, 451; Troplong, IV, 2051. — Aubry et Rau § 725, texte et note 5; — Cass., 17 Mai 1814; 5582 J. N.; — C. Colmar 22 juin 1831; S., 32, 1,51; — Cass., 7 juin 1832, S., 32, 1, 542; — C. Bordeaux 27 mars 1846; S., 46, 2, 524; — Cass. 10 janv. 1865; S., 65, 1, 188).

En cas de révocation expresse, il faut mentionner l'acte révocatoire et s'il a été fait par acte notarié, ne pas négliger la date de son enregistrement. Il résulte de la jurisprudence déjà citée que l'acte révocatoire a le caractère d'un testament; par conséquent il est soumis aux même règles, et s'il est notarié, il doit être enregistré par les parties dans le délai de trois mois, conformément à l'article 38 de la loi du 22 frimaire an VII, sous peine d'un double droit.

Si la révocation expresse a été faite dans un testament postérieur, l'analyse complète de ce testament fera ressortir la clause révocatoire.

II. — *Renonciation*. — Toute personne appelée à recueillir la totalité ou une partie d'une succession, soit par vocation héréditaire, soit en vertu d'un testament, soit en vertu de son contrat de mariage est libre d'accepter ou de répudier ce qui lui est échu. « Nul n'est tenu d'accepter une succession qui lui est échue », porte l'article 775 du Code Civil. »

Les légataires universels en concours avec des héritiers, les légataires à titre universel et particuliers ne sont pas saisis de plein droit des objets à eux légués : ils doivent en demander la délivrance aux héritiers saisis (art. 1004 et 1011 C. C.) Ils n'ont donc pas besoin, en principe, de faire une répudiation par acte, s'ils ne veulent pas en bénéficier : ils n'ont qu'à s'abstenir de dresser une demande à qui de droit.

La femme commune en biens a la faculté de renoncer à la communauté ayant existé entre elle et son mari ; mais elle doit exprimer sa volonté au greffe. L'article 1457 du Code Civil est ainsi conçu : « Dans les trois mois et quarante jours « après le décès du mari, elle doit faire sa renonciation au greffe du tribunal de « première instance dans l'arrondissement duquel le mari avait son domicile. « Cet acte doit être inscrit sur le registre établi pour recevoir les renonciations « à succession. »

La mention de cette renonciation dans la formule ne saurait être négligée, car la part de communauté revenant à la femme renonçante accroit à la succession du mari. Si cette renonciation s'est produite après la déclaration de succession, cette part de communauté doit faire l'objet d'une nouvelle déclaration dans le délai de six mois à partir de la renonciation. (Dél. 21 octobre 1814 ; 4938 J. ; — Seine 16 fév. 1822 ; 8127 J. ; — 30 nov. 1842 ; 13162 J. ; — 7 déc. 1848 ; 14680 J. ; — 28 Août 1857 ; — 30 mai 1868 ; 2727 R. p. ; — 17 août 1872 ; 3819 R. p. ; — 12 juil. 1873, 3874 R. p. ; Avranches 17 février 1854 ; — Bazas, 15 janv. 1873 ; — Compiègne, 23 juin 1875 ; Sol. 27 déc. 1878 ; — Champ. et Rig., IV, 3262 et 3859).

En cas de dissolution de la communauté par la mort de la femme, ses héritiers ont également le droit de renoncer à la communauté dans les mêmes formes et délais (art. 1466 C. C.). Il est superflu d'ajouter que pour des motifs identiques à ceux déjà exposés, il faut mentionner dans la formule la date de l'acte de renonciation dressé au Greffe, afin que le receveur sache que la *de cujus* n'a plus de droits sur les valeurs communes, qui reviennent dans l'espèce en totalité au mari survivant. Il n'y a donc pas de droits de mutation par décès à percevoir sur ces biens ou valeurs. Si ses héritiers rétractent ensuite cette renonciation ; ils devront, par voie de conséquence, sourcrire la déclaration des biens communs dont cette rétractation aura entraîné la rentrée dans la succession de la femme, et ce dans le délai de six mois du jour de la rétractation (sol. 4 mars 1873).

Nous avons vu précédemment que les légataires universels en concours avec des héritiers naturels, et les légataires à titre universel et particuliers dans tous les cas sont tenus de demander la délivrance. Tant qu'ils ne demandent rien, ils restent étrangers à la succession. Mais ils ont des droits sur cette succession et ils peuvent avoir des obligations ; ils ont notamment celle de payer les droits de mutation par décès. Les créanciers peuvent ainsi les obliger à s'acquitter envers eux de ce qui leur est dû ou à renoncer au droit qui leur est échu. L'Administration peut leur réclamer les droits dus de ce chef et ne s'arrêter dans ses poursuites que devant une renonciation régulière.

Cette renonciation peut être faite au greffe, conformément à l'article 784 du Code Civil, c'est même la forme légale, et à laquelle il faudrait recourir, si on voulait appliquer dans toute leur rigueur les principe du droit civil Champ. et Rig. 1, 517 : — G. Demante, II, 843 . Cependant on admet les renonciations par acte notarié lorsqu'elles ont un caractère absolu de sincérité, c'est-à-dire en règle générale, car la fraude ne se présume pas. Une renonciation faite dans cette forme par une veuve à une donation d'usufruit à elle consentie par son mari dans son contrat de mariage, a été déclarée valable par la Cour de Cassation qui a annulé un jugement du tribunal d'Avranches validant une contrainte de l'Administration Cass. 24 nov. 1857 ; S., 58, 1, 240 ; D. P. 57, 1, 425).

L'Administration accepte maintenant les renonciations notariées aussi bien lorsqu'elle émanent de donataires ou légataires que lorsqu'elles sont faites par des héritiers ; elle applique de nouveau sur ce point une décision du Ministre des Finances du 29 juin 1808, contenue dans l'Instruction n° 386, n° 27, à moins qu'il n'y ait de justes motifs pour suspecter sa sincérité. En présence d'une renonciation notariée, les droits de mutation ne seront plus perçus. Il est donc d'une absolue nécessité, pour éviter cette perception, d'en parler dans la formule de déclaration. Il faut énoncer l'acte, où la renonciation s'est produite ; il n'est pas nécessaire qu'elle se produise dans un acte spécial, elle peut être mise dans tout acte comme par exemple un acte de vente, un acte de partage, un acte de liquidation. L'essentiel c'est qu'elle soit sincère, et l'Administration peut surveiller sa sincérité, au moyen des divers actes susceptibles de se produire. Le jour, où la fraude sera découverte, les droits seront réclamés avec les pénalités encourues.

Pour un même motif, nous croyons que les renonciations par actes sous seing privés, régulierement enregistrés, devraient être acceptées, sous le contrôle de l'Aministration, en cas de fraude. En fait elles le sont dans certaines régions, sous le bénéfice d'une tolérance plus ou moins légale.

§ 6. — Donations faites à des successibles ou à des tiers

Les formules de déclarations de succession doivent énoncer les diverses libéralités faites par le *de cujus* seul ou par le *de cujus* et son conjoint, soit à ses enfants ou petits enfants, soit à des successibles, soit même à des tiers. Ces libéralités peuvent donner lieu à rapport, lorsqu'elles ont été faites un avancement d'hoirie, et ces rapports augmentent la quotité disponible. Elles peuvent également modifier les droits du défunt, notamment dans les hypothèses prévues par les articles 1555 à 1563 du Code Civil. Nous n'avons pas à examiner ici ces diverses hypothèses.

La connaissance de ces libéralités est nécessaire pour la liquidation des droits de mutation notamment pour l'usufruit légal ou conventionnel du conjoint survivant. Sans doute vis à-vis des successibles au même degré, les biens donnés en avancement d'hoirie et sujets au rapport ne doivent pas être considérés comme rentrés dans l'hérédité du défunt et ne donnent pas ouverture aux droits de mutation par décès Nevers. 24 mai 1870 : 3,168 R. P. ; — Sol. 9 Mars 1872 ; 29 avril et 24 juin 1876; Champ. et Rig. III, 2.523 : — G. Demante, II, 718 ; — Dict. Fessard, n° 776 . Mais ces rapports augmentent l'importance de la succession : par suite ils modifient la quotité disponible, et lorsque celle-ci est attribuée en totalité ou en partie à une personne qui n'aurait pas eu qualité pour venir à la succession, sans la volonté du défunt exprimée dans ses dispositions testamentaires, le droit à percevoir est à un taux plus élevé. Il importe donc de déterminer exactement la part susceptible de lui revenir.

En ce qui concerne l'usufruit du conjoint survivant, l'art. 1er-6e de la loi du « 9 mars 1891, décide que le calcul sera opéré sur une masse faite de tous les « biens existant au décès du *de cujus*, auxquels seront réunis fictivement ceux « dont il aurait disposé, soit par acte entre vifs, soit par acte testamentaire au « profit de successibles, sans dispense de rapport. »

D'après l'instruction de la Régie n° 2805 (p. 3 , quand l'époux survivant recueille un usufruit en vertu de la loi de 1891, le droit de mutation par décès doit être liquidé comme en cas de legs d'usufruit. Par suite il est de toute nécessité d'indiquer les rapports fictifs dont les héritiers peuvent être redevables.

Il est également indispensable de savoir si les héritiers, usant de la faculté qui leur est accordée par l'art. 767 du Code Civil modifié par l'article 1er in-fine de la loi du 9 mars 1891, ont converti en une rente viagère l'usufruit revenant au conjoint. La règle adoptée par l'administration, après la promulgation de la loi de 1891, qui consistait à liquider toujours même en cas de conversion l'impôt de mutation par décès, suivant les règles spéciales aux transmissions d'usufruit sous prétexte que l'obligation légale des héritiers ne comprenait qu'un seul objet n'a pas été adoptée par les tribunaux chargés de trancher la question. Par conséquent, toutes les fois que l'usufruit de l'époux survivant aura été converti en une rente viagère antérieurement à la déclaration de succession, il y aura lieu de l'indiquer dans la formule, afin que le droit de mutation par décès dû par l'époux survivant soit liquidé sur le capital au denier dix de la rente viagère qui lui a été attribuée Inst. 2886 § 9 .

La réduction d'une donation excédant la quotité disponible doit être signalée, car elle a pour effet de résoudre partiellement la donation qui est ainsi réputée non avenue et de faire rentrer dans l'hérédité la valeur dont le défunt s'était dépouillé sous une condition résolutoire tacite. Il y a une nouvelle mutation qui s'opère par le fait du décès au profit des héritiers, et qui est distincte de la transmission opérée en faveur du donataire; par suite le droit de mutation par décès est exigible sur cette valeur, sans imputation possible avec les droits perçus lors de la donation Bernay, 19 décembre 1849 : 15036 J., § 7 : — Bagnères 18 avril 1859; 16,921 J. ; 1203 R. P. ; — Sol. 26 février 1868 ; 18,487-4 J.

Sous l'empire de la législation antérieure à la loi de 1901, les sommes données entre vifs et non payées au décès du donateur doivent être déduites des valeurs de la succession pour le payement des droits sans distinguer, si ces sommes ont été données à un successible ou à un étranger, car elles sont réputées avoir cessé de faire partie du patrimoine du donateur. Cela est encore beaucoup plus juste, lorsque l'impôt a été acquitté relativement à la donation (Cass., 30 juillet 1862 ; S. 62,1,991 ; D. P. 62,1,369). Il est donc nécessaire de faire connaître cette circonstance dans la formule de déclaration. — Ce qui était vrai avant la loi de 1901, l'est bien davantage depuis la promulgation et la mise à exécution de cette loi, qui admet la déduction du passif sous certaines conditions.

Depuis la loi du 25 février 1901, l'impôt de mutation par décès est établi d'après un tarif à la fois proportionnel et progressif sur la part nette de chaque successible. Il est indispensable d'établir cette part d'une façon exacte, et pour ce motif toutes les libéralités faites à des successibles, susceptibles de modifier la part de chacun, doit être soigneusement indiquée, sous peine de commetttre une omission, tombant sous l'application de l'art. 39 de la loi du 22 frimaire, an VII (art. 21. 1901), modifié par l'art. 12. de la loi du 8 avril 1910.

CHAPITRE II

DES BIENS ET VALEURS A DÉCLARER

D'après l'article 516 du Code Civil, tous les biens sont meubles ou immeubles. Nous nous inspirerons également de cette grande division admise par le législateur de 1804, en suivant également l'ordre et les distinctions établis par l'instruction de la Régie nº 2954 du 6 juin 1898. Mais avant de passer en revue les divers biens propres du défunt, nous devons envisager l'hypothèse très fréquente, où il serait marié et où il aurait adopté entre lui et son conjoint une société, soit en ne faisant précéder son union d'aucun contrat (art. 1400 C. C.), soit en se soumettant dans son contrat de mariage à la communauté telle qu'elle a été établie par le législateur, soit en instituant une communauté conventionnelle ou en adaptant le régime de la communauté réduite aux acquêts, conformément aux articles 1498 et 1499 du Code Civil, soit après s'être soumis au régime dotal, en stipulant une société d'acquêts, qui est réglée comme il est dit aux articles 1498 et 1499 (art. 1581 C. C.).

Lorsqu'il existe une communauté légale ou conventionnelle, il importe tout d'abord de la liquider dans la formule de déclaration, avant de s'occuper des autres biens héréditaires, afin de savoir quel est l'avantage que le *de cujus* a pu en retirer. Dans une première section, nous examinerons les principales règles concernant la liquidation de communauté, dans une seconde nous dirons dans quel ordre les biens propres doivent être déclarés.

Section I. — Communauté

La communauté conjugale est une société d'intérêts formée entre l'homme et la femme, qui mettent en commun tout ou partie de leurs biens pour soutenir les charges du mariage. Son caractère essentiel est la participation de la femme aux acquêts.

Nous n'avons pas à rechercher ici si la communauté conjugale est un être moral, comme les sociétés commerciales, ayant un droit de propriété et d'usufruit distinct de celui des époux comme le veulent certains auteurs (M. Delvincourt (1. p. 528; Prudhon. De l'usufr. I, 279); Duranton (XIV, 96); Troplong 306 et suiv.; Flandin-Traüser., I, 2737, Massé et Verger sur Zachariæ, IV § 638), ou s'il faut lui refuser cette personnalité morale, sous prétexte que le mari en est l'administrateur avec des pouvoirs assez étendus pour qu'au regard des tiers, il soit censé seul propriétaire et puisse agir comme tel (Toullier, XII, 82; Zachariæ

III, p. 407, note 1re. Chap. et reg. IV, 2835 et VI, 748 et suiv. ; Aubry et Rau, p. 277, no 2 ; Rodière et Pont, 1, 334). Nous n'avons à nous placer ici qu'au point de vue de la liquidation des valeurs pouvant dépendre de cette association spéciale au moment où elle se dissout par la mort de l'un des deux conjoints, dont on déclare la succession.

§ 1er Actif brut de Communauté

La communauté se compose activement : 1° sous le régime de la communauté légale, de tout le mobilier que les époux possédaient au jour du mariage et de tout celui qui leur est échu pendant sa durée à titre de succession, ou même de donation, si le donateur n'a pas exprimé le contraire, — et sous le régime de la communauté réduite aux acquêts ou conventionnelle, de tout le mobilier acquis pendant le mariage, autrement que par donation ou succession ou de tout le mobilier mis en commun d'après les conventions matrimoniales ; — 2e de tous les fruits, revenus, intérêts et arrérages de quelque nature qu'ils soient échus ou perçus pendant le mariage, et provenant des biens qui appartenaient aux époux lors de sa célébration, ou de ceux qui leur ont été échus pendant le mariage, à quelque titre que ce soit, ou de ceux mis en commun d'après les conditions du contrat ; — 3° de tous les immeubles qui ont été acquis pendant le mariage (art. 1401 C. C.) et de tous ceux qui ont été ameublis en vertu des conventions matrimoniales (art. 1505 C. C.)

Par mobilier on entend les meubles corporels et les meubles incorporels, tels que les créances et les actions dans les sociétés civiles et commerciales, la valeur vénale d'un office dont le mari est titulaire et les droits réels correspondants aux biens dont nous venons de parler.

Les divers biens composant la communauté doivent être énumérées dans la formule d'après l'ordre que nous indiquerons, lorsque nous traiterons de la déclaration des biens propres. Leur énumération ferait ici double emploi avec ce que nous dirons à ce moment. Cette nomenclature nous semble plus à sa place à cette partie de notre travail ; d'autant mieux que nous avons à nous préocuper maintenant des reprises et des récompenses relatives à chacun des époux.

Une fois la masse des biens de communauté régulièrement établie, il y a lieu de rechercher si elle ne doit pas être diminuée des sommes dues par cette communauté aux deux époux ou à l'un deux, ou augmentée de sommes à elle dues par ceux-ci. D'après les dispositions du code civil, il existait durant la communauté trois patrimoines : celui de la communauté, celui du mari, et celui de la femme. Or, toutes les fois qu'une valeur sort de l'un de ces patrimoines pour entrer dans l'un des deux autres, le patrimoine enrichi doit récompense ou indemnité au patrimoine appauvri (art. 1433, 1436, 1437, 1473, 1479 C. C.). S'il en était autrement on consacrerait une libéralité d'un époux vis-à-vis de l'autre ; or, bien que les donations entre époux soient permises par l'article 1096 du Code Civil, elles sont essentiellement révocables et ne se présument pas. Aussi la loi prohibe-t-elle entre époux toute opération qui pourrait servir à déguiser des libéralités.

On se sert ordinairement du mot *reprises* pour désigner les indemnités dues par la communauté aux époux (art. 1472 C. C.) et on réserve le mot *récompenses* pour les indemnitées dues par ceux-ci à la Communauté. Nous nous servirons également de ces expressions dans un but de simplifications.

§ 2. — Reprise des époux

Toutes les fois que des biens personnels de l'un des époux ont servi à enrichir la communauté, celle-ci doit l'indemniser de ce qu'elle a touché, soit que la somme reçue ait été versée dans le fonds commun ou lui ait procuré des valeurs qui n'en devaient pas faire partie, soit qu'elle ait été employée à payer à la décharge de ce fonds des dettes que le fonds seul devait supporter (Radière et Pont, I, 932 et 933 ; — Aubry et Rau, V, § 511, p. 351).

Mais il n'y aurait pas lieu à *reprise* si les valeurs versées dans la caisse commune par l'un des époux ont fait l'objet d'un emploi ou d'un remploi. L'époux a reçu ainsi une valeur réputée équivalente, si la somme versée pour l'acquisition est pareille à celle provenant du propre aliéné, sans qu'on ait à s'inquiéter si la valeur réelle de l'objet acquis est égale à celle de l'objet aliéné.

La communauté doit des reprises aux époux :

1° Lorsque des meubles ou des immeubles propres à l'un des époux ou aux deux ont été aliénés pendant le mariage (art. 1433 C. C.);

2° Lorsque des tiers se sont rédimés en argent de services fonciers dus à un immeuble propre de l'un des époux et que le prix de rachat a été versé dans la communauté;

3° Lorsque des meubles ou des immeubles propres à l'un des époux ont été donnés en payement d'une dette de la communauté, dont l'acquittement ne devait pas donner lieu à récompense de la part de cet époux;

4° Lorsque des deniers propres à l'un des époux ont été confondus dans la masse commune ou employés d'une manière quelconque dans l'intérêt de la communauté;

5° Lorsque, au moyen d'une concession ou d'une renonciation faite au détriment de ses biens propres, l'un des conjoints a amélioré la condition des biens de la communauté;

6° Lorsqu'il a été fait des coupes extraordinaires dans une forêt propre à l'un des époux, ou que la communauté a profité des produits d'une carrière ou d'une mine ouverte, pendant le mariage, dans un immeuble propre à l'un des conjoints (art. 1403 3ᵉ C. C.).

L'époux dont un bien propre a été aliéné moyennant un prix ou a été donné en payement d'une dette de communauté a droit comme reprise à la totalité du prix réel reçu ainsi qu'à la valeur estimative des charges et accessoires comme pots-de-vin, épingles, etc. ou au montant de la dette de communauté ainsi éteinte, sans tenir compte de l'augmentation ou de la diminution du bien. La communauté doit l'intégralité de la somme qu'elle a touchée ou de la valeur dont elle a bénéficié, ni plus, ni moins. L'époux propriétaire du bien aliéné souffre donc de la perte de valeur, en vertu de la règle. *Res perit domino*, comme il profite de l'augmentation (Pothier n° 587 et suiv., — Aubry et Rau n° 355). De ce que l'époux dont le propre a enrichi la communauté a droit au prix réel, il s'ensuit qu'il peut prouver la dissimulation de prix contenue dans un acte pour obtenir une reprise supérieure (Troplong, II, 1162; Marcadé, art. 1436 ; — Toullier XII, 345 ; — Cass., 14 fév. 1843 ; S. 43, 1, 193 ; — C. Besançon, 21 juin 1845 ; S. 46, 2, 451 ; — Cass. 30 décembre 1857 ; S., 58, 1, 276).

Quid, en cas d'aliénation d'un droit propre perpétuel, comme un immeuble, pour un droit temporaire, comme une rente viagère, ou réciproquement d'un droit temporaire pour un droit perpétuel ? — D'après une opinion, on décide qu'en cas d'aliénation d'un droit temporaire pour un droit perpétuel, l'époux propriétaire a une reprise à exercer égale au prix de l'aliénation, mais que dans l'hypothèse inverse, il n'a droit à rien. Pour le décider ainsi on part de cette idée que la communauté a sur les biens des époux un droit subsidiaire, subordonné à celui de l'époux lui-même et que ce droit est susceptible de s'accroître ou de diminuer suivant les opérations faites par le propriétaire et ne frappe le patrimoine des époux qu'autant qu'ils continuent à le conserver. Lors de l'échange d'un droit perpétuel pour un droit viager et temporaire la communauté n'a touché que des arrérages, c'est-à-dire une nature de biens lui revenant d'après la loi ; elle n'a donc pas à supporter de reprise. S'il y a eu, au contraire, cession d'une rente viagère par exemple pour un droit perpétuel, l'époux qui en était propriétaire, a droit à une reprise qui est du montant du prix, parce que la communauté a reçu un capital propre à l'un des époux et ne pouvait percevoir que les intérêts de ce capital (Proudhon, Usuf., V, n° 2675 ; — Buquet sur Pothier, VII, p. 311, note 2 ; — Mourlon, Rép. écrit., III, p. 45-47 ; — Marcadé, art. 1436, n° 2 ; — Rodière et Pont, II, n° 945 ; — Pont, Rev. crit. IV, p. 9 et suiv. ; — Besançon, 18 févr. 1853 ; — C. Nancy, 3 juin 1853 ; — Joigny, 13 févr. 1868.).

Mais cette opinion semble abandonnée aujourd'hui par la jurisprudence, qui décide, conformément à notre ancien droit, qu'il y a lieu à reprise dans les deux hypothèses. Lors de la cession d'un droit perpétuel, pour un droit temporaire, la reprise consiste dans la somme dont les arrérages de la rente viagère courus depuis l'aliénation du bien propre jusqu'à la dissolution de la communauté excéderaient les revenus dudit bien, lesquels seraient tombés dans la communauté, si le bien n'eût pas été aliéné. — En sens inverse, s'il s'agit d'un droit temporaire échangé contre un droit perpétuel, la reprise due à l'époux ne doit être exercée que sous la déduction de ce dont la communauté aurait profité des revenus du droit temporaire, pendant tout le temps couru depuis la vente jusqu'à la dissolution de la communauté, au-delà des intérêts de la somme reçue pour le prix. (Lebrun, Comm., liv. 1er Ch. 5, dist. 2, nos 13 et suiv. ; — Prévôt de la Jannès, Princip. de la Jurisprudence franç., II, p. 85 ; — Bourjon, Droit Come, 1, p. 545 ; Pothier, Comm. n° 594 ; — dans l'ancien droit ; — et dans le droit moderne, Merlin, V° Remploi, § 2 ; — Taullier, XII, 350 ; — Taulier, V, p. 106 ; — Zachariœ, III, p. 454 ; — Dalloz, V° Contrat de mariage, n° 1509 ; — Aubry et Rau, p. 352 ; — Troplong, II, 1090 ; — C. Douai, 9 mai 1849 S. 542, 180 ; — C. Angers, 12 Mai 1852, S. 153, 2, 369. — Cass. 1er avril 1868 ; D. p. 68, 2, 131 ; S. 168, 1, 353 ; — 8 avril 1872 ; 72, 1, 108).

Quid, en cas d'aliénation d'un propre moyennant une rente viagère ? — Il y a lieu de distinguer, si ce propre aliéné était productif ou non productif de fruits ou de revenu.

α. S'agit-il de l'aliénation de propres non productifs de fruits ou de revenus, comme des diamants, des tableaux, des médailles, des meubles meublants etc., la reprise à exercer par l'époux propriétaire des biens ainsi aliénés est de la totalité des arrérages de la rente viagère, car la communauté ne retirait rien des objets aliénés (Aubry et Rau p. 356).

β. S'agit-il de l'aliénation de propres productifs de fruits ou de revenus, la reprise de l'époux est égale à l'excédent des arrérages de la rente viagère qui ont couru jusqu'à la dissolution de la communauté (V. auteurs et arrêts déjà cités ci-dessus ; — C. Lyon 17 févr. 1870; S. 70, 2, 305).

Quid, en cas de vente pure et simple d'un usufruit propre à l'un des époux, ou d'une rente viagère constituée sur la tête de l'un des époux ? — Une reprise serait due dans ce cas à l'époux titulaire, s'il survit à la dissolution de la communauté, mais ses héritiers n'auraient droit à rien de ce chef (Aubry et Rau, p. 353; Duranton, XIV, 340; — Cass. 31 Mars 1824; — 10 avril 1855; Sicey, 55, 1, 241 ; D. P. 55, 1; 177).

Néanmoins il semble admis aujourd'hui qu'une reprise est due dans tous les cas, et cette opinion est consacrée par un jugement déjà cité du Tribunal de Joigny du 13 février 1868.

La reprise a pour objet le prix de vente sauf déduction de la différence entre les intérêts de ce prix et les revenus ou arrérages que la communauté eut perçus si elle avait continué à jouir de l'usufruit ou de la rente viagère (Pothier, p. 592; Merlin, Rép. Remploi, § 2, n° 2; Taullier, XII, 347 et 348; Odier, I, 309 et 310); Pour certains, la reprise est dans ce cas de la totalité du prix de vente sans déduction (Proudhon, Usuf. V, 2672; — Marcadé, art. 1436-2°; — Radière et Pont, II, 945).

Quid, en cas de dommage à des biens propres ? — Si les biens endommagés appartiennent au mari, il ne lui est dû aucune indemnité, lorsque la communauté n'a retiré de ce fait aucun avantage, car il était chargé d'administrer et il ne peut s'en prendre qu'à lui-même de sa mauvaise administration. Au contraire la femme qui subit une perte ou une détérioration dans ses biens propres, notamment par suite de la non-interruption d'une prescription, a droit à une indemnité. N'ayant pas l'administration de ses biens pendant la durée de la communauté, elle ne peut subir les conséquences d'un préjudice dont le mari seul est responsable (art. 1438-3°, ch. 2254; — Aubry et Rau, p. 354).

En principe la communauté ne doit une indemnité à l'époux dont un propre a été aliéné, que si elle en a touché le prix ou en a bénéficié. Si donc le prix était toujours dû, il resterait, au moment de la dissolution de la communauté, la propriété de cet époux qui aurait seul le droit de le toucher C. Rouen, 22 juill. 1850 . Cependant, par application de ce qui vient d'être dit, la femme aurait une reprise à exercer pour le montant du prix de vente d'un de ses propres, alors même que la communauté n'aurait rien touché, si sa créance était perdue par suite de l'insolvabilité de l'acheteur et de la négligence du mari, responsable de la perte des créances arrivée par sa faute Radière et Pont, II, 938 .

Comment s'exercent les reprises des époux ? — Les reprises de la femme s'exercent avant celles du mari et en cas d'insuffisance des biens de communauté, elle a une action sur les biens personnels du mari. Le mari ne peut exercer ses reprises que sur les biens de communauté. En cas d'actif suffisant de communauté, les reprises sont prélevées d'abord sur l'argent comptant, ensuite sur le mobilier et subsidiairement sur les immeubles de communauté (art. 1436, 1471, et 1472 C. C.).

A défaut de partage ou de conventions spéciales, lors de la rédaction de cette partie de la formule de déclaration de succession, relative aux reprises, il faut s'inspirer autant que possible des règles du Code. Ainsi si l'argent comptant de communauté était suffisant pour payer les reprises, il serait bon de faire cette liquidation immédiatement après l'énonciation de cette valeur et avant l'énumération des autres biens, en ayant soin de n'opérer ces prélèvements sur les immeubles communs, qu'en cas d'insuffisance des autres valeurs communes. Béthune, 7 avril 1868; 18, 633 J.; — Sol. 9 septembre 1868; — 7 avril 1869; — 26 novembre 1872; — 26 août 1879).

Lorsque la femme exerce ses reprises sur les biens personnels du mari, conformément à l'article 1472 du Ccde Civil, la nature de sa créance est toute autre que lorsqu'elle les prélève sur les biens de communauté. Elle ne vient alors que comme une créancière ordinaire et n'a pas droit à un payement en nature. Or si le mari se libérait en lui cédant un de ses immeubles propres, il y aurait une véritable *datio in solutum* avec toutes ses conséquences (Laurent t. XII, n° 518; — Mourlon, Rep. sur C. C. 1883, n° 226, p. 108). De ce qui vient d'être dit, il résulte que, les reprises de la femme s'exerçant sur les biens personnels de son mari prédécédé sont considérées comme des dettes ordinaires de la succession et sont soumises aux mêmes règles. Par conséquent, pour les successions ouvertes avant la promulgation de la loi du 25 février 1901, la déduction n'est pas admise sur les biens propres déclarés (Cass. 2 octobre 1810; 3727 J.; — 18 mai 1824; 7666 et 7833 J.; 935 R.; — 26 décembre 1856; 16514 et 16554 J.; 9676 R.; — 3 août 1858; S., 58, 1, 711). Sous l'empire de la loi de 1901, la déduction de l'excédent des reprises de la femme survivante est autorisée, mais seulement s'il est justifié de cette créance de la veuve, conformément à l'article 3 de ladite loi (Chambre, séance du 16 novembre 1895; J. off., débats, pages 2372 et 2373; — Inst. n° 3049 p. 3 et 3058 p. 5).

Les mêmes règles sont applicables, en cas de renonciation par la femme à la communauté. Tous les biens communs deviennent la propriété du mari avec effet rétroactif, les reprises de la femme ne se prélèvent plus, ainsi, que sur des biens appartenant en entier à son mari. Ils doivent être déclarés pour le tout, si le mari est prédécédé, sous la réserve de la déduction consacrée par le législateur de 1901 Cass. 10 août 1830; 9757 J.; 3019 R.; Inst. 1347, § 5; — Champ. et Rig., IV, 3413; — 24 août 1858; S., 58, 1, 711; D. P., 58, 1, 350; — 24 décembre 1860; S., 61, , 189; D. P., 61, 1, 23; — 21 août 1861; S., 62, 1, 315; D. P., 61, 1, 392; — 11 août 1869; S., 69, 1, 477; D. P., 70, 1, 153; — 30 novembre 1869; S. 70, 1, 136; — Le Havre, 24 août 1848; 14567 J.; — Nevers, 3 janvier 1849; 14688 J.; — Angoulême, 7 mars 1864; 2137 R. p.; — Vitry-le-François, 9 mai 1867; 2357 R. p.

Sous le régime dotal ou sous les régimes exclusifs de communauté, les reprises de la femme ne peuvent également être prélevées que sur les biens du mari, d'après les règles déjà exposées. Elles ne peuvent être déduites que d'après les conditions de l'article 3 de la la loi du 25 février 1901, s'il s'agit de la succession du mari et doivent être déclarées dans la succession de la femme comme une valeur active avec les autres biens de sa succession (Sol. 5 Août 1828, rapportée par Championnière et Rigaud n° 3414; Inst. 1263, § 3; — Seine 30 janvier 1850; 14567 J.; — Cass. req. 17 nov. 1890; Inst. 2807 § 2).

En cas d'actif suffisant de Communauté les époux prélèvent leurs reprises sur les biens communs, à titre de copropriétaires, par une opération préliminaire du partage. Les valeurs attribuées au survivant pour ses reprises ne sont pas dans le patrimoine de l'époux prédécédé. Tel est le principe qui régit en cette matière l'application des droits de mutation par décès. (G. Demante n° 695, 1; — Cass. (Civ.) 13 décembre 1864; S. 65, 1, 89; D. P., 65, 1, 17; — 15 mai 1872; S., 72, 1, 313, D.-P. 72, 1, 197); — Au point de vue purement civil les reprises constituent toujours de véritables créances, mais les époux sont vis-à-vis de la communauté

des créanciers d'une espèce particulière, car à la différence des créanciers ordinaires qui ne peuvent que faire vendre les biens de leurs débiteurs pour se faire
payer sur le prix, à la dissolution de la communauté ils sont autorisés à prendre
dans la communauté des biens en nature pour se couvrir de leurs reprises (Cass.
16 janvier 1858 ; — Rodière et Pont, Traité du contrat de mariage, n° 834 ; —
Pont, Rev. crit. de législ. et de jurispr. II, p. 600 ; III. p. 436 et 898 ; IV, p. 522 ;
— Serrigny, professeur à Dijon, même Revue, V ; p. 162 : — Vallette ; Le Droit,
n° du 25 Avril 1855 ; Rev. prat. t, IV, p. 529 ; — Mimerel, Rev. crit. t. IV, p. 406 et
suiv. — Merville, Rev. prat. T. I, p. 145 ; t. VII, p. 514 ; — Devilleneve, Rev.
gén. des lois et des arrêts 1854, I, p. 145 ; — Jousselain, Des prélèvements et
reprises de la femme ; — Ancelot, Rev. crit. mai 1855 ; — Brésillon, Rev. crit. VIII,
p. 411 ; — Vavasseur, Rev. prat. t. II, p. 160, 206 et 298 ; — Bazot, p. Rev. prat.
t. III, p. 249 ; — Aubry et Rau, t. V, § 511, p. 363, note 28 ; — Laurent, t. XX, II,
n° 526 et suiv. — Mourlon, Traité de la transcr., t. I, p. 106 et suiv.).

§ 3. — Récompenses

On se sert ordinairement du mot *Récompenses* pour désigner les indemnités
dues par les époux à la communauté (art. 1468 C. C.). Il est dû récompense à la
communauté toutes les fois que l'un des époux s'est enrichi ou a été avantagé aux
dépens de la communauté (Aubry et Rau, V, § 511 bis). Ainsi les dettes non
tombées en communauté donnent lieu à récompense lorsqu'elles ont été ac-
quittées avec des deniers de communauté : c'est ce qui se produit notamment
quand on a fourni, avec des biens ou valeurs de communauté une dot à des
enfants que l'un des époux avait d'un précédent mariage (art. 1469 C. C.).

La communauté a droit à une récompense pour les sommes déboursées par
elle, en vue d'assurer à l'un des époux la possession de ses propres, ou pour affran-
chir les dits propres de charges dont ils étaient grevés. C'est ce qui se produit
lorsqu'il a fallu payer avec des deniers communs un supplément de juste prix,
au cas où l'acquisition faite par l'un des époux était attaquée pour lésion (Pothier
n° 632 ; Bellot des Minières. I, p. 528 ; Troplong. II, 1178 et suiv.).

Toutes les sommes versées pendant la communauté pour frais d'inventaire,
frais d'arbitrage, droits de mutation entre vifs ou par décès, frais d'actes relatifs
à des biens propres des époux et dont la communauté ne profite pas en tant que
propriété, donnent ouverture à son profit à des indemnités qui deviennent exigibles par le fait de sa dissolution. Les récompenses dues dans les divers cas énumérés ci-dessus sont égales aux sommes réellement déboursées.

Il en est de même des soultes contenues dans un acte de partage de biens
propres, lorsqu'elles sont mises à la charge de l'un des époux. Il y aurait lieu,
au contraire, à reprise au profit de cet époux, si la communauté avait touché la
soulte stipulée au profit du dit époux.

Impenses relatives au propre. — Toutes les impenses payées par la communauté
pour les propres des époux donnent lieu de la part de ceux-ci à récompenses,
si ces impenses ne concernaient pas uniquement l'usufruit qui appartient à la
dite communauté. Il nous reste à examiner quelle indemnité est due pour chaque
catégorie d'impenses.

1° *Impenses nécessaires.* — La récompense est dans l'espèce de la totalité de la
somme payée par la communauté. C'est ce qui a lieu en cas de rachat de servitudes

réelles. Toutefois l'acquisition de l'usufruit, grevant un propre ne donne pas lieu à récompense, car l'usufruit, comme tous les droits immobiliers acquis pendant le mariage est devenu un conquêt de communauté. Cet usufruit est ordinairement acquis avec des deniers communs. S'il en était autrement l'usufruit resterait commun, mais l'époux qui aurait fourni les fonds nécessaires aurait droit à une reprise équivalente (Aubry et Rau, p. 295, Proudhon, Usuf., V, 2681. Bugnet sur Pothier, p. 639 ; Rodière et Pont, I, p. 511. — C. Rouen, 1er juillet 1841, Sirey, 41, 2, 490 ; — Cass. 16 juillet 1845 ; Sirey, 45, 1, 721.

2° *Impenses utiles*. — Les récompenses dues à la communauté par l'un des époux à raison des améliorations faites à des immeubles propres, est égale à la plus value, donnée aux dits immeubles, en comparant sa valeur vénale au moment de la dissolution de la communauté, avec la valeur réelle qu'ils auraient eue à la dite époque, si la dépense n'avait pas été faite (Dumoulin Caut. de Montargis, chap. 8, art. 12 ; Lebrun, liv. III, chap. 2, sect. 1re dist. 7 n° 15; Pothier, nos 636 et suiv. ; Merlin, Rep., Récompenses, sect. 1e § 4 n°2; Delvincourt, III, p. 58; Troplong, II, 1193 et 1194 ; — C. Douai, 16 juillet 1853; Sirey, 53, 2, 577; — C. Metz, 24 novembre 1869 ; 18895 J.)

Certains auteurs soutiennent que les récompenses pour impenses utiles sont de la totalité des sommes déboursées, sauf quand il s'agit d'impenses faites sur les propres de la femme sans le consentement de celle-ci ; mais cette opinion a été repoussée par la jurisprudence (Proudhon : Usuf. V. p. 266; Bugnet sur Pothier, VII, p. 326; Marcadé, art. 1437, n° 2).

3° *Impenses voluptuaires*. — Ces impenses n'ont procuré aucune augmentation de valeur aux propres des époux et, par suite, ne donnent lieu à aucune récompense (Toulier XIII, 170; Troplong, II, 1187 ; Rodière et Pont, II, 961. — C. Paris 21 juin 1814).

Frais de semences. — Lorsqu'à la dissolution de la communauté, les propres des époux étaient ensemencés, ils doivent une indemnité pour les frais de semences et de labours.

Rente viagère acquise moyennant des biens de communauté. — Lorsqu'une rente viagère a été acquise avec des deniers communs ou en échange de biens communs et a été stipulée réversible au profit du survivant des époux, une vive controverse existe pour déterminer exactement la nature du contrat, pour savoir si une telle convention est valable (art. 1395 C.C.) et si elle donne ou non lieu à récompense en cas de validité. Pour rester dans notre sujet, nous ne croyons pas devoir entrer dans tous les détails que comporte cette délicate question. Nous nous contentons de faire connaître l'opinion de l'Administration (Inst. 2355 § 6), consacrée par la jurisprudence. C'est celle qui s'impose à tous ceux qui ont à rédiger des formules pour souscrire des déclarations de mutation par décès.

La rente viagère ainsi acquise et reversible sans aucune diminution sur la tête du survivant des époux est un conquêt de communauté, elle appartiendra en entier à ce dernier sans présenter les caractères juridiques d'une donation éventuelle. Par suite aucun droit de mutation n'est exigible de ce chef au décès du prémourant. Mais celui qui en profitera devra une récompense à la communauté, car il est de principe qu'aucun des époux ne peut retirer un profit personnel des biens communs, sans être tenu de fournir une indemnité (Pothier, Constitutions de rente n° 242 ; Paul Pont, Traité des petits contrats, 1, n° 701 ; — Cass. req. 29 avril 1851 ; S., 51, 1, 329 ; — D.P. 52, 1, 26 ; —

C. Rennes, 16 juin 1841 ; S. 41,2, 553 ; — C. Orléans, 28 décembre 1843 ; S., 44, 2, 98 ; — C. Paris, 19 fév. 1864 ; S., 65,2, 4 ; D.P., 65, 2. 75). — La récompense qui doit ainsi être ajoutée à l'actif commun, dans la formule, comme représentant la valeur de la rente dont va bénéficier l'époux survivant, est égale au capital constitué (art. 14 n° 6, l. 22 frimaire an VII), à moins qu'elle n'ait été déterminée par un partage ou tout autre acte équivalent antérieur à la déclaration de succession. (Cass. 10 avril 1851. — 16 décembre 1867 ; S. 68, 1,128 ; D.P. 68, 1,270 ; — 10 mai 1873 ; S., 73, 1,339 ; D.P., 74, 1, 72. Inst. 2472 § 3 ; — 30 décembre 1873 ; S. 71, 1, 129 ; D.P., 74, 1, 363. Inst. 2482 § 8 ; — Seine, 16 mai 1868 ; 2704 R. p., ; — Melun 27 août 1868 ; 2787 R.P. ; — Coulommiers, 27 novembre 1868 ; 2983 R.P. ; — Rouen, 18 mars 1869 ; 18735 J ; 2877 R.P. ; — Le Mans 19 mai 1870 ; 3156 R.P ; — Alençon, 3 juin 1870 ; 3660 R.P ; — La Flèche, 7 novembre 1870 ; 3496 R.P. ; — Mamers, 27 févr., 1872 ; 19444 J. ; — Lisieux, 30 juill. 1873 ; 4483 Rev. not. ; — Caen 11 mars 1874 ; 4712 Rev. not.)

On peut critiquer la jurisprudence, en disant notamment qu'elle transforme une donation mutuelle et réciproque en un contrat à titre onéreux ; mais il faut nécessairement se soumettre à ses décisions et admettre que, dans l'espèce qui nous occupe, il y a lieu à récompense tant au point de vue civil qu'au point de vue fiscal. Cependant le survivant des époux ne devrait aucune récompense, s'il ne devait pas profiter seul de la rente viagère et s'il devait la partager avec les héritiers du prémourant de telle sorte que cette reversibilité sur sa tête n'ait été stipulée que pour fixer la durée de la rente (C. Orléans 28 décembre 1843 ; S. 44, 2, 98).

Acquisition moyennant une rente viagère d'une nue-propriété propre à l'un des époux. — L'acquisition d'une rente viagère avec des deniers communs ou en échange d'un bien de communauté donne lieu à récompense, ainsi qu'on vient de le voir, par le survivant des époux au profit duquel elle est stipulée reversible. Dans l'hypothèse inverse, celle où une nue-propriété propre à l'un des époux a été acquise, conformément à l'article 1408 du Code Civil, moyennant une rente viagère mise à la charge de la communauté, l'époux acquéreur doit récompense à la communauté de tout ce qu'elle aura déboursé de ce chef au moment de sa dissolution. La communauté n'a, en effet, recueilli aucun avantage de cette nue-propriété, qui profite entièrement à l'époux propriétaire ; il faut donc l'indemniser entièrement de ses débours pour que ce dernier ne s'enrichisse pas à ses dépens.

Dans le même ordre d'idées, et pour les mêmes motifs il faut conclure que l'acquisition avec des deniers communs d'une nue-propriété propre à un époux, en vertu de l'article 1408 du Code Civil, donne lieu à récompense à la communauté non-seulement du prix principal déboursé, mais encore des intérêts de ce prix courus jusqu'au jour de la dissolution (Tonnerre, 3 avril 1873 ; 3630 ; R. p.)

Libéralités illégales. — La communauté doit être indemnisée des libéralités faites par chacun des époux d'une manière illégale ou en fraude des droits de son conjoint (Troplong II, 1198 et 1199). Mais il ne faut pas, cependant, porter atteinte aux droits du mari, comme chef absolu de la communauté (art. 1422 C.C. . Aussi a-t-il été décidé que la donation faite par le mari en biens communs à son enfant d'un premier lit, à titre de simple libéralité et non à titre de constitution de dot ne l'oblige pas à fournir une récompense (Cass. 23 juillet 1849 ; D. P., 69, 1, 5).

De même il n'est pas dû de récompense pour les donations faites conjointement par les deux époux, à moins qu'elles n'aient procuré un bénéfice personnel à l'un d'eux, auquel cas ce dernier doit récompense dans la mesure du bénéfice réalisé par lui (Aubry et Rau, p. 369 ; — Cass., 29 avril 1851 ; S. ; 51, 1, 329).

Quid, des récompenses dues par la femme, en cas de renonciation à la communauté ? — La renonciation faite par la femme à la communauté ne saurait la dispenser de fournir les récompenses qu'elle peut devoir à cette communauté, car les époux sont tenus des récompenses en leur nom personnel et non comme communs en biens. De même qu'elle peut exercer ses reprises contre son mari qui devient propriétaire de tout le fonds commun en cas de renonciation de sa part à la communauté, de même elle doit l'indemniser de tout ce qu'elle pourrait devoir, sinon elle s'enrichirait à ses dépens (Aubry et Rau, p. 369 .

§ 4. — Justications des Reprises et des Récompenses

En principe, l'actif commun compris dans une déclaration de succession, est censé appartenir par moitié aux deux époux, sauf la preuve contraire à fournir au moyen d'actes établissant les droits respectifs des communistes, (art. 1402, 1415, 1499, 1904 C. C.). Aussi il est indispensable de justifier les prélèvements sur les valeurs de communauté en faveur de l'époux survivant, prélèvements qui ont pour résultat de diminuer la part de l'époux prédécédé soumise à la perception de l'impôt.

Qu'il s'agisse de reprises réclamées par l'époux survivant ou de récompenses dues par le *de cujus*, le tout ayant pour but de diminuer la valeur imposable, on ne saurait se contenter de vagues énonciations, il faut des preuves ne laissant aucun doute sur la réalité de ces reprises ou de ces récompenses, sinon le receveur doit refuser la déduction proposée, et il doit le faire sous peine d'engager sa responsabilité.

La meilleure justification pour les reprises de l'époux survivant est la production d'actes établissant l'aliénation d'un propre, dont le prix a été touché par la communauté. Si le prix n'a pas été quittancé dans l'acte de vente, l'indication d'une quittance postérieure devrait être produite à l'appui de la demande en déduction (Metz 8 juillet 1855). — Il n'est pas nécessaire, que les actes produits soient authentiques : des actes sous seing privé ayant date certaine peuvent servir à établir l'existence de reprises, sans qu'il soit nécessaire de faire enregistrer au préalable ceux de ces actes que la loi n'assujettit pas à la formalité dans un délai déterminé, car les receveurs n'étant pas des autorités constituées, des actes non enregistrés peuvent être produits devant eux à l'occasion des déclarations de succession (sol. 24 pluv. an XII, 1677 J. ; — 12 février 1868 et 9 mai 1870). Toutefois il ne serait pas prudent de produire à l'appui d'une reprise un acte sous seing privé non timbré, si on ne veut pas s'exposer à voir relever une amende de 62 fr. 50 par application de l'article 26-1° de la loi du 13 brumaire an VII, modifié par l'article 22 de la loi du 2 juillet 1862, augmentée encore par les lois du 25 juin 1920 (art. 110) et du 22 mars 1924.

Les indications du contrat de mariage produit comme pièces justificatives servent à déterminer, lors de la déclaration de succession, les apports mobiliers de chaque époux et par suite les reprises originaires de chacun. Aux termes de l'article 1502 du Code Civil, l'apport est suffisamment justifié, quant au mari, par la déclaration portée au contrat de mariage que son mobilier est de telle valeur ; quant à la femme, par la quittance du mari qui, en fait, se trouve toujours dans le contrat de mariage. La constatation de l'apport mobilier suffit donc à autoriser la reprise, sauf preuve contraire que l'Administration pourrait fournir ensuite. Si cette preuve était susceptible d'être établie par elle, il serait bon de réclamer une déduction de ce chef dans la formule, en indiquant le motif.

Les actes émanant des parties justifient les reprises, en règle générale, pour les sommes qui y sont portées; mais il y a certaines réserves à faire à l'égard de certains actes. Ainsi il n'est pas possible de s'en rapporter d'une manière absolue aux déclarations contenues dans un inventaire, par lesquelles l'époux survivant fait connaître les reprises qu'il prétend être en droit d'exercer (Seine 15 févr. 1843, 13221 J.). Sans doute ces attestations sont suffisantes, lorsqu'elles ne sont pas repoussées par les héritiers de l'époux prédécédé et qu'aucune autre justification ne peut être produite, comme, par exemple, la reprise résultant d'un prix de vente de meubles, en dehors de tout titre, car la fraude ne se présume pas. Mais lorsque la reprise insérée dans l'inventaire doit être justifiée, comme, par exemple, lorsqu'il s'agit de l'aliénation d'un immeuble propre ou d'une soulte de partage, l'administration serait fondée à ne pas se contenter de l'affirmation de l'époux survivant mentionnée dans l'inventaire, et les titres doivent être produits à l'appui de son dire.

Les énonciations contenues dans un partage de biens de communauté doivent être considérées comme vraies et doivent servir de base aux déclarations de succession pour déterminer les droits respectifs de chaque époux, à moins qu'il ne résulte de l'acte lui-même que les parties ont commis un erreur de droit ou ont fait entrer en ligne de compte des reprises ne reposant sur aucun fondement sérieux. Mais, lorsque ces reprises ont été admises par un jugement d'homologation, elles sont censées bien établies, même sans titre, vis-à-vis de l'Administration (Arbois 26 juin 1856; 16381 J.',

Le chiffre des reprises établi par des titres doit être tenu pour certain et ne peut être diminué que par des récompenses dont la preuve doit être rapportée. Aussi il n'y aurait pas lieu, pour la liquidation des droits de mutation par décès, de tenir compte d'une transaction par laquelle les héritiers de l'époux prédécédé auraient consenti une réduction de ses reprises; par suite il est inutile d'en parler dans la formule de déclaration (Dijon 16 fév. 1864; 17. 937 J.; — Seine 5 décembre 1853; 14, 877-2 J.; — Dunkerque. 3 janv. 1856; 16, 194 J.)

Aux termes des articles 1415 et 1508 du Code Civil la femme est autorisée, à défaut d'inventaire ou d'autres titres réguliers à prouver la consistance de ses reprises au moyen de papiers domestiques, alors même qu'ils auraient été tenus par elle, ou même par témoins et par commune renommée. En cas de prédécès du mari on peut se demander si la preuvre par témoins et par commune renommée est opposable à l'Administration au moment de la déclaration de succession. Une distinction est nécessaire. Lorsque la preuve par témoins ou par commune renommée a été déjà faite contradictoirement entre les parties, l'Administration est obligée d'en accepter le résultat. Mais personne ne serait recevable à demander à fournir directement cette preuve à l'encontre de l'Administration de même que l'Administration ne saurait s'en prévaloir pour établir la réalité des reprises. Par application de l'article 65 de la loi du 22 frimaire an VII, la preuve littérale est seule admissible en matière d'enregistrement Cass. 29 févr. 1860; 16790 et 17099 J.; 1284 R. p.; Inst. 2185 § 4; — 19 mars 1862 17538 et 17447 J.: 1600 R. p.; Inst. 2223 § 3: — 10 févr. 1864; 17,794 J.; 1874 R. p.: Inst. 2288, § 5: — 27 mai 1868; 18586 J.; 2710 R. p.; Inst. 2372 § 1er).

La même distinction existe en matière de dissimulation dans un prix de vente. On peut comprendre dans une déclaration de succession, au profit de l'époux survivant la reprise de la somme que les parties se sont abstenues, par fraude, de faire figurer au contrat, s'il existe une preuve écrite; mais aucune autre preuve n'est admise et il n'y aurait pas lieu de tenir compte d'une simple affirmation à cet égard de la femme survivante dans un acte de liquidation, alors que rien n'établirait ni la stipulation, ni le paiement de ce supplément de prix (Gien 10 août 1847; 14332 J.). La preuve écrite de ces dissimulations de prix peut parfois être onéreuse pour ceux qui l'invoquent, s'ils ne sont pas couverts par la prescription, car l'Administration doit réprimer la fraude ainsi révélée et appliquer dans l'espèce les pénalités édictées par l'article 12 de la loi du 23 août 1871, et toutes celles pouvant résulter des lois postérieures.

D'après l'article 1431 du Code Civil la femme qui s'est obligée solidairement avec son mari pour les affaires de la communauté, n'est réputée, à l'égard de celui-ci, ne s'être engagée que comme caution et doit être indemnisée de l'obligation qu'elle a contractée. La reprise, qui lui est due de ce chef ne peut figurer valablement dans les calculs préalables à la liquidation des droits de mutation par décès du mari qu'autant qu'elle rapporte la preuve qu'elle se trouve dans un des cas prévus par l'article 2032 du Code Civil en ce qui concerne l'indemnité accordée à la caution, c'est-à-dire: 1° quand elle est poursuivie en justice; 2° quand le débiteur est tombé en faillite ou en déconfiture ; 3° quand il s'est obligé à rapporter une décharge dans un certain temps; 4° quand la dette est échue; 5° ou après dix ans, si la dette n'a pas d'échéance fixe (Cass. civ. 24 mai 1869; S., 69, I, 347).

Comme pour les reprises de l'époux survivant, les récompenses que l'on prétend être dues à la communauté par le *de cujus* ont besoin d'être établies par titres. Le payement du passif dont ses propres étaient grevés donne lieu à indemnité au profit de la communauté, mais il faut prouver que ce passif a été réellement acquitté avec des deniers communs, et cette preuve ne résulte pas de la simple production du titre constatant l'existence de ce passif. La présomption tirée de l'échéance ne peut faire considérer comme acquittée toute dette déjà échue (Ussel, 21 août 1868; 3068 R. P.).

Tout ce que nous venons d'exposer au sujet des reprises et des récompenses est surtout vrai, à notre point de vue, des reprises de l'époux survivant et des récompenses dues par l'époux prédécédé, car elles ont pour but de diminuer la matière imposable. Il est certain que l'Administration accepterait sans exiger les justifications déjà signalées les reprises au profit du *de cujus* et les récompenses dues par l'époux survivant, puisque la masse héréditaire soumise à l'impôt se trouverait accrue par cela même. Néanmoins nous conseillons d'insérer autant que possible les mêmes justifications dans la formule. La liquidation de communauté faite dans la déclaration de succession doit contenir l'exposé fidèle des droits et des obligations respectives des deux époux. Il est donc indispensable de les asseoir sur des bases solides. On peut éviter ainsi dans l'avenir des contestations avec l'Administration chargée de vérifier l'exactitude des déclarations qui lui sont faites et de prouver les omissions au moyen de documents portés à sa connaissance.

§ 5. — Compensation des Reprises et des Récompenses

On ne doit pas s'en tenir à la lettre des articles 1468 et 1470 du Code Civil et décider qu'il faut d'abord rapporter à la masse des biens existants tout ce dont chaque époux est débiteur envers la communauté à titre de récompense, et prélever ensuite les indemnités qui lui sont dues par la communauté. Les règles ordinaires de la compensation ne semblent pas devoir être écartées dans la déclaration de succession. Les reprises et les récompenses forment un tout complexe à liquider avant de connaître l'actif propre de chaque époux. Il faut balancer le total des créances que chacun des époux a contre la communauté, avec le total des dettes dont il est débiteur envers elle, et déclarer chacun des conjoints ou créancier de la communauté pour la somme dont le total de ses créances excède le total de ses dettes, ou débiteur envers la communauté de la somme dont le total de ses dettes excède le total de ses créances; et ce sans s'inquiéter de la nature des droits conférés par le décédé à des légataires (Buguet sur Pothier, VII, 352; — Labbé J. P., 1872, p. 834; — Aubry et Rau V, p. 365; — Cass., 6 novembre 1861; S., 62, 1, 174; — C. Agen, 17 janv. 1868; S., 68, 2, 4; — Cass. 15 mai 1872; 3381 R. P.

Lorsque le montant des récompenses dues par le *de cujus* excède le montant de ses reprises, on déduit la différence, c'est-à-dire l'excédent de récompenses, qui a été ajoutée à la masse de la communauté, de la part d'acquêts lui revenant, car il n'y a là qu'une valeur fictive qui lui est attribuée.

Sous l'empire de la loi du 25 février 1901, lorsque les récompenses dues par l'époux prédécédé absorbent et au-delà la part revenant au *de cujus*, dans la communauté, on déduit cet excédent de récompenses du montant des biens propres déclarés, à la condition qu'il s'agisse de dettes dont la déduction soit autorisée par l'article 3 de la dite loi, c'est-à-dire de dettes à la charge du *de cujus* dont l'existence, au jour de l'ouverture de la succession, soit dûment justifiée par des titres susceptibles de faire preuve en justice contre le défunt.

Le législateur de 1901 ne s'est pas nettement expliqué sur ce point, comme il l'a fait pour les reprises, ainsi que nous l'avons déjà fait observer. Aussi y aurait-il un motif de doute, d'autant mieux que nous sommes dans une matière exceptionnelle, et que les règles de droit étroit ne s'étendent pas d'un cas à un autre. Le doute est d'autant plus permis que l'attestation du créancier, conformément à l'article 6 de ladite loi, est impossible dans l'espèce et qu'il n'y a pas moyen de s'entourer de la garantie que l'agent de l'Administration est en droit d'exiger. Néanmoins l'Administration semble accepter cette déduction dans une pensée bienveillante à l'égard des contribuables.

Il n'y a pas besoin d'ajouter que cette déduction n'est pas admise sur les biens propres pour les successions soumises à la législation précédente, en vertu du principe de la non-déduction du passif.

Au premier abord cette compensation entre les reprises et les récompenses ne semble avoir qu'un intérêt théorique. Cependant il y a là un intérêt pratique, lorsque le conjoint survivant a droit à l'usufruit des acquêts en vertu d'une convention de mariage, et à l'usufruit des propres en vertu d'une donation. Le conjoint ne paye ainsi le droit de mutation que sur le solde des reprises, tandis qu'autrement il le payerait sur le chiffre de ses reprises (sol. 27 septembre 1872; 19177, 19177 J.; 3597, R. p.

Une autre compensation pourrait également être faite, entre les reprises et les récompenses des deux époux, de façon à ne faire figurer dans les chiffres que la différence au profit de celui qui devait le plus de récompenses. Mais cette compensation n'est possible que si la communauté est bonne et en réservant les droits de la femme qui doit être désintéressée la première art. 1471 C. C.)

Quid, en cas de renonciation de la femme ou de ses héritiers à la communauté? — La compensation doit être encore admise entre ses reprises et ses récompenses. Il y a lieu de remarquer, en effet, que les deux dettes sont exigibles l'une et l'autre du jour de la dissolution de la communauté et qu'en outre elles sont liquides puisqu'elles résultent de titres en forme ou de faits reconnus certains par les parties. Nous trouvons ainsi les conditions requises par la loi pour la compensation légale (art. 1291 C. C.; — 17,296 J.).

SECTION II. — BIENS PROPRES.

§ 1er. — Meubles.

L'article 527 du Code Civil relatif aux meubles est ainsi conçu : « Les biens « sont meubles par leur nature, ou par la détermination de la loi. »

Nous n'avons pas à suivre le législateur dans les distinctions qu'il fait entre les deux grandes divisions de meubles qu'ils vient d'admettre. Nous plaçant uniquement au point de vue des déclarations de mutations par décès, nous n'avons qu'à rechercher dans quel ordre les biens dépendant de chaque succession doivent être inscrits dans la formule.

Après avoir adopté la division en meubles et immeubles, nous nous inspirerons de l'Instruction n° 2954 du 6 juin 1898, publiée pour l'exécution de l'article 14 de la loi du 6 décembre 1897 et du règlement du 10 janvier 1898. L'Administration a indiqué dans quel ordre elle désirait voir énumérer les biens héréditaires. Il semble qu'elle ait pris la contrepartie de la nomenclature préconisée par le Code Civil. En tête elle place les meubles par détermination de la loi, pour terminer par les immeubles, voulant aller ainsi du simple au composé.

L'ordre fixé par l'Instruction 2954 n'est obligatoire que pour les receveurs, toutes les fois qu'ils sont appelés à transcrire la déclaration des parties, sur leur réquisition. Néanmoins cet ordre a un caractère administratif, il est spécialement recommandé en vue de rendre plus rapide le contrôle des déclarations, de ménager ainsi le temps des contribuables et de faciliter aux agents l'établissement des statistiques qu'ils sont parfois appelés à dresser. Nous le recommandons d'une façon générale. Seules des circonstances exceptionnelles doivent empêcher de s'y conformer. Nous le prendrons pour ligne de conduite dans l'étude qu'il nous reste à faire.

1° *Rentes françaises et autres valeurs du Trésor.* — Les inscriptions de rentes sur l'Etat qui étaient exemptées du droit de mutation par décès par l'article 70, § 3, d° 3 de la loi du 22 frimaire an VII sont aujourd'hui soumises à l'impôt, en vertu de l'article 7 de la loi du 18 mai 1850.

Le capital des rentes transmises est évalué d'après le cours moyen de la Bourse au jour du décès. Le calcul pour obtenir la somme à comprendre dans la déclaration se résoud par une règle de proportion.

C'est le cours de la Bourse de Paris qui doit servir de base pour obtenir ce capital, et il n'y a jamais à tenir compte des cours différents qui peuvent avoir été cotés dans les Bourses de province, même lorsque le décès s'est produit dans une ville dotée d'une de ces bourses. La Bourse de Paris est en France l'unique régulateur du marché des Capitaux. C'est ce qui résulte du texte même de la loi de 1850, qui parle « *de la Bourse* », d'une seule Bourse qui ne peut être que celle de Paris.

Le cours officiel et authentique de la Bourse de Paris est arrêté et publié chaque jour par les soins de la chambre syndicale des Agents de change. Il comprend les intérêts courus depuis le payement du dernier coupon, et représente ainsi la valeur exacte de la rente, sans qu'il soit nécessaire d'ajouter les revenus échus au jour du décès pour liquider les droits de mutation par décès, comme pour les valeurs non cotées. Nous exposerons sous le titre : *Rentes et effets publics des Gouvernements étrangers*, comment doit être formé le capital de la rente, lorsque le décès s'est produit un dimanche ou un jour férié, pendant lesquels la Bourse est légalement fermée. Cependant il en est autrement, lorsque s'est produite l'opération d'ordre appelée *détachement du coupon*. Une ordonnance des 30 janvier-5 février 1822 a décidé que les négociations ne seraient plus suspendues pendant les 15 derniers jours du trimestre, comme cela avait lieu précédemment ; mais qu'à partir du quinzième jour avant l'échéance du trimestre, elles se feraient avec jouissance ainsi du premier jour du trimestre *suivant*. Le cours de la Bourse se trouve diminué du montant total des arrérages du trimestre courant et ne comprend plus que le capital de la rente. Pour rétablir la valeur de la rente soumise à l'impôt, d'après l'article 7 de la loi du 18 mai 1850, il est alors nécessaire d'ajouter au cours de la Bourse la totalité du coupon détaché et non pas seulement le prorata d'arrérages courus, car le détachement du coupon, opéré le quinzième jour avant la fin du trimestre, a pour effet de retrancher sur le cours du seizième jour, non seulement le prorata d'arrérages acquis à cette date, mais aussi le prorata à courir jusqu'à la fin du trimestre (Romorantin 16 avr. 1860 ; 17.253 J. ; — Sol. 30 août 1872 ; Dict. Fessard, n° 729).

L'opération du détachement du coupon n'est, cependant, qu'un mode purement réglementaire adopté par l'expression du cours sur la cote officielle ; aussi il ne saurait anéantir la règle d'après laquelle les fruits civils s'acquièrent jour par jour (art. 586 C. c.). Il importe, lorsque les circonstances l'exigent, de combiner ensemble ces deux règles, afin de satisfaire aux exigences de la loi civile. Les déductions nécessaires devront être faites, pour respecter les droits de chaque partie, en insérant les indications indispensables dans la formule de déclaration.

Il ne faut pas se contenter de faire savoir dans la formule que le *de cujus* possédait des rentes sur l'État, en mentionnant le quantum desdites rentes ; il est indispensable de signaler sous quelle section et sous quel numéro le titulaire de la rente a été inscrit sur le Grand Livre de la Dette publique, s'il s'agit de titres nominatifs. Ces indications permettront seules d'obtenir du receveur de l'enregistrement qui a reçu la déclaration et perçu les droits de mutation par décès, la délivrance du certificat prescrit par l'article 25 de la loi du 8 juillet 1852 pour autoriser le transfert au nom des légataires ou des héritiers d'une inscription de rente sur l'État provenant d'un titulaire décédé ou déclaré absent.

Il est essentiel de remarquer, en ce qui concerne les Rentes sur l'État, qu'aux termes de l'article 1er du décret du 13 Thermidor an XIII, la déclaration de transfert sur le registre établi près le Directeur du Grand Livre de la Dette publique, conformément à la loi du 28 floréal an VII, saisit seule l'acquéreur de la propriété et jouissance de l'inscription transférée, nonobstant tout acte de cession notarié ou sous signature privée. (Rolland de Villargues Rép. nat., Vᵒ Transf. 31 et s.; — Buchère, Traité des val. mob. et eff. publ., nᵒˢ 102, 104 et s.; — C. Paris, 3 juin 1836; S., 36, 2, 305; — C. Toulouse, 5 mai 1838; S., 38, 2, 456; — 12 juin 1869; 3.651, R. P.; — Cass. 5 juill. 1872; S., 72, 1, 184; D. P., 72, 1, 71). — On doit en conclure que toute inscription de rente sur l'Etat cédée, même par acte authentique, doit être considérée comme faisant partie de la succession du cédant et comprise dans la déclaration de cette succession, si, au moment de son décès, l'inscription sur le Grand Livre n'a pas encore été opérée (Sol. 6 mars 1879; 5.374 R. p. — 26 avril 1881. — V. la disposition de la loi de 1901 au point de vue du transfert sous le titre : Actions dans les sociétés françaises.

Les autres valeurs du Trésor qui seraient également cotées à la Bourse semblent devoir être soumises aux mêmes règles que les Rentes sur l'Etat.

Les valeurs qui ne représentent qu'une somme fixe, comme par exemple les dépôts de fonds à des Caisses dépendant de l'Etat sont déclarées pour le montant de la somme déposée augmentée des intérêts échus au décès.

Quid des valeurs non cotées ? — Les valeurs du Trésor même non cotées à la Bourse, doivent figurer dans la formule immédiatement après les Rentes sur l'Etat français. Il s'agit surtout ici des cautionnements versés au Trésor par les comptables, fonctionnaires et officiers publics pour répondre des abus et prévarications qu'ils pourraient commettre dans l'exercice de leurs fonctions (l. 7 Vent. an 8; l. 25 niv. et 6 vent. an 13 et 28 avril 1816). Dans l'espèce il ne saurait être question de cours de la Bourse et il faut toujours ajouter au capital réel du cautionnement les intérêts échus au jour du décès du titulaire, d'après la règle établie pour les fruits civils par l'article 586 du Code civil.

Mais une autre question se pose, celle de savoir si le cautionnement fourni par un tiers avec privilège de second ordre appartient au bailleur de fonds ou au comptable cautionné. Il est aujourd'hui admis que le cautionnement, même fourni par un tiers en qualité de bailleur de fonds, a cessé d'être sa propriété; qu'il appartient exclusivement au comptable, et qu'en cas de décès de ce dernier, cette valeur fait partie de son hérédité et doit être comprise comme actif dans la déclaration de sa succession. Bien que cette conclusion puisse paraître rigoureuse, elle n'est, en réalité, que très juridique. En effet, le privilège de second ordre qui lui a été concédé est, comme tout privilège sur une chose, essentiellement exclusif de propriété, en vertu de la règle « *nemini res sua servit.* » Sans doute, en vertu du décret du 22 décembre 1812, il a le droit, après avoir rempli les formalités prescrites, de toucher les intérêts et d'obtenir le remboursement direct, à la cessation des fonctions; mais il n'y a là que des avantages qui ne dérivent pas du droit de propriété. Aucune analogie n'existe dans l'espèce avec le gage ordinaire et on ne saurait invoquer les dispositions des articles 2.077 et 2.079 du Code civil (Cass. 6 janvier 1840; S., 40, 1, 16; — Aubusson 16 mai 1860; 1313 R. p.; — Bergerac 3 janvier 1867; 3.015 R. p.; — Seine 13 décembre 1872; 3.558 R. p.; — D. m. f. 28 juin 1856; — 12 avril 1862; — 2 août 1865; — Sol. 14 juill. 1865; S. 66, 2, 268; — 31 janv. 1866; — 21 octobre 1871; — 12 fév. 1872; — 20 décembre 1872; — 21 septembre 1878; — 1ᵉʳ févr. 1877; — 25 juill. 1879; — 4 décembre 1879; — 21 octobre 1880).

Le cautionnement frappé du privilège de second ordre est donc une valeur active de la succession du comptable et la solution du 14 juillet 1865 dispose que,

s'il est marié sous le régime de la communauté, le cautionnement fourni en numéraire par un tiers, cautionnement dont il est réputé propriétaire malgré l'existence du privilège, est un bien commun. Il faut appliquer à cet égard les règles
du Code. Ainsi le cautionnement tombe en communauté si le comptable est marié
sous le régime de la communauté légale. Dans les autres régimes, même sous le
régime de la communauté réduite aux acquêts, il semble qu'il doit être considéré
comme un propre du comptable, s'il était déjà fourni avant le mariage.
Il devrait en être de même, bien que le cautionnement ait été compté pendant
le cours du mariage, si le bailleur de fonds, tout en se réservant le privilège
de second ordre, avait eu l'*animus donandi* par rapport au comptable, c'est-
à-dire avait eu l'intention de lui faire une libéralité. En un mot, on doit
décider que le cautionnement fourni par un tiers ne tombe en communauté
que d'après les règles ordinaires du droit commun.

Sous la législation antérieure à la loi du 25 février 1901, le cautionnement
frappé du privilège de second ordre devait être déclaré dans la succession d'un
comptable comme valeur propre ou comme valeur commune. Il devait même figurer
dans la déclaration de succession de son épouse prédécédée parmi l'actif commun,
s'il était tombé en communauté, et ne donnait lieu à aucune déduction, en vertu du
principe de la non-déduction des dettes et charges. Mais il semble qu'il doit en
être autrement pour les successions soumises à la loi actuelle. Le bailleur de
fonds, qui a réclamé le privilège, en se conformant au décret du 22 décembre 1812,
doit être considéré comme un créancier de la succession ou de la communauté,
un créancier primant tous les autres sur le gage par lui procuré pour permettre
l'exercice de la fonction. L'actif successoral augmenté par ce cautionnement se
trouve en même temps grevé d'une dette au profit de ce créancier privilégié.
Aussi les héritiers pourraient, en vertu de l'article 3 de la loi de 1901, demander
la déduction de cette dette, en se conformant aux diverses dispositions de la loi
à cet égard et sous la condition que la dette ne soit pas exclue du bénéfice de la
déduction par l'article 7 de la dite loi.

Il y a lieu de ranger comme valeurs du Trésor les fonds garantis par le Gouvernement français comme les obligations Tunisiennes 3 p. % 1892, l'emprunt 2 1/2
p. % du Protectorat de l'Annam et du Tonkin, les emprunts 2 1/2 p. % de Mada-
gascar.

2° *Rentes et effets publics des Gouvernements étrangers*. — Les rentes et effets
publics des Gouvernements étrangers, pouvant dépendre d'une succession ouverte
en France et soumise à la loi française, doivent être compris dans la déclaration et
figurer dans la formule immédiatement après les rentes françaises et autres valeurs
du Trésor. Ils sont soumis à l'impôt de mutation par décès par l'article 7 de la loi
du 18 Mai 1850. Le législateur a eu soin de préciser en disant qu'à l'avenir les fonds
publics étrangers, dépendant de successions régies par la loi française, supporte-
raient les droits de mutations par décès, comme les rentes et valeurs du Gouvernement français qu'il venait par la même loi de soumettre à l'impôt.

La règle que nous avons déjà exposée pour la formation du capital de la Rente
française, est également applicable aux rentes étrangères. L'article 7 de la loi du
18 Mai 1850 est ainsi conçu dans sa 3e partie : « Le capital servant à la liquida-
« tion du droit d'enregistrement sera déterminé par le cours moyen de la Bourse
« au jour de la transmission. S'il s'agit de valeurs non cotées à la Bourse, le capital
« sera déterminé par la déclaration estimative des parties, conformément à l'ar-
« ticle 14 de la loi du 22 frimaire an VII. »

Toutes les fois que le cours de la Bourse qui est une cote officielle peut servir à déterminer le capital imposable d'une rente ou d'une valeur quelconque, il doit être préféré à l'évaluation plus ou moins exacte des parties, à laquelle le législateur de l'an VII a été obligé d'avoir exclusivement recours, car la Bourse ne date que du premier Empire. Telle est la règle posée par la loi de 1850. (Lyon 29 août 1843 ; 13446 J.)

Lorsque les rentes ou titres soumis à l'impôt n'ont pas été cotés le jour du décès, ce qui se produit toujours même pour la rente française, quand le *de cujus* est décédé un dimanche ou un jour férié, alors que la Bourse est légalement fermée, le législateur a oublié de s'expliquer sur ce point. Mais il résulte d'une décision du ministre des Finances en date du 27 Août 1816, qu'on doit prendre le cours de la veille, qui est considéré comme existant encore lors de la transmission.

Cependant il y a des circonstances, où il n'est guère possible d'appliquer cette règle. Ainsi le dernier cours de la Bourse ne peut guère représenter la valeur réelle des titres dépendant d'une hérédité, si, entre la dernière cote et le jour de l'ouverture de la succession, il s'est produit des événements qui ont pu influer sur la valeur des dits titres. C'est ce qui arrive, lorsqu'une guerre ou une insurrection éclate entre les deux cours. L'impôt est dû, non d'après le dernier cours qui a précédé le décès, ni d'après le premier cours qui l'a suivi, ni d'après la moyenne des deux cours, mais sur une somme que la Justice s'est réservé de déterminer d'après son pouvoir d'appréciation (Seine 28 Août 1875 ; 19894 J ; 4279 R. P.) A défaut d'une décision de Justice, qu'on n'est pas toujours libre de provoquer, les parties, qui ont une déclaration de succession à souscrire, sont bien obligées de la fixer elles-mêmes au moment où elles rédigent leur formule.

Certaines de ces valeurs ne sont que rarement cotées à la Bourse. Il peut se faire qu'aucun évènement ne se soit produit depuis la dernière cote et que le cours ait peu varié. Dans cette hypothèse il serait bon de prendre pour base cette dernière cote, qui sera, malgré tout, moins suspecte qu'une évaluation arbitraire des déclarants, surtout si celle-ci était inférieure au cours précédent.

Antérieurement à la loi du 18 mai 1850, les fonds publics étrangers étaient exempts des droits de mutation par décès, alors même que l'emprunt ait été fait en France auprès des banquiers français, que le service des intérêts et de l'amortissement se fût effectué en France et que les titres fussent cotés à la Bourse de Paris (Cass. 23 janvier 1849 ; S., 49, 1, 193 ; — 2 juill. 1849 ; S., 49, 1, 610). — Malgré la loi de 1850, ces titres n'en restent pas moins des valeurs étrangères, quoique émis en France, et les droits de mutation par décès ne sont pas dus en ce qui les concerne du chef d'étrangers non domiciliés en France.

Lorsqu'en vertu de la loi du 18 mai 1850, des droits de mutation par décès sont dus sur les fonds publics étrangers dépendant des successions de Français domiciliés en France, ou, depuis la loi du 23 août 1871 (art. 4), des successions d'étrangers domiciliés en France *avec* ou *sans* autorisation, il importe peu que les rentes aient été immobilisées d'après la législation du pays sur le grand livre duquel elles étaient inscrites. L'impôt n'en reste pas moins exigible comme frappant des valeurs mobilières de l'hérédité, alors qu'il ne saurait jamais atteindre des immeubles étrangers, car cette immobilisation non reconnue par la loi française ne peut produire aucun effet aux yeux de notre loi civile et encore moins au yeux de notre loi fiscale essentiellement territoriale par son essence et par le but à atteindre (Seine 12 janvier 1861 ; 17, 519 J. ; 1468 R.p. ; — Cass.

22 juillet 1862; 17,519 J. ; 380 Rev., nat. ; 17,492 et 17,493 J.N. ; 1682 R.p. ; S., 62, 1, 988. ; D.P.. 62, 1,371 ; — Inst. 2239, § 7).

Puisque l'Administration entend classer les *rentes et effets publics des gouvernements étrangers* ou *fonds d'Etat étrangers* dans une catégorie spéciale au point de vue de la place qui lui revient dans les formules de déclarations de mutation par décès, il est utile de donner quelques détails à cet égard, car, à la différence des fonds d'Etat français inscrits sur le grand livre de la Dette publique et dont les intérêts sont directement payables par les caisses de l'Etat, une confusion serait possible entre les titres et ceux émis par les villes, provinces, sociétés et corporations étrangères.

Pour savoir si un titre émane d'un Gouvernement étranger, il importe de rechercher si la partie qui a émis le titre *exerce une souveraineté quelconque*, auquel cas le titre rentre dans la catégorie des fonds d'Etat. C'est ce qui se produit pour les cantons de la Suisse, pour les divers Etats fédérés des Etats-Unis, pour les royaumes, duchés et autres principautés qui forment l'Empire d'Allemagne. Mais il en est autrement des titres émis par toute collectivité qui n'est qu'une simple circonscription administrative, comme l'étaient les cercles germaniques avant la reconstitution de l'empire.

Certains titres ont à la fois le caractère d'un fonds d'Etat et d'une obligation de société étrangère. C'est la partie dominante de l'obligation qui détermine s'il s'agit ou non d'un fonds d'Etat. Si l'Etat étranger est considéré comme personnellement et directement obligé, le titre a le caractère d'un fonds d'Etat; si c'est la société, le titre est une obligation de société. Ainsi sont fonds d'Etats étrangers, en plus des titres émis dernièrement par les Etats étrangers :

α. — Les obligations de la Banque hypothécaire de Buenos-Ayres, car cette banque est un rouage de l'Administration du pays, une caisse de l'Etat, dont les opérations l'engagent directement ;

β. — Les obligations domaniales émises par le Crédit foncier d'Autriche, avec affectation hypothécaire du domaine de l'Etat, en représentation d'un prêt ;

γ. — Les obligations souscrites par le vice-roi d'Egypte pour le service particulier de sa daira (maison) ;

δ. — Les obligations du chemin de fer russe Nicolas, de St.-Pétersbourg à Moscou ;

ε. — L'emprunt du gouvernement des possessions anglaises du Canada.

Ne sont pas considérés comme des fonds d'Etats étrangers :

α. — Les titres de l'indemnité de St.-Dominique délivrés aux colons français, car, bien que la cause de la créance soit une dette sur un gouvernement étranger, les titres remis aux colons émanent de l'Etat français et sont acquittés par une caisse française ;

β. — Les obligations émises par la société financière de Roumanie pour une avance faite à la caisse des pensions, avec délégation spéciale des annuités et stipulation que le service des intérêts et l'amortissement des titres incombent uniquement à la société. L'avance faite par cette société à la caisse des pensions constitue sans doute un emprunt d'Etat, mais le moyen employé par la société pour escompter les annuités stipulées est une spéculation particulière, à laquelle la caisse des pensions n'intervient que pour accepter la délégation faite aux porteurs des titres.

La distinction, entre les fonds d'Etats étrangers et les titres émis par les villes, provinces, sociétés et corporations étrangères, n'a ici qu'un intérêt de classement purement administratif, à la différence de ce qui a lieu pour le droit de transmission et la taxe sur le revenu. Aussi il est inutile de rentrer dans de plus longs détails. L'erreur qui pourrait, de ce chef, être commise dans la formule, ne serait en rien préjudiciable au Trésor, car les droits dus resteraient entièrement les mêmes.

3º *Actions dans les Sociétés françaises.* — L'Administration désire que les Actions dans les Sociétés françaises suivent immédiatement les Rentes et effets publics des Gouvernements étrangers dans les déclarations de mutations par décès, où l'on rencontre ces diverses valeurs. Elle conseille surtout de ne pas les mélanger sans suivre aucun ordre lors de la rédaction des formules.

Ces diverses actions doivent autant que possible être groupées par nature et par société, afin qu'on puisse envisager à divers points de vue l'actif héréditaire. Ainsi les diverses actions de chaque société sont réunies sous un même titre et divisées elles-mêmes en actions nominatives et actions au porteur. C'est dans cet ordre qu'il y a lieu de les énumérer successivement, en indiquant pour chacune d'elles sa série et son numéro.

L'*action* est une fraction aliquote du capital d'une société, distribué entre les associés proportionnellement à leur mise. Le droit de chaque associé est représenté par un titre, qui se transmet par la simple tradition, lorsqu'il s'agit d'actions au porteur (art. 35 C. Com.) Le transfert des actions nominatives s'opère par une déclaration inscrite sur le registre de la société. Au sujet du transfert s'opérant par suite de décès tant pour les rentes sur l'Etat qu'en ce qui concerne les titres des sociétés, l'art. 15 de la loi du 25 février 1901 est ainsi conçu dans ses quatre premiers paragraphes, qu'il nous semble utile de reproduire in extenso, pour appeler l'attention de ceux qui sont chargés de rédiger des formules de déclaration de succession :

« L'article 25 de la loi du 8 juillet 1852 est modifié ainsi qu'il suit :

« Le transfert ou la mutation au grand livre de la Dette publique d'une incrip-
« tion de rentes provenant de titulaires décédés ou déclarés absents ne pourra
« être effectué que sur la présentation d'un certificat délivré sans frais par le
« receveur de l'enregistrement, constatant l'acquittement du droit de mutation
« par décès.

« Il en sera de même pour les transferts ou conversions de titres nominatifs
« des sociétés, départements, communes et établissements publics.

« Les sociétés ou compagnies, agents de change, changeurs, banquiers,
« escompteurs, officiers publics ou ministériels ou agents d'affaires qui
« seraient dépositaires, détenteurs ou débiteurs de titres, sommes ou valeurs
« dépendant d'une succession qu'ils sauraient ouverte devront adresser, soit
« avant le payement, la remise ou le transfert, soit dans la quinzaine qui suivra
« ces opérations, au directeur de l'enregistrement du département de leur
« résidence la liste de ces titres, sommes ou valeurs. Il en sera donné
« récépissé. »

Toutes les actions françaises sont soumises à l'impôt des successions. Le législateur de 1901 a pris des précautions pour que les actions nominatives au moins n'échappent pas à cette obligation. Leur valeur imposable est déterminée suivant le mode déjà indiqué pour les rentes françaises et pour les rentes des gouvernements étrangers. C'est toujours le cours de la Bourse du jour du décès qui doit autant que possible servir de base à leur évaluation. L'estimation fournie

par les parties ne doit être prise en considération, que tout autant que le titre
n'a jamais été coté à la Bourse ou ne l'a pas été depuis longtemps. (Art. 7. in fine,
L. 28 mai 1850).

Nous avons déjà fait remarquer que le législateur de 1850 en parlant du mot
« *Bourse* » n'avait entendu désigner qu'une seule Bourse, celle qui était près de
lui, la Bourse de Paris. Le cours de la Bourse de Paris détermine, en principe,
la valeur de chaque titre dans toute l'étendue de la France, à l'exclusion des
cours fournis par les Bourses de province. (Déc. 17 août 1816 ; 5558 J.). Cette règle
a pour résultat d'assurer l'uniformité de la perception. Cependant le cours d'une
bourse de province devrait servir à établir la valeur à déclarer, si le titre coté à
cette bourse ne l'était pas à la Bourse de Paris. Le cours de cette bourse de province devrait être alors préféré à l'estimation arbitraire des redevables, comme
présentant un caractère plus sérieux de sincérité ,Sol. 27 nov. 1867).

Certaines valeurs non inscrites à la côte officielle de la Bourse, sont tarifées
chaque jour sur le marché irrégulier dit de la *Coulisse*, ou *en Banque*. Les
cours de la Coulisse n'ont aucun caractère officiel, mais ils n'en sont pas moins
établis avec autant de soins que ceux de la Banque. Certaines valeurs très sérieuses, comme les obligations 3 p. % du Crédit Foncier de France, ne sont jamais
cotées autrement. Il y a là, pour les actions non cotées en Bourse, une base déterminant avec certitude la réelle valeur des titres, base que l'Administration accepte
sans difficulté. (Sol. 12 déc. 1872, — 27 mai 1874, — 21 juillet 1875, 10 mars
1880, 11 févr. 1881).

Quid des Actions non libérées ? — Lorsque des titres ne sont pas entièrement
libérés, le Cours de la Bourse fait ordinairement connaître non leur valeur actuelle
et réelle, mais celle qu'ils auraient atteinte, si aucun versement ne restait à
effectuer, de telle sorte qu'en cas de négociation, l'acquéreur n'a pas à payer
l'intégralité de la somme portée au Cours, mais une somme inférieure à ce
cours du montant de celle restant à verser. Les droits de mutation par décès ne
frappant que la valeur réelle du titre, il y a lieu dans la formule de déduire le
montant des versements restant à effectuer du capital formé par le cours moyen
de la Bourse. (Sol. 18 déc. 1867, 20 mars 1872, 27 mai 1874, 28 oct. 1876 ; 16, 043
et 16, 131-3 J.) Il va sans dire qu'il ne faudrait rien déduire et que le capital
serait formé, selon la règle ordinaire, par le cours moyen de la Bourse, si la cote
ne comprenait que la valeur réelle du titre non libéré (Sol. 14 janv. et 26 déc.
1876 ; G. Demante, II, n° 688 ; L. 30 mars 1872, art. 1).

Nous avons déjà décidé qu'il fallait classer les *actions* par *sociétés* et les subdi-
viser par catégories. Ainsi après les avoir divisées s'il y a lieu, en actions
nominatives et en actions au porteur, on doit énumérer les diverses actions que
la succession peut posséder dans une même société en groupant ensemble
d'abord les *actions de capital*, qui donnent droit au partage des bénéfices, tant
que dure la société, et au partage de l'actif, après sa dissolution. — On
réunira ensuite les actions de jouissance donnant droit seulement à l'allocation
de certains revenus, soit qu'elles constituent le résidu de certaines actions de
capital amorties, c'est-à-dire remboursées, soit que, suivant les statuts, elles
n'aient jamais eu de capital. En dernier lieu, on placera toutes les actions privilégiées, c'est-à-dire celles qui ont un droit de préférence soit dans le partage des
bénéfices, soit dans l'amortissement du capital.

Le classement des Sociétés dans la formule au point de vue des actions peut
être fait, en s'inspirant, soit du capital héréditaire engagé dans chacune

d'elles, soit de l'importance des diverses sociétés ayant fourni des actions *à l'hérédité*.

On peut citer parmi les principales sociétés françaises émettant des actions : la Banque de France, créée en 1800 au moyen d'actions et à qui la loi du 24 germinal an XI a concédé l'existence légale ; la Société Générale, le Crédit Foncier, le Crédit Lyonnais, les diverses compagnies des Chemins de fer, le Comptoir d'Escompte.

Les Actions de toutes les sociétés françaises sont soumises aux droits de mutation par décès comme formant une part active de la succession. Des doutes s'étaient, cependant, élevés au sujet des *Actions des Salines de l'Est* qui avaient été exemptées du droit proportionnel par une décision du gouvernement. Mais le Ministre des Finances a déclaré que cette exemption ne s'étendait pas aux mutations par décès. (Décision du 8 juin 1813, 4531 P.).

Quid des Actions de la Caisse Lafargue et des tontines d'Epargne ? Ces Actions ayant un caractère viager ne sont pas soumises au droit de mutation par décès et il n'y a pas lieu de les comprendre dans la déclaration, puisque disparaissant avec leurs titulaires, elles ne sont pas transmises à leurs héritiers ou légataires. Cependant, en dehors des actions proprement dites de la Caisse, il y a des titres de sous-société donnant aux propriétaires le droit de toucher une somme annuelle jusqu'au décès du tiers titulaire de l'action principale ; ces titres sont susceptibles d'être transmis par décès pendant la durée, de la vie du tiers : ils doivent donc être déclarés à chaque mutation et supporter les droits.

Les *actions des diverses sociétés* sont censées la propriété de ceux au nom desquels elles ont été inscrites. Les titres réguliers inscrits au nom d'une personne sur les registres d'une société ou d'un grand établissement industriel forment la preuve écrite et complète de sa propriété. Ce serait en vain qu'on prétendrait que la propriété n'est qu'apparente sur sa tête et qu'on fournirait des déclarations contraires. Si les formalités requises pour le transfert de ces titres n'ont pas été remplies, il ne faut pas hésiter à les comprendre dans la déclaration de succession de leur titulaire, aussi rigoureuse que puisse paraître cette conclusion. Il n'y a qu'une dérogation à cette règle, c'est lorsque la qualité du propriétaire apparent révèle l'existence d'un mandat forcé et qu'il résulte de cette qualité même que le titulaire a pu ne pas agir en son nom personnel ; — « Le Ministre des Finances a décidé dans ce sens le 4 nov. 1865 que le droit de mutation par décès doit être perçu sur les valeurs telles que rentes sur l'Etat, actions et obligations de sociétés ou compagnies nominativement inscrites sur le grand livre de la Dette publique ou sur les registres des sociétés ou compagnies, comme étant la propriété d'une personne décédée encore bien qu'il résulte de notes ou déclarations émanées du défunt que ces valeurs ne lui appartenaient pas. » Ces notes déclarations ou écrits, restés secrets, ne peuvent opérer un dessaisissement, ils ont les caractères de la contre-lettre, et suivant l'article 1321 du Code Civil ne peuvent être opposés à l'Administration qui est un tiers à l'égard des héritiers et légataires (Seine 28 juin 1849 ; 14.835 J ; — Bordeaux 2 fév. 1854 ; — Dinan, 5 fév. 1858 et 8 avril 1862, 1016 et 2523 R. P. ; — Seine, 30 nov. 1877 ; 5020 R. P. ; — Toul, 12 août 1879 ; 5424 R. P.).

4° *Actions dans les sociétés étrangères.* — Les sociétés étrangères sont celles dont le siège social est fixé à l'étranger. Lorsque la succession à souscrire est régie par la loi française, c'est-à-dire lorsqu'il s'agit de celle d'un Français ou d'un étranger domicilié en France, la déclaration doit comprendre, non seulement les titres français, mais aussi les actions et les obligations étrangères appartenant au défunt. (l. 18 Mai 1850, art. 7 ; — l. 23 Août 1871, art. 3 et 4).

Puisque nous suivons à la lettre l'Instruction 2954, les actions des sociétés étrangères soumises à l'impôt de mutation par décès doivent figurer dans la formule immédiatement après les actions des sociétés françaises. Tout ce que nous avons dit au sujet du classement et du groupement par diverses catégories des actions françaises est également vrai des actions étrangères.

Sous l'empire de la loi du 22 frimaire an VII, les valeurs mobilières étrangères n'étaient pas soumises à l'impôt des mutations par décès, même pour les successions ouvertes en France. Nous lisons à ce sujet dans une délibération des 22-26 Août 1828: « Le droit de mutation par décès établi par la loi du 22 frimaire an VII est « un droit dont la perception et l'exigibilité dépendent uniquement des choses « et nullement de la qualité et du domicile des personnes. En conséquence les « droits de succession sont dus sur les meubles, rentes et créances situés ou « payables en France, quel que soit le domicile de la personne décédée et de ses « héritiers ; mais il n'y a pas lieu au payement des droits en raison des rentes « ou créances sur l'étranger quoique dépendant des successions ouvertes en « France. »

Interprétant d'une façon très large cette décision, la jurisprudence avait exempté du droit de mutation par décès comme constituant des valeurs étrangères les actions d'une société constituée à Paris et ayant son siège à Paris, parce que l'objet de cette société était la construction et l'exploitation d'un chemin de fer situé en pays étranger (Cass., 31 Mai 1848; S. 48, 1, 444; D. P., 48, 1, 108 ; — Inst. 1825, § 8).

Il résulte de toute la législation civile, commerciale ou fiscale, qu'une société est française ou étrangère suivant que son siège, son domicile légal, est en France ou à l'étranger, et quelle que soit la situation de l'objet de son entreprise. Il semble qu'on devrait soumettre dans tous les cas de telles actions à l'impôt de mutation par décès, comme étant des actions d'une société française et qu'on n'a même pas sous la législation actuelle à rechercher, si le défunt était ou non domicilié.

L'article 7 de la loi du 18 Mai 1850 dispose que l'impôt sera applicable aux mutations par décès de fonds publics étrangers et *d'actions* de sociétés étrangères dépendant *d'une succession régie par la loi française.*

Les actions des sociétés étrangères, dépendant des successions des Français ou des étrangers domiciliés en France avec autorisation (art. 13 C. C.), sont passibles depuis cette loi des droits de mutation par décès et il est nécessaire de les déclarer, pour éviter les pénalités édictées par l'article 39 de la loi du 22 frimaire an VII. Sous l'empire de la loi de 1850, le simple domicile de fait, sans autorisation du gouvernement, ne produisait pas les mêmes effets. Les actions de sociétés étrangères dépendant de la succession d'un étranger domicilié en France mais non autorisé à y établir son domicile n'étaient pas soumises à l'impôt des successions. La jurisprudence était fixée en ce sens (Cass. 12 Janvier 1869 — (3 arrêts). S. 69, 1, 139 ; D. P., 69, 1, 294 ; — C. Paris 14 Juillet 1871 ; D. P., 72, 2, 65. — C. Bordeaux, 5 Août 1872, D. P., 73, 2, 149 ; — Cass. 5 Mai 1875; S. 75, 1, 409 ; D. P., 75, 1, 343). Mais la loi du 23 Août 1871 est venue, dans son article 4, modifier pour l'avenir cette jurisprudence, en décidant que les actions étrangères et autres valeurs mobilières étrangères dépendant de la succession d'un étranger domicilié en France *avec ou sans autorisation* seront assujetties aux droits de mutation par décès.

L'exigibilité de droits de mutation sur les actions étrangères dépendant de la succession d'un Français décédé en pays étranger est subordonnée à la question de savoir si cette succession est ou non régie par la loi française, conformément à l'article 7 de la loi du 28 Mai 1850 et à l'article 3 de la loi du 23 Août 1871. Tout en conservant sa nationalité, un Français a pu acquérir un domicile à l'étranger et dès lors sa succession est régie par la loi du pays étranger où il est domicilié en ce qui concerne les valeurs mobilières. Sans doute le fait d'avoir acquis un domicile én pays étranger doit être établi par des preuves certaines. Mais, si le fait est nettement prouvé, les actions des sociétés étrangères et autres valeurs étrangères de l'hérédité se trouvent par cela même exemptes de tout droit de mutation au profit du Trésor français, alors même que les héritiers seraient Français et domiciliés en France (Cass. 21 juin 1865; S., 1, 313, D. P., 65, 1, 418; — 27 Avril 1868 ; S. 68, 1, 257).

Les lois du 18 Mai 1850 et du 23 Août 1871 n'ont introduit aucune innovation en ce qui concerne les actions de sociétés étrangères dépendant de successions d'étrangers non domiciliés en France, alors même qu'ils seraient décédés en France, où ils auraient résidé longtemps. Ces actions sont alors dispensées de tout droit de mutation en France. C'est ce qui résulte notamment des déclarations formelles faites par le rapporteur de la loi du 23 Août 1871.

Lorsqu'il y a lieu de comprendre dans une déclaration de succession des actions de sociétés étrangères, toutes les règles déjà exposées pour les actions des sociétés françaises en ce qui concerne leur évaluation et la propriété apparente reçoivent également leur application. Ainsi en vertu de l'article 7 de la loi du 18 Mai 1850, le cours de la Bourse doit servir à déterminer la valeur de ces actions étrangères, lorsqu'elles sont régulièrement côtées.

Comme pour les actions françaises et pour les rentes, à défaut de cote à la Bourse, le cours fourni par la Banque dit la Coulisse sera pris en considération pour établir leur valeur. A défaut même de cette source de renseignement, il y aurait lieu de s'inspirer du cours d'une Bourse quelconque de province. On ne devrait également, recourir à l'estimation des parties qu'à défaut de preuves de la réalité des titres fournies par des documents officiels ou par des documents jouissant d'une grande notoriété.

Tout ce que nous avons déjà dit au sujet de la propriété apparente des actions des sociétés françaises est pareillement vrai, dans la mesure du possible, des actions des sociétés étrangères.

5° *Obligations négociables et non négociables des sociétés, départements, communes, établissements publics et établissements d'utilité publique français.*— Après les actions des sociétés françaises et étrangères, doivent venir dans les formules de déclarations de successions les diverses obligations de ces sociétés, si on veut se conformer au désir de l'Administration manifesté dans l'Instruction 2954, et reproduit dans la première page des premières formules mises en circulation. Comme pour les actions et les titres de rente, elle invite les parties et oblige les receveurs appelés à rédiger une formule en vertu de l'article 11 de la loi du 6 décembre 1897, à commencer l'énumération des obligations par les valeurs françaises.

Ces divers titres doivent être reproduits tout au long dans la formule alors même qu'il existerait un partage ou un inventaire, où ils seraient très exactement détaillés, alors même que ce détail serait fourni dans un état sur timbre. Quand un état sur timbre est produit, il ne doit contenir que le détail article par article des meubles meublants. Tous les autres biens héréditaires doivent être énumérés dans les déclarations (Cass. 16 janv. 1811 ; 3838 J. ; — 14 mars 1814 ; 4912 J. ; — Sol. 16 avril 1850 ; 14,937-6 J. ; — Dalloz C. ann. n° 3758 .

On entend par *obligations* dans l'espèce qui nous occupe les titres d'emprunts souscrits par les sociétés, départements, communes et établissements publics. Ce sont des créances représentées par des billets dont le capital est déterminé et qui engagent la compagnie qui a émis les obligations à en rembourser le montant intégral aux époques et aux conditions stipulées dans l'acte d'émission de l'emprunt. L'obligation attribue à son possesseur un droit certain, un droit de créance tandis que l'action qui représente une part du capital social ne confère qu'un émolument éventuel et aléatoire. Le droit de l'actionnaire augmente ou diminue suivant que la société est prospère ou en déconfiture : les obligataires ne peuvent retirer de la société que leur mise avec les intérêts courus. Les actionnaires ne prélèvent quoi que ce soit dans l'actif social qu'après le désintéressement des obligataires ; mais ils se partagent cet actif. En un mot les obligataires sont des créanciers, les actionnaires des copropriétaires.

Ces explications étaient nécessaires pour savoir dans quelles catégories il faut classer les divers titres trouvés dans une hérédité.

Parmi les obligations les unes sont négociables, les autres non négociables. Les obligations négociables sont celles cotées à la Bourse et qui sont susceptibles d'être vendues ou achetées par suite d'opérations de bourse faites par l'intermédiaire des agents de change, établis conformément aux articles 74, 75 et 81 du code de commerce, modifiés par la loi du 22 juillet 1862. Les obligations non négociables sont toutes celles ne rentrant pas dans la catégorie précédente, c'est-à-dire celles qui n'ont pas été admises à la cote officielle et dont la négociation est interdite aux agents de change en vertu des règlements de la Chambre syndicale de Paris.

Certaines obligations non cotées à la Bourse et qu'on doit ranger dans la catégorie des non-négociables, sont néanmoins cotées en banque, c'est-à-dire à la Coulisse et font de la part des coulissiers l'objet de négociations entre eux, soit aux environs de la Bourse, soit dans leurs réunions du soir, soit au moyen d'offres et de demandes consignées dans certains journaux spéciaux. Ces opérations constituent le *marché en banque*, le marché libre, ouvert à tous, où l'on traite de gré à gré.

Nous avons déjà exposé en traitant des *Actions françaises et étrangères* ce qu'on entend par *cours de la Bourse* et *cours de la Coulisse*. Nous savons que ces cours doivent, depuis la loi du 18 mai 1850, remplacer l'estimation des parties, qui, en matière mobilière était la règle consacrée par la loi du 22 frimaire an VII, pour les déclarations de mutation par décès; nous savons également quelle cote doit servir de base, lorsque le décès a eu lieu un jour férié, c'est-à-dire un jour où la Bourse est fermée. Nous avons déjà fait remarquer que, d'après l'esprit de la loi de 1850, on ne doit recourir à l'estimation des parties qu'à défaut d'une évaluation des titres héréditaires fournie même par une Bourse de province. Ce qui est vrai pour les actions, l'est également pour les obligations : nous n'avons donc qu'à nous référer à ce que nous avons déjà dit précédemment.

Les règles relatives au détachement des coupons déjà énoncées pour les rentes sur l'État sont communes aux actions et aux obligations nominatives des sociétés, départements, communes et établissements publics. Il en est de même de celles que nous connaissons concernant la propriété apparente : elles s'appliquent aussi à ces obligations.

Depuis la loi du 25 février 1901, les obligations nominatives des sociétés, départements, communes et établissements publics provenant de titulaires décédés ou déclarés absents, ne peuvent plus, comme les actions, être transférées ou converties sur les registres de ces divers êtres moraux, que sur la présentation d'un certificat délivré sans frais par le receveur de l'Enregistrement constatant l'acquittement du droit de mutation par décès (art. 15). Il importe donc de ne pas les omettre dans la déclaration, si on veut éviter l'application du double droit (art. 39 1. 22 frim. an VII).

Quid, des obligations au porteur ? La mutation se fait ici de la main à la main et on n'a pas ainsi besoin d'un certificat, comme pour les titres nominatifs. La nécessité de comprendre dans les déclarations de mutation par décès les titres au porteur dépendant de la succession n'en existe pas moins aux yeux de la loi, et leur omission constatée donne pareillement lieu à la pénalité du double droit. La preuve de cette omission est seulement plus difficile à fournir. Lorsqu'il y a eu un partage, un inventaire, une cession de droits successifs ou un acte quelconque constatant l'existence de ces titres dans la succession, l'Administration est suffisamment armée contre les héritiers ou légataires et il y aurait imprudence de leur part à ne pas les comprendre dans la déclaration qu'ils sont tenus de souscrire.

En principe lorsque des titres au porteur (actions ou obligations) se trouvaient en la possession du défunt, l'Administration a le droit d'invoquer l'article 2279 du Code Civil et de réclamer les droits de mutation. Il y a là, à son profit une présomption simple, susceptible sans doute d'être détruite par la preuve contraire, mais qui subsistera tant que cette preuve contraire n'aura pas été fournie (Marcadé sur art. 2279 ; — Cass. 15 avril 1863 ; S., 63, 1, 387 ; D. P., 63-1-396 ; — C. Grenoble, 16 mars 1869 ; S., 69, 2, 99 ; — Sol. 5 juin 1869 ; 29 juin 1870 : 25 janvier 1873.)

L'Administration ne serait pas fondée, cependant, à prouver que des valeurs au porteur dépendant d'une succession, par cela seul qu'elles ont fait l'objet d'un dépôt au nom du défunt dans un établissement de crédit ou dans une société, dépôt résultant d'un certificat ou récépissé nominatif délivré par l'établissement dépositaire surtout si le *de cujus* s'occupait parfois de placement concernant des tiers (Seine 1er Août 1868 (2 jugts); 2317 Rev. Nat.; 2874 R. P. — Autun 15 Juill. 1873. — Toul 12 Août 1879 ; 5424 R. P. — Marseille 11 Août 1879 ; 5491 R.p. ; S., 80, 2,270).

Les obligations émises par les sociétés, départements, communes et établissements publics et d'utilité publique ont été réunies par l'Administration sous une même rubrique, parce qu'elles sont toutes soumises à trois sortes d'impôt : 1° droit de timbres à 1 fr. p. % sur le capital nominal des titres lors de l'émission (l. 5 Juin 1850, art. 27 et s.) 2° droit de transmission sur la valeur des titres à raison de 0 fr. 50 p. % (sans décimes) lorsqu'il s'agit de titres dont la transmission ne peut avoir lieu sans un transfert sur les registres de l'établissement, converti en taxe anuelle de 0 fr. 20 p. % pour tous les autres titres (l.l. 23 Juin 1857 ; 16 sept. 1871, art. 11 ; 30 Mars 1872, art. 1er, et 29 Juin 1872, art. 3) ; 3° taxe anuelle de 4 p. % sur le revenu (l. 29 Juin 1872 et l. 26 décembre 1890) ; le tout modifié par des lois postérieures, ce qui ne les exempte pas à l'occasion des droits de mutation par décès.

Il est inutile de définir ici même sommairement ce qu'on entend par *sociétés, départements* et *communes.*

Les *établissements publics* sont des personnes civiles créées ou reconnues par l'autorité publique, distinctes des différents corps appartenant à la hiérarchie administrative, et ayant pour but de pourvoir à certains besoins d'utilité générale Tels sont : les établissements de bienfaisance comme les Hospices de l'Etat (Ord. 21 fév. 1841), les Hospices départementaux et établissements d'aliénés (l. 30 Juin 1838), les Hospices communaux. (Décr. 25 Mai 1852. L. 21 Mars 1873), les Bureaux de bienfaisance (l. 24 Juil. 1867, art. 14). — 2° Les établissements voués aux cultes, avant la loi de séparation comme les fabriques, diocèses, chapitres, séminaires, cures, succursales (Décr. 30 décembre 1809 et 6 novembre 1813), les consistoires (Décr. 17 Mars et 11 décembre 1808) ; — 3° Les établissements d'instruction publique, comme les collèges communaux (Cons. d'Etat, 18 novembre 1835) ; — 4° Les établissements financiers, agricoles et industriels, comme la Caisse des Invalides de la Marine, la Caisse d'assurances en cas de décès et la Caisse d'assurances en cas d'accidents (l. 11 Juil. 1868), la Caisse des retraites pour la vieillesse (l. 18 Juin 1850), les Chambres consultatives d'agriculture, (Décret du 25 Mars 1852), les associations syndicales (l. 21 Juin 1865), les Chambres de commerce. Nous ne citons que des exemples, du reste leur nombre peut augmenter suivant les besoins nouveaux à satisfaire ou diminuer suivant les conceptions sociales de chaque époque.

Nous avons déjà rangé parmi les principales sociétés françaises, la Banque de France, le Comptoir d'Escompte, le Crédit Foncier. Ils ne sont pas des établissements publics, bien que présentant un certain caractère d'utilité générale et jouissant de divers privilèges. Il en est de même des compagnies d'assurances sur la vie. Ils agissent dans un intérêt privé et dans la plénitude de leur liberté.

Les *établissements d'utilité publique* ne sont pas comme les précédents des établissements créés par l'Administration pour la seconder dans sa tâche, mais des établissements fondés par des particuliers et reconnus par l'autorité publique, ce qui a eu pour résultat de leur conférer la personnalité civile. Tels sont à titre d'exemples, les sociétés de secours *reconnues* (l. 17 Juill. 1850), ou simplement approuvées (décret 26 mars 1852), les communautés religieuses autorisées, des sociétés littéraires et scientifiques, les monts-de-piété (l. 24 Juin-24 Juill. 1851), les Caisses d'épargne (l. 5 Juin 1853 ; Cass. 5 mars 1856, S., 56, 1, 517 ; — 8 juillet 1856 ; S. 56, 1, 878).

6° Obligations négociables des sociétés, villes, provinces et corporations étrangères.

D'après la nomenclature administrative des valeurs à déclarer, l'Administration place les obligations *négociables étrangères*, immédiatement après les obligations *négociables* et *non négociables françaises.* Pour bien montrer l'intérêt qu'elle attache à l'ordre préconisé par elle pour l'énumération des diverses valeurs pouvant se trouver dans une hérédité, elle a eu soin d'ajouter au bas de la page 4 de l'Instruction 2954 une note dont le renvoi est à la suite du titre qui nous occupe. Nous croyons utile de la reproduire in extenso : « Sur un certain « nombre de formules, ces deux catégories (*obligations négociables et non négo-* « *ciables des sociétés, départements, communes, établissements publics et établisse-* « *ments d'utilité publique et obligations négociables des sociétés, villes, provinces* « *et corporations étrangères)* ont été admises dans la nomenclature des valeurs, « les receveurs auront soin, avant de délivrer les formules aux intéressés, d'ajou-

« ter à la main, au moyen d'un renvoi à la marge, entre les mots *actions dans les*
« *sociétés étrangères* et les mots *parts d'intérêt et commandites simples* ceux-ci :
« *obligations françaises; obligations étrangères.* »

La loi du 18 mai 1850 avait rendu l'impôt des mutations par décès applicable aux fonds publics des gouvernements étrangers et aux *actions* des sociétés
étrangères dépendant *d'une succession régie par la loi française*. L'article 11 de
la loi du 13 mai 1863, comblant une lacune de cette loi, a soumis aux mêmes
règles les *obligations* des sociétés étrangères. Cet article est ainsi conçu : « Les
dispositions de l'article 7 de la loi du 18 mai 1850 sont applicables aux *obligations*
des compagnies ou sociétés d'industrie et de finances étrangères.

Il y a lieu de remarquer que l'Instruction 2954 ne parle pas dans notre titre,
comme elle le fait dans le titre précédent des *obligations non négociables*, de ces
diverses personnes morales étrangères. Faut-il en conclure que les obligations *non*
négociables des sociétés, villes, provinces et corporations étrangères ne sont pas soumises aux droits de mutation par décès, lorsque la succession est régie par la loi
française conformément aux dispositions de la loi de 1850 ? Cette question ne
comporte selon nous qu'une réponse négative. Toutes les valeurs mobilières
d'une succession régie par la loi française sont soumises à l'impôt de mutation.
C'est ce qui résulte de la généralité de l'article 11 précité de la loi du 13 mai
1863; c'est ce qui résulte encore des dispositions ci-après de la loi du 23 août
1871, qui a pour but de rendre certains de nos impôts applicables aux valeurs
étrangères.

Art. 3. « Les dispositions de l'article 7 de la loi du 18 Mai 1850, concernant
« les valeurs mobilières étrangères dépendant des successions régies par la loi
« française, et les transmissions entre-vifs à titre gratuit de ces mêmes valeurs au
« profit d'un Français sont étendues aux créances, parts d'intérêt, obligations
« des villes, établissements publics et généralement *à toutes les valeurs mobi-*
« *lières étrangères de quelque nature qu'elles soient.* »

Art. 4. « Sont assujettis aux droits de mutation par décès, les fonds publics,
« actions, obligations, parts d'intérêts, créances et généralement *toutes les*
« *valeurs mobilières étrangères* de quelque nature qu'elles soient dépendant de
« la succession d'un étranger domicilié en France avec ou sans autorisation. Il en
« sera de même des transmissions entre-vifs à titre gratuit ou à titre onéreux,
« lorsqu'elles s'opèrent en France. »

Ces textes sont catégoriques. Les droits sont dus sur toutes les valeurs mobilières
étrangères dépendant d'une succession régie par la loi française. Pourquoi l'Administration n'a-t-elle pas parlé de ces obligations non négociables dans l'énumération des valeurs à déclarer ? On est en droit de supposer qu'elle n'a pas voulu
reconnaître aux obligations *non négociables* des sociétés étrangères comme elle
l'a fait pour les obligations *non négociables* des sociétés françaises un caractère
spécial permettant de les distinguer à certains points de vue des obligations
ordinaires dues par des particuliers.

Puisque l'Instruction 2954, que nous nous sommes proposé de suivre à la
lettre, au sujet de l'ordre à observer dans une formule de déclaration, ne dis-
tingue pas ces obligations, nous ne les distinguerons pas davantage, et nous déci-
derons, après avoir reconnu l'exigibilité de l'impôt sur ces valeurs, comme sur
toutes les valeurs mobilières incorporelles, qu'il y a lieu de les énumérer en même
temps que les créances ordinaires dues par des particuliers dont nous aurons à
nous occuper plus tard.

Toutefois en assignant cette place dans la formule aux obligations *non négociables étrangères*, nous n'irons pas jusqu'à décider que leur valeur doit toujours être déterminée conformément à la loi de frimaire par l'estimation plus ou moins arbitraire des parties. Nous inspirant de l'esprit de la loi de 1850, à défaut d'un cours officiel de ces obligations, nous croyons qu'il faut s'en rapporter au cours de la Banque dit *de la Coulisse* ou, au cours d'une Bourse de province. On pourrait même au besoin pour fixer plus exactement leur évaluation, au cours d'une Bourse étrangère ayant un certain caractère d'authencité.

Les règles que nous avons déjà exposées pour les obligations françaises négociables sont également applicables aux obligations similaires étrangères. C'est le cours de Paris qui doit servir à en déterminer la valeur, lorsqu'il s'agit d'une déclaration de succession.

Tout ce que nous avons dit précédemment de la propriété apparente, du détachement du coupon des intérêts compris ordinairement dans l'évaluation des titres, des obligations au porteur ne pourrait qu'être répété ici, nous nous contentons de nous y référer.

Il est à peine besoin d'ajouter, cependant, que l'article 15 de la loi du 25 février 1901, qui interdit les conversions ou transferts de titres nominatifs des sociétés et autres établissements sans un certificat délivré par le receveur de l'enregistrement, constatant l'acquittement du droit de mutation par décès, ne saurait recevoir ici son application. La loi française contenant un ordre impératif ne s'impose qu'aux sociétés et autres établissements situés en France, mais elle ne saurait franchir la frontière.

7° *Parts d'intérêt et Commandites simples françaises.* — Pendant la durée d'une société régulièrement constituée et ayant la personnalité morale, le fonds social appartient à cet être moral à l'exclusion de tous les associés. C'est cet être moral qui est créancier ou débiteur envers les tiers ou envers les associés ; ceux-ci ne sont pas tenus des dettes tant que l'actif commun est suffisant pour les acquitter. Les associés n'ont vis-à-vis du fonds social, tant que subsiste la société qu'un droit incorporel éventuel, représenté par l'émolument net à recueillir, d'après la liquidation et le partage, déduction faite de l'actif sur le passif. Même pour les successions ouvertes antérieurement à la loi du 25 février 1901, le droit de mutation par décès n'est dû que sur cette part revenant à un associé décédé non dans l'actif brut de la société, mais dans le reliquat net représenté par l'excédent de l'actif sur le passif (Cass., 3 mars 1829 ; 9269 J. ; Inst. 1293 § 6 ; — 9 mai 1864 ; 17844 J. ; S., 64, 1, 239; D. P. 64, 1, 23 ; — 19 janvier 1881 ; D. P., 81, 1, 265 ; Inst. 2650 § 1 bis ; — Dalloz, C. ann. n° 2343 ; — D. m. f., 8 décembre 1807 et 19 févr. 1811 ; — Sol. 28 avril 1902 ; Inst. 3089 § 19).

Il en résulte qu'il n'y a pas à rechercher si la société possède des valeurs mobilières et immobilières, et qu'il n'y a qu'à mentionner dans la formule de déclaration cette part d'intérêts de l'associé *de cujus*, nette de tout passif. Sous l'empire de la loi de 1901, aucune justification n'est, par suite, nécessaire relativement au passif de la société. Cette part d'intérêt de l'associé prédécédé dans la société non dissoute est déterminée d'après l'importance de ses apports et d'après le chiffre des bénéfices réalisés, sans qu'il y ait lieu de déduire, pour la liquidation du droit de mutation par décès, de la valeur de cette part les apports du *de cujus* dans la Société, car pendant la durée de la société chaque associé a perdu la propriété de ses apports au profit de l'être moral (Pont-Soc. 1, 364 ; — Seine 17 juin 1876; 4440; R. p.; — Cass. 20 janv. 1879; S., 79, 1, 129; D. P. 79, 1, 9).

Malgré la dissolution de la société l'être moral subsiste encore à l'égard des tiers et, par conséquent, à l'égard de l'Administration qui doit être considérée comme un tiers, tant que la liquidation n'est pas terminée, car pendant sa durée, chaque associé n'est propriétaire que d'un droit incorporel correspondant à sa part d'intérêts nette de tout passif à prendre dans les valeurs sociales. En cas de décès d'un associé pendant la durée de cette liquidation, c'est donc cette part d'intérêts nette, abstraction faite des différents biens composant le fonds social, qu'il y a lieu de comprendre dans la déclaration de sa succession. (Dict. Fessard, n° 796; Champ et Rig,, IV, 3693 ; — Cass. 14 août 1833; S. 33, 1, 780 ; — 9 mai 1864; — 3 fév. 1868; S., 68, 1, 185; D. P., 68, 1, 226; — 6 mars 1872; S., 72, 1, 88 ; D. P., 72, 1, 169; — 22 décembre 1868 ; S., 69, 1, 279; D. P., 69, 1, 156; Inst. 2384 § 2 et 2447, § 6; — Sol. 11 juill. 1895, R. G. P., n° 1480).

Pour que cette part d'intérêts nette de tout passif existe dans une succession, sans qu'on ait à s'inquiéter des biens composant l'actif social, il faut que la société, dont faisait partie le défunt, remplisse toutes les conditions exigées par la loi, pour que la société soit parfaite et ait acquis la personnalité morale. Ainsi il est aujourd'hui hors de doute que la rédaction d'un écrit est une condition indispensable envers les tiers pour la formation même du lien social. Une simple société verbale, une société de fait, dont l'existence n'est pas reconnue, n'a pu créer qu'une simple indivision. Dès lors les communistes ont un droit de copropriété sur les valeurs mêmes formant l'actif commun, et, en cas de décès d'un de ces communistes, il faut déclarer dans sa succession les divers biens mis en commun en indiquant sa part sur chacun d'eux (P. Pont, Sociétés commerciales, n°ˢ 1110, 1116 et 1256; Dalloz V° Soc., n° 64; — Dict. Fessard, n° 800 ; — Mirecourt, 11 décembre 1858; 1111 R. P. ; — Cass. 18 juin 1862; S., 62, 1. 875 ; D. P., 62, 1, 423; — Seine 31 mars 1865; S., 65, 2, 312; — Charleville, 17 mai 1872; 3613 R. p. ; — Fontenay, 9 août 1872; 3613, R. p.; — Valenciennes, 27 décembre 1872; S., 73, 2, 151 ; D. P., 73, 5, 220; — Bernay, 11 décembre 1878; 5231 R. p. ; — Rouen, 18 décembre 1877, conf. par Cass. 19 janv. 1881 ; 4868 R. p. Inst. 2650 § 1 bis).

De ce qui précède, il résulte que pour les successions ouvertes avant la promulgation de la loi du 25 février 1901, la part brute du *de cujus* sur chacun des biens communs meubles et immeubles doit être déclarée sans déduction du passif qui les grève, aux lieu et place d'une part nette d'intérêts. Pour les successions soumises à la loi actuelle les mêmes biens doivent être compris dans la déclaration pour la part revenant au *de cujus*, comme sous l'empire de la législation antérieure. Le passif est simplement susceptible d'être déduit; mais seulement s'il remplit les conditions prévues par les articles 3 et 7 de la loi de 1901, et sous la réserve des justifications exigées par les articles 4 et 6 (Dict. Fessard, succ, n°ˢ 797 et s. ;— D. m. f. 8 décembre 1807, 19 fév. 1811 et 3 octobre 1828).

La même solution s'imposerait pour les sociétés civiles, si on admettait avec MM. Demante, Valette, Aubry et Rau et Demangeat, qu'à l'exception de celles constituées en sociétés anonymes, elles n'ont pas la personnalité morale (Aubry et Rau, t. IV § 377, p. 546 ; Demangeat, sur Brouard, t. 1, p. 174 ; Pont n°ˢ 124 et 125). Il y aurait donc lieu, d'après cette opinion, de déclarer non l'action mobilière revenant à un associé décédé, mais sa part indivise dans tous les biens communs sans distraction des charges. Cette opinion n'a pas été consacrée par la jurisprudence et par suite ne peut être suivie.

Il faut décider encore que la succession ne saurait plus comprendre une simple part d'intérêts, lorsque l'être moral disparait avec la société elle-même et qu'une liquidation est inutile. C'est ce qui se produit notamment, lorsqu'un associé acquiert simultanément les parts et portions de ses coassociés. Il se trouve par l'effet de cette cession seul propriétaire de tous les biens composant le fonds social ; la société et l'être moral qui la représentait ont disparu en même temps (Cass. 9 août 1859 ; S., 60, 1, 470 ; — 8 nov. 1864 ; S., 65, 1, 137 ; 10 avril 1867 ; S., 67, 1, 277 ; — 7 février 1881 ; D. P., 81, 1, 267).

En cas de cession par les héritiers d'un associé décédé au profit des autres associés, moyennant un prix déterminé, des droits de leur auteur dans la société, le prix ainsi touché doit être compris dans la déclaration de sa succession, comme représentant la valeur de sa part nette d'intérêts (Cass .5 déc. 1866 ; S.. 67, 1, 87 ; D. P., 67, 1, 127 ; — 11 janv. 1875 ; S., 75, 1, 179 ; D. P., 75, 1, 116).

Quid des commandites simples ? — L'Instruction 2954 a entendu désigner ainsi les parts revenant aux associés commanditaires dans les sociétés en commandite dont le capital n'a pas été divisé en actions conformément à l'article 38 du Code de Commerce. Le droit des commanditaires, simples bailleurs de fonds, par rapport à la société, ne peut donc être qu'un droit de créance. Lorsque l'un d'eux vient à décéder, sa part doit être évaluée par l'estimation des parties, à défaut d'autres modes d'évaluation présentant plus de garantie, comme par exemple le prix d'une cession. C'est pour cette raison que l'Administration a cru devoir réunir les commandites simples aux parts d'intérêts. Toutefois il y a lieu de remarquer que la part du commanditaire est toujours nette, même après la liquidation, car il ne peut être tenu compte des dettes sociales au delà de sa mise (art. 23 et 26 C. Com.) La déduction du passif autorisée sous certaines conditions par la loi du 25 février 1901 ne saurait donc jamais l'intéresser par rapport à la société.

8° *Parts d'intérêts et commandites simples étrangères.* — Les sociétés étrangères collectives et en commandite par intérêts, régulièrement établies d'après les lois de leur pays, jouissent en France de toutes les prérogatives ordinaires, en se conformant aux lois françaises en ce qui concerne simplement la procédure, les immeubles, la police et l'ordre public (Pont, II, 1870 et s.)

Depuis la loi du 30 mai 1857, les sociétés de capitaux et spécialement les sociétés anonymes étrangères ne sont recevables à ester en justice en France, que si elles ont été autorisées par le Gouvernement français. L'autorisation du gouvernement est nécessaire pour ces sociétés étrangères de capitaux, pour leur constituer une existence légale en France, alors même que les sociétés similaires françaises n'ont pas besoin d'autorisation, comme par exemple les sociétés en commandite par actions, alors même que, d'après la loi de leur pays, elles puissent s'établir sans le contrôle de l'autorité. Le défaut d'autorisation les empêche de faire le commerce et les prive de se pourvoir en justice comme demanderesses (Cass. 1er août 1860 ; S., 60, 1, 865 ; D. P., 60, 144). Mais en sens inverse, elles peuvent être citées comme défenderesses, pour les engagements contractés par elles envers des Français (Cass. 14 nov. 1864, S., 65, 1, 135).

On doit en conclure que toutes les valeurs émanant des sociétés étrangères sans distinction, qu'on peut rencontrer dans une succession régie par la loi française sont soumises aux droits de mutation par décès et doivent être comprises dans la déclaration à souscrire. C'est ce qui résulte, notamment des termes génériques des articles 3 et 4 de la loi du 23 août 1871 déjà cités.

Toutes les règles déjà énoncées concernant les parts d'intérêts et commandites simples françaises s'appliquent également aux parts d'intérêts et commandites simples étrangères soumises à l'impôt de mutation par décès. Nous n'avons qu'à y renvoyer le lecteur. C'est la part d'intérêt nette du de cujus par rapport à la masse complète de l'actif social qui doit être déclaré. Peu importe que cet actif social comprenne des immeubles situés à l'étranger qui, comme nous le savons, ne peuvent pas être frappés par l'impôt français. Tant que la liquidation n'est pas faite, chaque associé n'a qu'une action purement mobilière; aussi il n'y a pas lieu de tenir compte de la portion de valeur correspondante aux immeubles situés en pays étrangers. L'impôt frappe dans l'espèce tous les droits incorporels : il n'y a donc pas à distinguer là où le législateur n'a pas voulu faire de distinction.

La formule doit pour les parts d'intérêts et les commandites simples étrangères et françaises, faire mention de la société débitrice avec les différentes particularités permettant de reconnaître d'une façon certaine les titres du *de cujus*.

9° *Numéraire*. — On désigne sous le nom de *numéraire* les espèces d'or et d'argent et les monnaies de billon que, sous la législation antérieure à la loi du 25 février 1901, on devait déclarer au bureau dans l'arrondissement duquel ils se sont trouvés au décès de l'auteur de la succession (11, 870 J. ; Sol., 3 avril 1864 ; 1947, § 6. R. p. ; Fessard, Diction., Success., n° 612), ainsi que les billets de banque sous l'empire du cours forcé parce que, dans cette hypothèse, ils sont complètement assimilés au numéraire Sol. 26 mars 1872).

On doit comprendre également sous cette dénomination les divers timbres poste, timbres-quittance et autres timbres-feuilles ou billets en blanc vendus par l'Administration du timbre, à la seule condition qu'ils n'aient pas servi et qu'il n'y ait aucune écriture sur les feuilles ou billets ; ce qui leur conserve leur valeur entière. Il est d'usage de se servir de ces divers timbres, des timbres-poste et des timbres-quittance surtout, pour remplacer du numéraire dans des échanges de peu d'importance faits au loin et par correspondance. Cette assimilation consacrée dans un intérêt commercial afin d'éviter des frais d'envoi, même par les maisons les plus importantes de France, n'a rien de contraire aux dispositions de la loi et il y a lieu de l'admettre, bien que le cours de ces valeurs ne soit pas forcé. Peut-être les Bons de la Défense Nationale pourraient-il être rangés dans cette catégorie.

Les billets de banque français et les diverses espèces de l'union monétaire indiquent par elles-mêmes leur valeur. Par suite toute évaluation étrangère est inutile. Cependant ces diverses valeurs françaises ou assimilées ne sont pas les seules susceptibles d'être comprises sous la dénomination de numéraire. A notre avis on doit déclarer, sous cette rubrique, les monnaies étrangères, comme par exemple les livres sterling n'ayant pas cours en France, mais d'un usage constant pour le troc ordinaire dans certains pays avec lesquels le défunt était peut-être en relations d'affaires. Ces espèces ne sauraient être considérées comme de vulgaires médailles et on doit les comprendre dans la déclaration pour leur valeur d'après le change. Il en est de même des billets de banque étrangers.

Le législateur autorise la compensation légale des prestations en grains, en denrées, non contestées, et dont le prix est réglé par des mercuriales, avec des sommes liquides et exigibles (art. 1291 C.C.). Cependant les cours des mercuriales sont trop variables pour que l'on puisse assimiler les grains et denrées à une somme dans une formule de déclaration de succession. Aussi doit-on considérer que cette disposition du Code Civil est une exception, et ranger ces grains et denrées parmi les objets corporels dont nous aurons à nous occuper.

Lorsqu'il existe un partage ou un inventaire faisant mention de la consistance du numéraire successoral, il faut nécessairement le comprendre dans la déclaration. Il n'est pas nécessaire de faire le détail de ce numéraire, il suffit d'indiquer qu'il dépendait de la succession ou de la communauté du numéraire dont on fait connaître le montant. A défaut de partage ou d'inventaire les déclarants doivent indiquer le quantum du numéraire existant au décès. Toutefois l'Administration, dans l'espèce, n'a à cet égard aucun moyen de preuve à sa disposition.

La mention du numéraire pourrait sans inconvénient être mise dans l'état du mobilier produit par les héritiers ou légataires à l'appui de leur déclaration, conformément à l'article 27 de la loi du 22 frimaire an VII, à la différence de ce qui est exigé pour les rentes et créances. De même les héritiers ou légataires seraient autorisés à se référer à ce sujet aux dispositions de l'inventaire comme pour les objets mobiliers corporels et meubles meublants. Il est préférable, cependant d'insérer cette mention dans la formule elle-même.

10° *Assurance sur la vie*. — Le contrat d'assurance sur la vie est un contrat innommé de création nouvelle et d'une nature complexe. Composé d'éléments divers, tenant du contrat synallagmatique et aléatoire entre l'assureur et l'assuré, du contrat de bienfaisance entre l'assuré et le bénéficiaire, il était parfois difficile de déterminer, pour l'apprécier, son caractère principal. La jurisprudence s'inspirant des articles 1121 et 1973 du Code Civil, semblait décider que dans l'assurance en cas de mort, le capital stipulé dans l'assurance appartenait directement, du jour de la stipulation, au bénéficiaire et, par conséquent, ne faisait partie ni du patrimoine de l'assuré, ni de sa communauté conjugale. D'où on devait conclure que cette valeur ne dépendait pas de sa succession et n'était pas sujette aux droits de mutation par décès (C. Lyon, 2 juin 1863, 1921) R. p.; — St.-Quentin, 11 mai 1864; 1950; — C. Caen 11 janv. 1863; —C. Colmar, 27 fév. 1865; 2207 R. p;— G. Paris, 5 avril 1867; 2478. R.-p.; — C. Colmar, 19 fév. 1868).

Cette conclusion n'avait pas été acceptée par l'Administration par une solution en date du 11 janvier 1868 (2880 R.p.)

La loi du 21 juin 1875 est venue mettre fin à toutes les controverses qui auraient pu se produire, sur l'application des droits de mutation par décès à cette nature de capitaux stipulés au profit de successibles. L'article 6 de cette loi est ainsi conçu :

« Sont considérés, pour la perception du droit de mutation par décès, comme
« faisant partie de la succession d'un assuré, sous la réserve des droits de com-
« munauté, s'il en existe une, les sommes, rentes ou émoluments quelconques
« dûs par l'assureur, à raison du décès de l'assuré. Les bénéficiaires à
« titre gratuit de ces sommes, rentes ou émoluments, sont soumis aux droits de
« mutation, suivant la nature de leurs titres et leurs relations avec le défunt,
« conformément au droit commun. »

Cette loi est toute fiscale ; elle rend dans tous les cas le droit de mutation par décès exigible, sans qu'on ait à rechercher la nature du contrat d'assurances, sans qu'on ait à se demander si le bénéficiaire recueille l'indemnité d'assurance *jure proprio*, c'est-à-dire de son chef, au *jure hœreditario*, c'est-à-dire par voie héréditaire. Mais elle ne modifie en rien la nature du contrat dans ses effets entre les parties. Il est donc encore indispensable de connaître le droit commun pour déterminer la part, la quotité transmise ; mais une fois cette part connue, elle donnera ouverture au droit de mutation selon le degré de parenté du contractant avec le bénéficiaire, et devra être déclarée, qu'elle soit transmise à titre de libéralité ou à titre de propriété originaire.

Les diverses polices d'assurances sur la vie, peuvent renfermer une foule de conditions ou de cas particuliers, qu'il est impossible d'analyser : assurance sur la tête d'un tiers, assurance en cas de vie etc., etc. En règle générale, on divise les assurances sur la vie, en assurances *à vie entière*, assurances *mixtes*, assurances *à terme fixe*.

L'assurance *à vie entière* stipule le paiement des primes jusqu'au décès de l'assuré et le versement, à cette époque, par la compagnie, du capital stipulé. au bénéficiaire désigné.

L'assurance *mixte* stipule le paiement des primes pendant tout le cours de l'assurance, et le versement du capital assuré à une époque déterminée (10, 15, 20 ou 25 ans) ou au décès de l'assuré, s'il survient avant cette époque.

L'assurance *à terme fixe* stipule le paiement des primes pendant tout le cours de l'assurance, mais avec cette distinction que si l'assuré vient à décéder, ces paiements cesseront. Le capital assuré est payable à la date fixée et le décès de l'assuré ne le rend pas exigible : la compagnie cesse simplement d'avoir droit aux primes restant à courir à partir du décès jusqu'à l'échance.

La loi du 21 juin 1875 a introduit parfois en matière d'assurance sur la vie une différence entre le droit civil et le droit fiscal. D'après cette loi, le bénéfice de l'assurance doit être considéré au point de vue fiscal comme transmis à titre de libéralité ; mais les règles de droit commun relatives à la quotité disponible et à la réserve doivent être strictement appliquées notamment en ce qui concerne les libéralités entre époux.

Quand il s'agit d'assurances contractées par un époux au profit de l'autre époux, la Cour de Cassation voit, au point de vue civil, dans cette nature d'assurance une stipulation pour autrui ; elle décide que le capital assuré ne fait pas partie des valeurs successorales. Si l'époux survivant renonce à la communauté et à toute donation qui aurait pu lui être faite par son conjoint prédécédé, cette renonciation ne saurait porter sur le bénéfice de l'assurance, qui en droit civil n'a jamais appartenu à l'assuré et n'a fait l'objet d'aucune transmission (Cass. 29 juin 1896 ; S., 96, 1, 361 ; D. P. 97, 1, 73). L'indemnité payée à cet époux survivant par la compagnie d'assurances, n'en doit pas moins faire l'objet d'une déclaration, car elle est soumise au droit de mutation entre époux, en vertu de la loi de 1875.

Il faut décider également que l'article 6 de la loi du 21 juin 1875 s'applique aux assurances dont le bénéfice est recueilli à titre gratuit. Ainsi lorsqu'un mari vient à décéder, après avoir contracté une assurance payable à une date déterminée, soit à lui-même dans le cas où il vivrait à cette date, soit à sa femme, en cas de prédécès de sa part, le droit de mutation par décès est exigible sur le capital ainsi touché par sa femme, car le mari ne peut être considéré comme ayant agi en qualité d'administrateur des biens de sa femme, bien qu'il ait payé les primes de ses deniers personnels. Le décès survenant avant l'époque fixée pour le payement du capital assuré, la femme se trouve bénéficier à titre gratuit de ce capital, dont la stipulation constituait en sa faveur une libéralité soumise à l'évènement du décès du disposant. (Cass., 21 octobre 1896 ; S., 96, 1, 361 ; D.P., 97, 1, 73).

Pour l'exigibilité du droit de mutation par décès il n'y a pas à se préoccuper des effets dévolutifs de l'assurance à l'égard du bénéficiaire. Il suffit que l'assurance présente entre l'assuré et le bénéficiaire les caractères d'une disposition à titre gratuit.

La loi de 1875 ayant fait cesser toute incertitude au point de vue qui nous occupe, il est inutile de reproduire certaines décisions de justice qui avaient déjà admis auparavant l'exigibilité du droit de mutation par décès dans certains contrats d'assurance. Il n'y avait là que des décisions d'espèces, d'où ne pouvait se dégager une règle générale.

Nous avons décidé que la loi du 21 juin 1875 qui n'a qu'un caractère purement fiscal, n'en devait pas moins être appliquée avec toutes les conséquences civiles qu'elle peut entraîner dans la liquidation des droits. Par conséquent le capital dû aux successibles en vertu de la police d'assurance sur la vie rentre en ligne de compte pour le calcul de la quotité disponible et de la réserve. En droit civil, en effet, le montant de l'assurance sur la vie revenant à l'époux survivant doit être imputé sur les droits d'usufruit qui lui sont attribués par la loi du 9 mars 1891 (Baudry-Lacantinerie, SS^{on} T. 1er n° 830; Defrenois, Rép. gén. 1er supplément de 1891, p. 61 n° 114; Dalloz supplém. v. SS^{on} n° 298). Cependant il est nécessaire d'appeler l'attention du receveur sur ces diverses imputations, dans la formule de déclaration qu'on lui présente, car, en matière de libéralité excédant la quotité disponible, la réduction n'est pas admise de plein droit pour la liquidation du droit de mutation par décès, et il faut établir que la réduction a été effectivement opérée, pour éviter que l'impôt soit acquitté sur le montant intégral des libéralités (Solution 5 juin 1897).

Le droit de mutation par décès n'est exigible en ce qui concerne les Assurances sur la vie que sur la somme nette payée par la compagnie déduction faite des primes qui lui restent dues, car la compensation s'est établie avant le décès. Mais la déduction n'est pas admise, lorsqu'il résulte des termes des polices et des avenants que la compensation ne doit s'établir qu'à défaut de paiement des intérêts (sol. 16 août 1897; R. G. P; 1472).

Le capital résultant de l'assurance sur la vie ne saurait jamais être considéré comme une valeur de communauté, s'il ne devient exigible qu'à une époque postérieure au décès de l'assuré. On ne peut, en effet, le considérer comme une créance à terme, car son exigibilité est subordonnée à la condition du paiement régulier des primes. C'est précisément le décès de l'assuré qui aura eu pour résultat de rendre ce capital certain à l'égard des bénéficiaires, mais il ne s'est formé ainsi que juste au moment où disparaissait la communauté; celle-ci ne peut rien recueillir après son extinction. D'après le principe adopté par le législateur de 1875; le bénéfice de l'assurance dépend au point de vue fiscal de la succession de l'assuré; mais celui-ci devra ainsi à la communauté, s'il est marié sous ce régime, une récompense égale au montant des primes qu'il en a tirées pour les payer à la Compagnie. Cette récompense viendra en diminution de ses reprises ou de sa part de communauté.

Le législateur de 1901 a pris certaines précautions à l'égard des compagnies d'assurances sur la vie, afin que les capitaux devenus exigibles par suite du décès des assurés, n'échappent pas aux droits de mutation par décès, auxquels les a assujettis l'art. 6 de la loi du 21 juin 1875. Le paragraphe 5 de l'article 15 de la loi du 25 février 1901, est ainsi conçu. « Les compagnies françaises d'assurances « sur la vie et les succursales établies en France des compagnies étrangères ne

« pourront se libérer des sommes, rentes ou émoluments quelconques dus par
« elles à raison du décès de l'assuré à des bénéficiaires autres que le conjoint
« survivant ou les successibles en ligne directe, si ce n'est sur la présentation
« d'un certificat délivré sans frais par le receveur d'enregistrement, dans la
« forme indiquée au premier alinéa du présent article et constatant soit l'acquit-
« tement, soit la non-exigibilité de l'impôt de mutation par décès, à moins
« qu'elles ne préfèrent retenir pour la garantie du Trésor, et conserver jusqu'à
« la présentation du certificat du receveur, une somme égale au montant de
« l'impôt calculé sur les sommes, rentes ou émoluments par elles dus. »

Le législateur a voulu assurer ainsi le recouvrement de l'impôt en rendant les
compagnies d'assurances sur la vie responsables de sa perception et en leur impo_
sant certaines obligations à cet égard. Ces obligations ont été sanctionnées par le
paragraphe 7 du même article 15, ainsi conçu : « Quiconque aura contrevenu
« aux dispositions du présent article sera personnellement tenu des droits et
« pénalités exigibles, sauf recours contre le redevable et passible, en outre,
« d'une amende de 500 francs en principal. » Ces pénalités s'appliquent à tous
les obligés en vertu de l'article 15 de la loi de 1901. Elles sanctionnent également
les obligations, dont nous avons déjà parlé, concernant les sociétés ou compagnies, agents de change, changeurs, banquiers, escompteurs, officiers publics ou
ministériels, ou agents d'affaires énumérés dans le paragraphe 3 du même
article.

Il importe, toutefois, de faire remarquer que les redevables n'échappent pas
ainsi aux pénalités ordinaires en cas de déclarations inexactes ou à défaut de
déclaration, puisque ces divers obligés nouveaux ont leur recours contre eux, et
que, de plus, l'administration recommande de ne réclamer le payement des droits
et pénalités exigibles aux sociétés, compagnies ou personnes visées par l'article 15, qu'autant que le recouvrement de ces sommes n'aurait pu être amiable-
ment obtenu des héritiers ou légataires et que la solvabilité de ceux-ci ne présenterait pas, en cas de poursuites, des garanties suffisantes pour le Trésor (Inst
3.051 § IV, p. 10 et 11). Il est donc essentiel dans l'intérêt des redevables de ne
commettre aucune omission de ce chef lors de la rédaction de la formule.

La règle d'après laquelle les compagnies d'assurances ne doivent se libérer des
sommes et valeurs dues à raison du décès de l'assuré que sur la représentation
d'un certificat délivré par le receveur et constatant le payement ou la non-
exigibilité de l'impôt de mutation par décès est générale et absolue et il ne
saurait y être dérogé sous aucun prétexte. — La formule doit contenir les justifications nécessaires permettant de ne pas percevoir l'impôt, et le receveur est
seul compétent pour apprécier s'il y a lieu ou non de percevoir les droits
(Sol. 29 juin et 9 décembre 1901).

Le législateur de 1901, tout en voulant empêcher certaines valeurs successorales d'échapper à l'impôt, a désiré en même temps favoriser les opérations à
l'étranger des compagnies françaises d'assurances sur la vie. C'est dans ce but
qu'a été rédigé le paragraphe 6 de l'article 15, qui décide que « l'article 6 de la
« loi du 21 juin 1875 n'est pas applicable lorsque l'assurance a été contractée à
« l'étranger et que l'assuré n'avait en France à l'époque de son décès, ni domi-
« cile de fait, ni domicile de droit. »

L'Instruction de l'administration nᵒ 3.051 fait observer dans son paragraphe V,
que toutes les assurances souscrites à l'étranger auprès d'une compagnie française doivent être considérées comme contractées à l'étranger, dans le sens de la

disposition précitée, alors même que la compagnie n'ait pas donné sa signature à l'étranger, mais à son siège social, et n'ait été engagée que par sa signature. Les pays soumis au protectorat de la France, sont, au regard de la loi fiscale, assimilés à des pays étrangers. Il en est de même des colonies françaises, dans lesquelles l'enregistrement n'est pas établi.

Des certificats émanant du receveur de l'Enregistrement compétent d'après ce que nous avons dit, en traitant du domicile, sont requis pour le payement des sommes, rentes ou émoluments dus par les compagnies d'assurances sur la vie à raison du décès des assurés, comme pour le transfert des rentes sur l'Etat, même lorsque ces sommes, rentes ou émoluments dus à raison du décès des assurés ne sont pas passibles du droit de succession, comme par exemple dans le cas prévu par le paragraphe 6 de l'article 15 de la loi du 25 février 1901, ou en cas d'a qui-sition autrement qu'à titre gratuit. Pour obtenir ces certificats, des justifications doivent être fournies par ceux qui veulent en bénéficier. A défaut de domicile ou de résidence en France, et lorsque le décès s'est produit à l'étranger, et aussi à défaut de déclaration dans un des bureaux désignés par l'administration dans l'Instruction 3.051, le certificat constatant qu'il n est dû aucun droit de mutation par décès est délivré par le receveur du siège de la compagnie ou par celui de l'agence chargée du payement.

11° *Dépôts dans les banques et comptes courants.* — Les objets donnés en gage demeurent la propriété du débiteur et doivent être déclarés par ses héritiers ou légataires (Championnière et Rigaud, IV, 3.346). Il en est de même des objets mis en dépôt dont le déposant conserve la propriété (Champ. et Rig. IV, 3.345; Dict. Fessard, n° 701), Il en est encore de même des objets prêtés à usage, qui restent dans le patrimoine du prêteur (Champ. et Rig., IV, 3.344. Art. 1877 C. C.).

De ce qui précède, il résulte par identité de motifs que les sommes mises en dépôt chez un banquier par le *de cujus* doivent être comprises comme valeurs actives de sa succession et être énumérées dans la formule sous le titre qui nous occupe.

Quand le *de cujus* était en compte courant avec un banquier, il y a lieu de liquider ce compte avant de rédiger la formule de déclaration, de façon à comprendre sous notre titre la valeur active revenant à la succession.

Depuis la loi du 25 février 1901, les sommes déposées chez les banquiers ou agents d'affaires ne sauraient être dissimulées dans les déclarations à souscrire, car ceux-ci sont tenus aux termes du paragraphe 3 de l'article 15 de la loi, lorsqu'ils sont dépositaires, détenteurs ou débiteurs de titres, sommes ou valeurs dépendant d'une succession qu'ils sauraient ouvertes, d'adresser la liste de ces titres, sommes ou valeurs au directeur de l'enregistrement du département de leur résidence sur des formules à eux délivrées sans frais par l'Administration de l'Enregistrement. Les coulissiers, bien que non visés expressément par le texte de la loi, n'en sont pas moins tenus de fournir cette liste comme faisant partie de la catégorie des personnes désignées sous le nom de banquiers ou d'agents d'affaires (Rapport de M Caudelet, sénateur, du 9 juillet 1896; J. Off., Documents parlementaires, Sénat, p. 282 et suiv.).

Les commissaires-priseurs en leur qualité d'officiers ministériels doivent également donner avis à l'Administration en vertu de l'article 15-4° de la loi de 1901 des versements de prix de vente d'objets mobiliers provenant des successions, dans le cas où, pour obtenir le payement du prix, les ayants droits doivent invoquer leur qualité d'héritiers ou de légataires et se prévaloir du décès du *de cujus* (Sol. du 13 décembre 1902).

Les personnes ci-dessus visées sont obligées de dresser ces listes sous peine de se voir appliquer les pénalités édictées par le paragraphe 7 de l'article 15 de la loi de 1901, — Ces listes doivent permettre d'identifier les titres ou valeurs et déterminer avec la précision désirable la cause du payement ou de la remise des sommes. En conséquence, elles mentionnent non seulement la nature et le nombre, mais encore les numéros des titres. Semblable mention doit donc être mise dans la formule de déclaration, pour qu'aucune erreur ne puisse être commise lors du contrôle des Agents de l'Administration.

La loi du 25 février 1901 en imposant aux personnes dont nous venons de parler l'obligation de dresser la liste des titres, sommes ou valeurs dépendant des successions ouvertes, n'avait pas prévu les comptes indivis ou collectifs avec solidarité, connus plus généralement sous le nom de *comptes conjoints*. Les stipulations particulières de ces comptes confèrent à chacun des titulaires la faculté de retirer, seul et sans l'assistance de son codéposant, la totalité des sommes ou valeurs existant au crédit du compte. La société ou la personne dépositaire pouvait ainsi, en cas de décès de l'un des déposants, se dispenser de notifier à l'Administration la nature et l'importance des valeurs inscrites au nom du défunt, puisque le déposant survivant a qualité pour faire comme s'il en était propriétaire intégral.

Pour prévenir les fraudes susceptibles d'être commises grâce aux *comptes conjoints*, l'article 7 de la loi du 31 Mars 1903 dispose dans son premier paragraphe que « tous les titres, sommes ou valeurs existant chez les dépositaires, « désignés au 3e alinéa de l'article 15 de la loi du 25 février 1901 et faisant l'objet « de comptes indivis ou collectifs avec solidarité seront considérés, pour la « perception des droits de mutation par décès, comme appartenant conjoin- « tement aux déposants et dépendant de la succession de chacun d'eux pour une « part virile, sauf preuve contraire réservée tant à l'Administration qu'aux rede- « vables et résultant pour ces derniers soit des énonciations du contrat de dépôt, « soit des titres prévus par l'article 7-2e de la loi du 25 février 1901. » Lors de la déclaration d'une succession, il y a lieu de rechercher quelle est la part pouvant revenir exactement au défunt et si elle est inférieure ou supérieure à une part virile, contrairement à la présomption légale Si on la déclare pour une part inférieure, il faut avoir soin de s'assurer que cette qualité peut être justifiée soit au moyen des énonciations mêmes de l'acte de dépôt, soit au moyen d'actes authentiques ou d'actes sous seing privé ayant acquis date certaine autrement que par le décès du *de cujus*, c'est-à-dire par tous les modes de preuves compatibles avec la procédure écrite, la seule admise en matière d'enregistrement. Aucune déclaration n'est nécessaire si on est en mesure de prouver, comme nous venons de l'indiquer, que le défunt n'avait aucun droit à l'actif déposé.

A défaut de preuve écrite, la présomption de propriété par part égale établie par le législateur de 1903 reprend tout son empire et doit servir de règle lors de la rédaction de la formule, sous la réserve des droits de la communauté conjugale, s'il en existe une (Ins. 3117 § 2 p. 5).

Le dépôt fait au nom d'une société en nom collectif ne saurait être assimilé à un compte conjoint, à moins qu'il ne soit démontré que les valeurs déposées, au lieu d'appartenir à la société, sont la propriété personnelle des associés.

Le deuxième alinéa de l'article 7 de la loi du 31 Mars 1903 oblige les dépositaires à faire connaître au directeur de l'Enregistrement de leur résidence « dans les « trois mois au plus tard de l'ouverture d'un compte indivis ou collectif avec « solidarité et dans les trois mois de la promulgation de la présente loi pour les « comptes de cette nature antérieurement ouverts, les nom, prénoms et domicile « de chacun des déposants, ainsi que la date de l'ouverture du compte, sous peine « d'une amende de cinq cents à cinq mille francs. »

Comme corollaire de ce qui précède, il y a lieu de décider que les valeurs détenues à titre précaire par le défunt ne font pas partie de sa succession, c'est une sorte de propriété qui lui est étrangère et ne fait pas partie de son actif. Telles sont les valeurs détenues par le défunt comme mandataire, dépositaire ou créancier. Du moment que ces valeurs font partie du patrimoine du mandant, du déposant ou du débiteur gagiste et doivent être déclarées à leur décès, elles ne sauraient par cela-même, être comprises dans la déclaration de la succession du mandataire, du dépositaire ou du créancier gagiste. Les mêmes valeurs ne peuvent pas, en effet, faire partie de deux patrimoines à la fois, il en est ainsi, même lorsqu'il s'agit de sommes d'argent. Les sommes souvent considérables que des banquiers ou des agents d'affaires détenaient au moment de leur décès comme dépositaires ne font pas partie de leur succession et ne doivent pas être déclarées. Les diverses formalités prévues par la loi de 1901 pour la déduction du passif n'ont même pas besoin d'être remplies dans l'espèce (E. Demante II, 692, p. 359 ; — Champig. et Rigaud, IV, 3405 : — Rouen ; 17 juillet 1855 ; 16129 J. ; Sol. 1er juillet 1868 ; — 10 Mai, 6 juillet 1876).

Mais il en serait autrement, si les sommes et valeurs déposées avaient été employées à son usage personnel par le banquier ou autre dépositaire, et notamment s'il payait un intérêt modique aux déposants, en échange du droit ainsi concédé de faire le commerce avec les fonds déposés. Le *de cujus* ne serait plus un dépositaire, mais un débiteur direct ; et le montant de sa dette constituerait une charge ordinaire non susceptible d'être déduite sous l'empire de la législation antérieure à la loi du 25 février 1901, et ne pouvant l'être sous l'empire de cette loi qu'en fournissant les justifications prescrites (Dreux, 28 Mai 1851 ; 15, 230 J. ; — Sol. 11 Novembre 1881).

Il ne faut pas oublier que l'article 2279 du Code Civil, qui dit qu'en fait de meubles possession vaut titre, est la régle générale et s'applique surtout aux sommes d'argent et titres au porteur. Lorsque des valeurs de cette nature ont été trouvées en possession d'un défunt, d'après un inventaire ou autre pièce authentique, ses héritiers ou légataires peuvent, malgré tout, se dispenser de les comprendre dans la déclaration qu'ils sont tenus de souscrire, mais à la condition de pouvoir fournir la preuve que leur auteur ne les détenait qu'à titre précaire et détruire ainsi la présomption légale (Cass. 15 Avril 1863 ; S. 63, 1, 38 ; — C. Grenoble, 16 Mars 1869 ; 69, 2, 99 ; — Hazebrouck, 13 février 1864 ; 1931, R.P).

12°. — *Livrets des caisses d'épargne et de la caisse des retraites pour la vieillesse.* α. — *Caisses d'Epargne.* — Les livrets de caisses d'épargne forment un actif de la succession des titulaires et doivent supporter les droits de mutation par décès ; par conséquent les héritiers et légataires sont tenus de déclarer le montant des sommes qui y sont inscrites, après avoir fait régulariser les intérêts jusqu'au jour du décès. D'après les indications de l'Instruction 2954, leur place dans la formule se trouve après celle assignée aux Dépôts dans les Banques et Comptes courants.

Les Caisses d'Epargne sont des établissement privés, échappant ainsi aux investigations des agents de l'Administration (D. M. F. 24 Mars 1855 ; — C. Paris-17 Mars 1854 ; — C. Caen 18 Mai 1854 ; Dalloz 1854, 2,264 : — Cass. 5 Mars et 8 Juill. 1856. Sirey, 56, 1,517 et 878. Il s'en suivait que souvent les droits dus au Trésor après le décès d'un titulaire ne pouvaient être recouvrés. Pour épargner des frais aux héritiers, la Caisse n'exigeait pas l'enregistrement des certificats de propriété nécessaires pour obtenir soit le remboursement des sommes portées aux livrets, soit le transfert au profit des héritiers. Les intérêts du Fisc subissaient de ce chef un préjudice assez sérieux.

La loi du 20 Juillet 1895 sur les Caisses d'épargne, promulguée au Journal Officiel du 6 Août suivant a apporté un remède à cet état de choses. — Dans son article 23, elle transforme en loi une décision du Ministre des Finances du 11 Juin 1888, qui avait étendu les dispositions des articles 20 et 21 de la loi du 9 avril 1881, en concédant la gratuité des droits de timbre et d'enregistrement aux certificats de propriété et aux actes de notoriété exigés par les Caisses d'épargne pour effectuer les remboursements, le transfert ou le renouvellement des livrets appartenant aux titulaires décédés ou déclarés absents. Mais dans son article 25, en rendant la double formalité du timbre et de l'enregistrement gratuite, elle la rend en même temps, *obligatoire* contrairement à la législation antérieure.

Au moyen de l'enregistrement de ces actes, l'Administration connaît ainsi la mutation par décès qui s'est produite.

Cette disposition est applicable aux caisses d'épargne postales et ordinaires, comme à la Caisse d'Epargne Nationale.

β. — *Caisse des retraites pour la vieillesse*. — Les livrets de la Caisse des retraites pour la vieillesse ont été mis par l'Administration sur la même ligne que ceux des Caisses d'Epargne, lorsqu'il y a lieu de les comprendre dans une déclaration de succession.

L'article 19 de la loi du 1er Avril 1898 accorde l'immunité du timbre et de l'enregistrement aux certificats, et actes de notoriété les concernant. La formalité doit, lorsqu'elle est requise, être donnée gratuitement (Inst. 2958).

Lorsque le capital mentionné dans le livret a été aliéné, il n'y a rien de transmis aux héritiers, qui, par suite, ne sont tenus à aucune déclaration et n'ont rien à payer de ce chef. Mais lorsque le capital a été réservé, les héritiers naturels ou institués recueillent ce capital et doivent le droit de mutation par décès(art. 15 et 17 l. 20 Juillet 1886). Le capital réservé est remboursé sans intérêts aux ayants droit. (art. 17).

La loi du 20 Juillet 1886 relative à la Caisse nationale des retraites pour la vieillesse, comme la loi du 18 Juin 1850 a dérogé aux règles du Code, lorsqu'il s'agit de déposants mariés. Cette dérogation a besoin d'être connue de tous ceux qui ont à rédiger des déclarations de mutation par décès. Nous lisons ceci dans l'article 13 : « Le versement opéré antérieurement au mariage reste propre à « celui qui l'a fait. — Les femmes mariées, quel que soit le régime de leur con-« trat de mariage sont autorisées à faire des versements sans l'assistance de « leurs maris.— Le versement fait pendant le mariage, par l'un des deux con-« joints, profite séparément à chacun d'eux par moitié. — Peut, néanmoins, pro-« fiter à celui des conjoints qui l'effectue, le versement opéré après que l'autre « conjoint a atteint le maximum de rente, ou après que les versements faits « dans l'année au profit exclusif de celui-ci, soit antérieurement au mariage, « soit par donation, ont atteint le maximum des versements. — Le déposant « marié qui justifiera soit de sa séparation de corps, soit de sa séparation de biens

« contractuelle ou judiciaire, sera admis à effectuer des versements à son profit
« exclusif. — En cas d'absence ou d'éloignement d'un des deux conjoints depuis
« plus d'une année le juge de paix peut accorder l'autorisation de faire des verse-
« ments au profit exclusif du déposant. Sa décision peut être frappée d'appel
« devant la chambre du Conseil du Tribunal de première instance. »

Le législateur n'a pas cru devoir organiser la réversibilité. au profit de l'époux
survivant, de tout ou partie de la rente constituée sur la tête de l'autre époux. Ne
tenant aucun compte du régime adopté par les époux, il a créé, en cas de mariage,
pour chaque versement, deux titres séparés, s'accroissant séparément et profitant
par moitié à chacun des époux, comme s'ils n'étaient pas unis. Il résulte que la
rente viagère ainsi acquise par chaque conjoint ou le capital versé, dans le cas
où il a été réservé constitue pour chaque époux *un bien propre* dont le sort doit
être réglé absolument comme s'il n'y avait pas eu de mariage.

Il s'en suit que, même sous le régime dotal, le partage s'opère entre les deux
époux, contrairement à la règle qui attribue au mari les profits réalisés sur tous
les revenus du ménage ; que sous tous les régimes, même sous la séparation
contractuelle de biens, les versements sont partagés également par moitié, car
ce n'est qu'en cas de séparation judiciaire que la loi réserve le profit exclusif du
versement à l'époux qui l'a fait. En cas de communauté, la femme survivante
a droit à sa rente personnelle même en renonçant à la communauté. Si c'est
la femme qui prédécède, ses héritiers ou légataires, tout en renonçant à la
communauté, peuvent retirer le capital afférent à la rente éteinte, s'il en a été
fait réserve lors du versement. Pour le même motif, le survivant des époux ne
doit aucune indemnité à la communauté à raison de la rente dont il va profiter
seul.

En cas de versements faits par un tiers donateur pour le compte d'un autre, le
capital réservé est dû aux héritiers du titulaire du livret à moins qu'il n'ait été stipulé
par ce tiers donateur qu'il lui ferait retour, au décès du titulaire de la rente. Ce décès
fait rentrer le donateur dans la propriété de la somme, dont il s'était dessaisi par
l'effet d'une condition résolutoire. Les héritiers du titulaire n'auront pas dans ce
cas à faire figurer cette somme dans la déclaration de sa succession puisqu'elle ne
leur est pas transmise. Mais il en serait autrement des héritiers de ce donateur
s'il venait à décéder avant le titulaire de la rente, car ils trouvent une valeur dans
la succession de leur auteur, et, par suite, ils doivent la déclarer et acquitter
les droits en ce qui la concerne : cette somme ne leur reviendra pas immédiatement, puisqu'ils doivent attendre le décès du rentier pour la toucher mais elle
leur reviendra sûrement à cette époque : ils recueillent une créance certaine, mais
dont le terme d'exigibilité est fixé à une époque indéterminée.

L'article 14 de la loi du 20 juillet 1886 admet les étrangers résidant en France
à faire des versements à la Caisse des retraites pour la vieillesse, mais ne les
autorise en aucun cas à jouir des bonifications dont il est parlé au 2e paragraphe
de l'article 11 de la dite loi.

Lors de la rédaction d'une déclaration de succession concernant le titulaire
d'un livret sur la Caisse nationale des retraites pour la vieillesse, il y aura lieu
de rechercher, s'il n'avait pas droit à certains remboursements prévus par l'article 19 de la loi du 20 juillet 1886. Ces remboursements pourraient encore constituer une valeur active de la succession ;

13° *Créances chirographaires et hypothécaires.*— Les diverses créances dépendant
d'une succession doivent être détaillées article par article dans la formule de déclaration de succession, alors même qu'elles seraient déjà comprises dans un état

estimatif annexé à la déclaration ou dans un inventaire auquel les parties se référeraient. La seule exception que nous trouvons dans la loi dispensant le détail des biens ne s'applique qu'aux *meubles meublants*. Toutes les autres valeurs, telles que rentes et créances doivent être spécialement reproduites dans la formule avec tous les renseignements les concernant. Sans doute l'Administration pourra contrôler à l'aide de l'inventaire qui aurait pu être dressé après le décès, la déclaration qui lui est faite, et relever ainsi les créances omises dans la dite déclaration, en appliquant la pénalité du double droit prescrite par l'article 39 de la loi de frimaire ; mais ce moyen de contrôle réservé par la loi ne dispense pas les parties de reproduire *in extenso* toutes les valeurs héréditaires autres que les objets mobiliers. (Cass. 16 janv. 1811 et 14 mars 1814; 3838 et 4912 J. ; — Sol. 16 avril 1850; 14937-6 J. ; — Versailles 10 janv. 1861 ; — Sol. 10 mars 1866; 18.730 J. ; C. Dalloz, ann. n° 3758).

Pour permettre de s'assurer de l'identité de chaque créance et éviter toute confusion, il est essentiel de mentionner dans la formule le nom du débiteur, la date du titre et celle de l'exigibilité de chaque dette. Une déclaration qui ne renfermerait pas toutes ces indications ne serait pas susceptible d'être acceptée. Ainsi on devrait refuser une déclaration dans laquelle on aurait fait figurer seulement en bloc, en capital et intérêts, les créances appartenant au défunt sans indiquer le nom des débiteurs et le détail de chaque créance (Sarlat, 19 juin 1848 ; 14,713 J. ; — Guingamp, 14 fév. 1849 ; 14,689 J. ; 7957 R. ; — Dalloz C. Enreg., n° 3757).

L'Administration range sous le même titre les créances *chirographaires* et les créances *hypothécaires*. Il ne paraît pas par suite, qu'il y ait lieu de faire un classement spécial de ces deux natures de créances. Néanmoins un tel classement offre une certaine utilité et est l'indice d'un procédé méthodique. Nous ne pouvons que le recommander. Pour observer à la lettre l'Instruction 2954, on devrait, si on adoptait cette distinction, commencer par les créances chirographaires, les grouper ensemble par nature et par débiteur, si plusieurs de ces créances sont dues par une même personne, et les énumérer successivement par ordre de dates. Il y aura lieu de procéder de la même manière pour les créances hypothécaires. Lorsque ces diverses créances ont un caractère authentique, il importe également d'indiquer en plus pour chacune d'elles le nom et la résidence de l'officier public ou ministériel qui a rédigé l'acte.

Les créances de toute nature existant dans le patrimoine du défunt, c'est-à-dire qui n'ont été ni cédées, ni remboursées, ni éteintes par voie de compensation antérieurement au décès doivent être déclarées dans la formule. Lorsqu'une cession de créance a été régulièrement consentie et acceptée par le cessionnaire avant le décès du cédant qui lui a donné date certaine, cette créance ne fait plus partie de la succession et ne doit pas être déclarée, alors même que la dite cession n'aurait pas été notifiée au débiteur et n'aurait pas été acceptée par lui, car l'Administration n'est pas un tiers dans le sens de l'article 1690 du Code Civil (sol. 12 mars 1873, 25 oct. 1873 et 6 juin 1879). Mais à l'inverse et par identité de motifs la créance cédée quoique non signifiée au débiteur dépend de la succession du cessionnaire et doit être déclarée comme telle par ses héritiers (Dict. Fessard, n° 694; 9723 J. ; — Aubry et Rau, IV, § 359 bis, 1° et not. 3 ; — Conf. Duvergier II, 206 ; Cass. (req.), 22 juill. 1828 ; 6711 J. N.)

Les créances éteintes par confusion ne doivent pas être déclarées. Mais il faut que la confusion ait eu lieu avant le décès. Par conséquent la confusion qui se

produit sur la tête de l'héritier débiteur de la créance qu'il recueille ne peut l'exonérer du payement des droits. Cette valeur existait dans le patrimoine du défunt,
et lui a été transmise : il a obtenu ainsi gratuitement la libération de sa dette.
Pour cette raison le mari, institué légataire universel de sa femme n'en doit pas
moins déclarer les reprises dont il était débiteur et acquitter les droits dus de ce
chef. (G. Demante, n° 683, p. 349 ; Champ. et Rig., IV, 3639 ; — Sol. 21 déc. 1821 ;
Dict. Fessard, Succ. n° 693 ; — Gourdon 1er juillet 1876 ; 20525 J. ; — Valenciennes 14 fév. 1877 ; 20, 421 J ; 4880 R. p. ; — Vannes 29 août 1872 ; 14,648 — 5 J.).

Toutes les créances doivent être énoncées dans la déclaration de succession,
sans qu'on ait à se préoccuper du plus ou moins de certitude du recouvrement
(Les Andelys 16 mai 1855 ; 16050 J.). Il doit en être de même de celles d'un
recouvrement désespéré par suite de l'insolvabilité des débiteurs. Toutefois la
décision du Ministre des Finances en date du 12 août 1806 autorise les receveurs
à ne pas percevoir le droit de mutation par décès sur les créances auxquelles les
contribuables déclarent renoncer pour la totalité à raison de l'insolvabilité absolue des débiteurs, sauf à réclamer ces droits ultérieurement en cas de recouvrement de ces créances en tout ou en partie. Mais il y a lieu de bien faire remarquer que l'Administration est libre d'admettre ou de repousser à son gré et sans
aucun contrôle la renonciation des héritiers ou légataires à des créances préten-
dues irrécouvrables, qui doivent comme les autres être insérées dans la formule
avec une mention spéciale. La décision du 12 août 1806 institue donc une faveur,
au profit des redevables, dont l'administration peut les faire bénéficier; mais elle
ne crée pas un droit à leur profit, et ce serait en vain qu'ils s'adresseraient aux
Tribunaux pour obtenir la restitution de droits qu'on aurait cru devoir percevoir relativement à ces créances (Seine, 13 févr. 1857 ; 16.478 J. ; 810 R. P. ;
27 août 1858 ; 1122 R. P. ; 13 juin 1863 ; 1870 R. p. ; — Sens, 17 juill. 1863 ;
17717 J. ; Briey 19 avril 1866 ; — St. Marcelin, 25 mai 1870 ; — Bourg, 18 juin
1872 ; — Sancerre 21 avril 1874 ; — Cambrai, 13 août 1874 ; 3961 R. p. ; — Châ-
lons-sur-Marne, 31 déc. 1874 ; 4283 R. P. ; — Versailles 2 fév. 1875 ; — Nice,
10 mai 1875 ; — Mortagne, 26 août 1875 ; Lyon 4 avril 1879 : — Semur, 20 août
1879 ; Domfront 20 juin 1879 ; 5260 R. p. ; — Seine, 4 juin 1880; 5713 R. p. ; —
St. Julien, 30 juin 1880 : — Angers, 30 juill. 1880).

Les créances dépendant d'une succession doivent être déclarées pour leur capital exprimé dans les actes constitutifs, conformément à l'article 14 n° 2 de la loi
du 22 frimaire an VII, et non d'après la déclaration estimative des parties, conformément au n° 8 du même article. On ne peut donc jamais les comprendre
pour une valeur inférieure à leur capital nominal, sous prétexte que leur recouvrement est plus ou moins assuré. L'intégralité de chaque créance, doit être
mentionnée dans la formule en y ajoutant le prorata des intérêts échus
au jour du décès. Si la créance est irrécouvrable en totalité ou en partie,
il n'y a simplement qu'à signaler le fait au receveur, qui décidera s'il y a lieu au
non de l'exonérer des droits. (Cass. 24 avril 1861 ; S., 61, 1, 645 ; D. P., 61, 1,
222). L'estimation des parties ne peut remplacer le capital nominal que pour les
créances certaines dans leur principe, mais indéterminées dans leur quotité,
soit parce que le chiffre est discuté, soit parce qu'il doit être dégagé des opérations d'un compte ou d'une liquidation, sauf la faculté pour l'Administration de
réclamer les droits supplémentaires en cas d'insuffisance d'évaluation dans les
deux ans de la déclaration (Seine 12 août 1881 ; 5857 R. p.).

Le capital nominal doit servir de base à la liquidation de l'impôt, même lorsque la créance a dû être cédée par les héritiers postérieurement au décès, pour un prix moindre. S'ils se contentaient d'indiquer ce prix comme valeur de la créance, ils commettraient une omission passible du double droit (Sol. 12 mars 1880).

Mais si, au lieu d'une cession amiable, il s'agissait d'une cession ordonnée par autorité de justice, il semble, que par dérogation à la règle générale, ou pourrait liquider les droits sur le prix obtenu, sans tenir compte de la valeur nominale de la créance, car toute présomption de dissimulation doit être écartée des adjudications faites en justice. Il n'y a, en effet, aucun motif, pour ne pas appliquer dans l'espèce aux transmissions par décès la dérogation admise au principe de l'article 14-2₀ de la loi du 22 frimaire an VII, pour les transmissions du titre des créances faites par l'intermédiaire de la justice (Cass. 1er avril 1816 ; 19,123 J. ; — Sol. 8 déc. 1829 ; 9505 J. ; Inst. 1307 § 1er).

Quid des créances litigieuses ? Les valeurs soumises à l'éventualité d'une résolution, font partie du patrimoine du de cujus et doivent être déclarées. A l'inverse les valeurs litigieuses ne constituent pas par elles-mêmes un bien héréditaire et ne sont pas soumises à la déclaration dans les six mois du décès. Ces créances sont incertaines dans leur existence, et le défunt n'avait, à leur égard lorsqu'il est mort, qu'un droit plus ou moins fondé subordonné au résultat du litige. Les droits de mutation par décès ne sont dus que dans les six mois du jour où elles ont cessé d'être litigieuses pour devenir certaines par suite d'une transaction ou d'une décision définitive de la Justice. Par suite du résultat du litige ce sont des valeurs qui rentrent dans l'hérédité. Bien que la mutation remonte en droit, à l'époque du décès, les héritiers ont six mois du jour de l'acte ou du jugement pour souscrire la déclaration complémentaire que nécessite cette rentrée dans le patrimoine de leur auteur (Bagnères 13 mai 1872 : 3669 R. P. ; — Nice, 8 févr. 1873 ; — Lure, 29 déc. 1875. — Embrun, 22 mars 1878 ; — Lyon, 8 août 1898 ; 25530 J.). — Il pourrait paraître logique de décider comme l'avait d'abord fait la Cour de Cassation par un arrêt en date du 20 août 1816, que le délai ne courrait que du jour où le jugement faisant rentrer le bien dans l'hérédité a acquis l'autorité de la chose jugée ou, en cas d'appel, du jour de l'arrêt.

Mais c'est la solution contraire qui semble résulter de l'état actuel de la jurisprudence administrative et judiciaire. L'appel est considéré non comme détruisant le jugement qui en est frappé, mais comme en suspendant seulement l'exécution (art. 457, C. proc.) et l'autorité de la chose jugée qui en résulte subsiste tant que le jugement n'a pas été infirmé au réformé par une décision contraire de la Cour. Les droits de mutation doivent donc être payés dans les six mois du Jugement, alors même que les délais d'appel ne soient pas expirés, et alors même qu'appel ait été interjeté (D. M. F., 16 mai 1809, 3235, J. ; — Toulouse, 15 février; 1856 : 611 R. p. ; — Cass. 19 août 1868; S., 68, 1, 416; D. P., 68, 1, 400 ; — 26 janv. 1870; S., 70, 1, 159 ; — Châtellerault, 2 févr. 1875; S., 81, 1, 181; — Cass., 13 fév. 1878 ; S., 78, 1, 475; D. P., 78, 1, 306 ; — Lyon, 8 août 1898 précité).

Doivent être assimilées à des valeurs litigieuses les créances dont l'existence est subordonnée au résultat d'un compte ou d'une liquidation (Nîmes, 14 août 1872).

Lorsqu'une créance n'est litigieuse que pour partie, d'après les règles déjà exposées, on devra comprendre la partie non litigieuse avec les autres biens composant la succession dans la déclaration à souscrire dans les six mois du décès. La partie litigieuse fera l'objet d'une déclaration complémentaire, s'il y a lieu, dans les six mois qui suivront la fin du litige. C'est ce qui se produit, en cas de faillite, lorsqu'avant le décès du créancier la portion susceptible de recouvrement a été fixée, et qu'un nouveau dividende est mis en distribution après le décès. Dans la première déclaration il n'y avait à évaluer la créance que sur la portion restée exigible au moment du décès, d'après le concordat (Dalloz, Enregistrement, n° 4221 : — Grenoble, 20 novembre 1847 : 13549 J :— Nantes, 29 novembre 1850 : D. P., 68, 3, 19 : — Montpellier, 14 juin 1852; D. P., 54, 5, 316 : — Sol. 16 septembre 1863: 17718 J. ; — 11 mai 1866 ; 2489 R. p. ; — 16 fév., 4 mai et 2 juin 1877 ; 2580 et 3019 R. p.). Le dividende acquis postérieurement doit être considéré comme un bien rentré dans l'hérédité et faire l'objet d'une seconde déclaration sur une nouvelle formule.

Les *actions en indemnité* ne sont des valeurs litigieuses soumises aux droits dans les six mois de la fin du litige que tout autant qu'elles ont été intentées par le défunt lui-même. Si elles émanent directement des héritiers, comme les actions en dommages-intérêts intentées par eux à l'occasion de la mort du *de cujus*, elles ne font pas partie de l'actif héréditaire (C. Paris, 15 juin 1868; 2726, R. p, : — Sol. 12 mars 1877).

Les *indemnités de guerre*, pour réparation du dommage causé aux immeubles sont toujours des valeurs successorables susceptibles de déclaration, même lorsqu'elles ont été liquidées postérieurement au décès et touchées par les héritiers au nom du défunt (Sol. 10 mars 1875; — 19 et 20 septembre 1875 ; — C. Paris, 19 avril 1875; S., 75, 2, 179 : — Seine, 25 janv. 1878; 5063 R. p ; Seine, 24 février 1874 ; 3883, R. p.)

Il semble résulter d'une décision ministérielle du 22 avril 1806, qu'on devrait comprendre *pour mémoire* dans la déclaration faite dans les six mois du décès, les actions litigieuses, sauf à les reproduire dans la nouvelle déclaration à souscrire dans les six mois de la réalisation. Néanmoins il importe de remarquer que, contrairement à ce qui existe pour les créances irrecouvrables, le droit de mutation n'est pas dû sur les créances litigieuses. et que la non-perception ne résulte pas ici d'une faveur administrative; or, aux termes de la loi du 22 frimaire an VII, la déclaration est, en principe, inséparable du paiement. La jurisprudence semble admettre pour ce motif qu'il n'est pas nécessaire d'en parler même pour mémoire dans la première déclaration (Orange, 13 avril 1853; D. P., 54, 3, 39; — Calvi, 15 janvier 1866 ; 2235 R. p. — Cass.,26 avril 1870 ; S., 70, 1, 337 ; D. P., 70, 1, 398 ; — Angoulême, 16 décembre 1872: 3669, R. p.)

14° *Rentes sur les Particuliers.* — Les rentes soit perpétuelles soit viagères transmises par décès sont soumises aux droits de mutation par décès et doivent être placées dans la formule après les créances. Il y a lieu à déclaration des rentes viagères, lorsqu'elles sont créées sur la tête de débi-rentiers ou de tiers, car il est évident que, tant que ces débi-rentiers ou ces tiers existent, ces rentes constituent une valeur qui profite aux héritiers ou légataires (Cass. 29 mai 1865; D. P., 65, 1, 363 ; — St.-Etienne, 27 juill. 1870; 3665 R. p. ; — Niort, 24 fév. 1873 ; 2479 et 3754 R. p.). — En cas d'extinction de la rente viagère par le décès du crédi-rentier, toute la portion échue et non payée des arrérages courus au jour du décès fait partie de sa succession et doit être déclarée (Marmande, 2 décembre 1857; R. G. 16471 ; — Champ et Rig., Dict.; V° Fruits, n° 21).

C'est encore à cette place que doivent figurer les rentes de toute nature établies par le *de cujus* lui-même au profit de ses héritiers ou légataires en vertu de ses dispositions testamentaires. Ces rentes ont pris naissance par le décès même de la personne dont on déclare la succession.

La loi du 25 février 1901 a déclaré dans son article 13-3° qu'il n'y avait rien d'innové pour déterminer la valeur imposable des rentes perpétuelles ou non perpétuelles créées à titre onéreux ou transmises, à quelque titre que ce soit, en pleine propriété, et que les règles établies par les paragraphes 2, 7 et 9 de l'article 14 de la loi du 22 frimaire an VII continueraient à être appliquées. Le législateur de 1901 a consacré ainsi législativement l'interprétation donnée par la Jurisprudence aux paragraphes 7 et 9 de la loi de frimaire. On avait pensé tout d'abord qu'en présence des termes employés par le législateur de l'An VII, les règles contenues dans ces deux paragraphes étaient spéciales aux cessions de rentes à titre onéreux et qu'elles étaient inapplicables aux transmissions par décès. On prétendait qu'à défaut de prescriptions se rapportant clairement aux mutations par décès, l'impôt devait être établi d'après l'estimation des parties conformément au paragraphe 8 du même article. (Champ et Rig.. IV, 3667). — Mais la jurisprudence avait toujours soutenu que le n° 8 de l'article 14 de la loi de frimaire était relatif aux meubles et effets mobiliers proprement dits, mais que pour les autres natures de biens il fallait se référer aux règles d'évaluation fixées par le législateur lui-même qui ne pouvaient avoir le caractère restrictif qu'on voulait leur attribuer (Cass. 28 Messidor an XIII ; 2163 J. : — 4 mai 1806 ; Dict. Fessard n° 838). Tel est le principe qui, du reste, avait toujours été appliqué.

Une distinction doit être faite entre les rentes créées avec expression de capital et celles créées sans expression de capital.

Lorsqu'une rente a été créée *avec expression de capital*, c'est ce capital qui représente la valeur de la rente, par conséquent il y aura lieu de le faire connaître dans la formule pour qu'il supporte l'impôt de mutation par décès (Sol. 11 févr. 1875 ; — l. 22 frim. an VII, art, 14-7°).

Cependant on ne pourrait considérer comme un capital constitué, l'évaluation mise par exemple dans un acte de vente d'immeubles aliénés moyennant une rente, lorsque cette évaluation n'a été fournie que pour permettre la liquidation du droit de mutation à titre onéreux. Une fois cette perception faite, son rôle est terminé, et elle ne saurait servir de base à la perception des droits de succession, en cas de transmission par décès de la rente. On devrait considérer celle-ci comme créée sans expression de capital (Sol. 20 avril 1872 ; 19 juill. 1880).

Quand une rente a été créée *sans expression de capital*, le paragraphe 9 de la loi de frimaire décide que la valeur de la rente sera établie, par un capital formé de vingt fois la rente perpétuelle, et de dix fois la rente viagère quel que soit le prix stipulé pour le transport ou l'amortissement. Le droit de mutation par décès est liquidé sur ce capital (Seine, 13 avril 1842 ; Dalloz Enreg., n° 4528 ; — 10 fév. 1866, 3279 R. p.). Une rente perpétuelle créée sans expression de capital doit être capitalisée par 20 pour supporter le droit de mutation par décès, alors même qu'elle serait stipulée rachetable au bout d'un certain temps moyennant une somme fixée d'avance (Sol. 26 août 1875).

Le législateur a déclaré dans le paragraphe 9 de l'article 14 de la loi de frimaire qu'il n'y avait à faire aucune différence, en ce qui concerne l'évaluation, entre les rentes viagères créées sur une tête et celles créées sur plusieurs. Cette règle signifie que la rente doit toujours être évaluée au denier dix, toutes les fois que, pendant sa durée, elle fait l'objet d'une ou de plusieurs transmissions donnant ouverture à l'impôt (Garnier, Rép. Gén. ; n° 13 § 95).

Quand les rentes sont payables *en nature*. la détermination du capital imposable est fixée par l'article 75 de la loi du 15 mai 1818, ainsi conçu : Pour les « rentes et les baux stipulés payables en quantité fixe de grains et denrées dont « la valeur est déterminée par des mercuriales, et pour les donations entre vifs « et les transmissions par décès de biens dont les baux sont également stipulés « payables en quantité fixe de grains et denrées dont la valeur est également « déterminée par des mercuriales, la liquidation du droit proportionnel d'enre- « gistrement sera faite d'après l'évaluation du montant des rentes ou du prix des « baux résultant d'une année commune de la vlaeur des grains ou autres « denrées, selon les mercuriales du marché le plus voisin. On formera l'année « commune d'après les quatorze dernières années antérieures à celle de l'ouver- « ture du droit : on retranchera les deux plus fortes et les deux plus faibles; « l'année commune sera établie sur les dix années restantes. »

A défaut de mercuriales ou s'il existe des lacunes, il doit y être suppléé par les appréciations des autorités locales ou par tous autres renseignements approuvés par l'autorité départementale Dél. 31 mai 1820; 6.784 J. ; — Strasbourg, 22 juin 1835; 12, 246 J.). — Ces diverses évaluations avec les justifications nécessaires doivent être contenues dans la formule de déclaration, lorsqu'elles sont destinées à servir de base à la liquidation de l'impôt.

Quid d'une rente temporaire ? — On a ici à sa disposition une base certaine d'évaluation, et le paragraphe 9 de l'article 14 ne saurait recevoir dans l'espèce son application. Lorsque le crédi-rentier vient à décéder, avant l'expiration de la période prévue pour l'extinction de la rente, à la suite de l'aliénation d'un capital, les héritiers recueillent, en réalité, un capital formé par la somme annuelle multipliée par le nombre d'années restant à courir. C'est ce capital ainsi établi qu'il y a lieu de soumettre à l'impôt (7.420 J.).

15° *Prix d'offices.* — L'office dont le *de cujus* était investi au moment de son décès constitue une valeur dépendant de sa succession ou de sa communauté con-jugale, car cette valeur a un caractère mobilier, et ce qui le prouve, c'est le tarif à 2 % consacré définitivement par l'article 7 de la loi du 25 juin 1841 (Demolombe IX, n° 437; — Perriquet n° 239). Le tarif a été modifié et est devenu progressif, en vertu de l'art. 10 de la loi du 30 juillet 1913, sans que le caractère mobilier de l'office ait été modifié. Il s'agit bien entendu, non de l'office en lui-même, mais de la valeur vénale de l'office. C'est elle qui tombe en communauté, en vertu de l'art. 1.421 du Code civil, sous le régime de la communauté légale ou même sous le régime de la communauté conventionnelle, lorsque le mari en a été pourvu pendant la communauté C. Agen, 2 décembre 1836; S. 37, 2, 309; — Cass. (req.) 8 mars 1843; S., 43, 1, 303; — C. Douai 14 févr, 1843; S., 64, 2, 109; — Pont et Rodière contrat de mariage n° 447; — Aubry et Rau, V, § 507, texte et n. 12; Troplong, contrat de mariage n° 413; — Marcadé, art. 1.499 n° 2; — Durand, n° 291 . Mais cette valeur vénale ne tombe en communauté que suivant les règles ordinaires, sinon elle reste propre au mari (Duranton n° 130; Marcadé sur l'art. 1403. Dans tous les cas elle est soumise aux droits de mutation par décès, en cas de mort du titulaire soit pour la moitié, soit pour le tout. Il en est ainsi, aussi-tôt après la nomination du titulaire. alors même qu'il serait décédé avant d'avoir prêté serment Abbeville 22 août 1842; 13.092 J.; — Troyes, 4 décembre 1872; D. P., 73, 5, 234; — Dalloz C. ann., n° 10, 604; — Sol. 4 août 1879; 21.175 J.).

Il importe de remarquer que l'instruction 2954, en donnant la liste de l'ordre des différents biens à déclarer parle du *prix d'offices* et *non des offices* en eux-mêmes. C'est qu'en effet, le droit de propriété sur les offices est d'une nature toute particulière. Celui qui en est pourvu a, sans doute, le droit d'user et de jouir des prérogatives et avantages réservés à la fonction qu'il occupe ; mais ce droit n'est pas dans le commerce et ne se transmet pas par la seule volonté des parties. Aux termes de l'article 91 de la loi du 28 avril 1816, ce qui peut faire l'objet des conventions privées, c'est seulement le droit réservé aux officiers ministériels de présenter leurs successeurs, à la différence de ce qui existe pour les véritables fonctionnaires, qui ne peuvent que donner purement et simplement leur démission (Demolombe IX, n° 438) C'est ce droit de représentation qui constitue toute la valeur vénale de l'office, car il ne s'accorde que moyennant un prix stipulé d'avance et qui doit consister toujours en une somme d'argent, pour que l'administration puisse s'assurer qu'il est en rapport avec la valeur de l'office (Cir. min. just. 28 juin 1849 ; — D. P., 49, 3, 62). — En cas de mutation par décès, c'est donc le prix de l'office qui est transmis aux héritiers, et ce prix, même en cas de transmission gratuite, est toujours soumis à l'approbation de la Chancellerie. C'est lui qui, en principe, servira de base à la perception de l'impôt. Le prix fait simplement l'objet d'une proposition des parties, sur laquelle le gouvernement statue (C. Orléans, 31 mars 1855 ; D. P., 55, 2, 225). Dans cette matière les contre-lettres, quoique très fréquentes, sont nulles à l'égard de tous, comme contraires à l'ordre public. L'Administration ne saurait donc s'en prévaloir, pour exiger un supplément de droit quelconque (C. Rouen 23 décembre 1840 ; S., 41, 2, 127 ; — Cass. (req.), 7 juill. 1841 (2 arrêts) ; S., 41, 572, 693 ; — C. Rennes, 28 août 1841 ; S., 41, 2, 495 ; — Cass. 7 mars 1842 ; S., 42, 1, 196 ; — C. Rouen, 18 fév. 1842 ; S.,42, 2, 201 ; — C. Metz, 14 fév. 1843 ; S., 43, 2, 449 ; — C. Paris, 3 juin 1843 ; S., 43, 2, 22 ; — C. Bourges, 27 janv., 1843 ; D. P., 43, 2, 188 ; — Cass. civ., 30 juill. 1844 ; S , 44, 1, 584 ; — 22 juin 1847 ; D. P., 47, 4, 347 ; — Dalloz. Rep., V° Office n° 213 ; — Durand, n° 225 ; — Aubry et Rau, IV, § 345, n° 10 ; — Larombière, Oblig., art. 1235 n° 11).

A cause du caractère tout spécial de la propriété des offices, le législateur de 1841 a introduit des règles spéciales, en cas de transmission par décès, lorsqu'un héritier unique ou l'un des héritiers du titulaire décédé lui succède comme titulaire dudit office. L'article 9 de la loi du 25 juin 1841 partie : « La perception « aura lieu conformément à l'article 7, lorsque l'office transmis par décès pas-« sera à l'un des héritiers ; lorsqu'il passera à l'héritier unique du titulaire, le « droit de 2 % sera perçu d'après une déclaration estimative de la valeur de l'of-« fice et des objets en dépendant. — Cette déclaration sera faite au bureau de « l'enregistrement de la résidence du titulaire décédé. La quittance du receveur « devra être jointe à l'appui de la demande du successeur.

« Le droit acquitté sur la déclaration ou sur le traité fait entre les cohéritiers « sera imputé jusqu'à due concurrence, sur celui que les héritiers auront « à payer lors de la déclaration de succession, sur la valeur estimative de l'office, « d'après les quotités fixées pour les biens meubles par les lois en vigueur. » Par conséquent, si le premier de ces droits est supérieur au second, il ne sera rien perçu sur la déclaration de succession, en ce qui concerne l'office ; s'il lui est inférieur, l'excédent sera payé pour les héritiers lors de cette déclaration (Conf. Sol. 9 mars 1850).

Il importe donc de bien distinguer le prix de l'*office* des autres valeurs héréditaires mentionnées dans la formule, lorsqu'un des successibles a succédé au *de cujus* dans les fonctions résultant du dit office, car le receveur doit faire une liquidation spéciale des droits de mutation par décès dus à raison du prix de cet office, pour en déduire les droits de cession à 2 p. % (2 fr. 50 % avec les décimes) ou d'après le tarif progressif établi par la loi du 30 juillet 1913. Il est essentiel de remarquer que cette déduction autorisée par la loi de 1841 ne saurait être faite sur le total des droits de mutation par décès exigibles, mais seulement sur les parts de ces droits afférent au prix de la cession. Toutefois il ne faudrait pas en conclure que la déduction doit être faite proportionnellement sur chaque part malgré l'avantage que le Trésor pourrait en retirer. Ainsi s'il y a un héritier en ligne directe (ascendant) et les autres en ligne collatérale, il ne faudrait pas, sous l'empire de la législation antérieure à la loi de 1901, diviser le droit de cession en autant de parts héréditaires qu'il y a d'héritiers et la retrancher de la part de droits de succession due par chacun d'eux. Ce serait aller contre le texte de la loi. Les droits de mutation par décès dus sur le prix de l'office sont totalisés et de ce total on retranche le droit de cession.

Sous l'empire de la loi de 1901, la liquidation se fait sur chaque part. Néanmoins la loi de 1841 n'ayant pas été modifiée, il ne semble pas possible de diviser les droits de cession entre chaque part. A notre avis le receveur doit encore réunir le montant des droits dus, par suite du décès, sur le prix de l'office et ne réclamer aucun droit complémentaire s'ils sont inférieurs au droit perçu.

Ces règles de perception sont importantes à connaître de ceux qui rédigent des formules de succession, car il est nécessaire de rappeler au receveur par une mention spéciale les dispositions de la loi du 25 juin 1841, afin qu'il n'omette pas d'opérer la déduction prévue par la loi.

La loi du 25 juin 1841 établit une dérogation à la règle générale en matière de mutation par décès. L'imputation du droit de 2 % ou des droits progressifs par tranches établis par l'art. 10 de la loi du 30 juillet 1913 sur les droits de succession dûs spécialement sur le prix de l'office n'est ainsi autorisée que dans le cas où un des héritiers ou l'héritier unique succède à l'office vacant; elle est interdite, si l'office est cédé à un tiers par l'héritier unique ou par les héritiers. Ce tiers doit acquitter le droit de cession sur le prix contenu dans le traité passé entre lui et les héritiers; et ceux-ci sont redevables des droits de mutation par décès sur la valeur totale de l'office, selon leur degré de parenté avec le titulaire décédé (Champ. et Rig., VI, 284). L'article 9 de la loi du 25 juin 1841 exige, en outre, pour que l'imputation du droit de cession sur les droits de succession ou *vice versa* puisse avoir lieu, que la cession soit acquise à l'héritier par vocation héréditaire. La condition ne se trouverait plus remplie, si le titulaire avait été destitué avant son décès, car la destitution a pour résultat de priver le titulaire du droit de présentation. Si le nouveau titulaire est l'héritier du destitué, celui-ci ne tient pas son droit du défunt et n'est pourvu de l'office qu'en vertu de l'ordonnance du chef de l'Etat. L'imputation des droits est, dès lors, impossible (Périgueux, 5 décembre 1850; 15 et 21 J.).

Il y a lieu de faire observer encore que l'imputation n'est jamais admise qu'en ce qui concerne le droit de cession de l'office à 2 % ou aux droits progressifs par tranche de la loi du 30 juillet 1913 (art. 10) et non pour les autres droits perçus lors de l'enregistrement du traité sur les dispositions indépendantes qu'il pourrait renfermer. C'est ce qui résulte du caractère restrictif de la loi de 1841.

Quid des recouvrements ? — Il arrive assez souvent que, lors de la cession d'un office ministériel, le cédant transmet en même temps au cessionnaire les créances qui lui sont dues pour frais et honoraires. Mais ces créances sont la propriété privée du titulaire et il peut se les réserver. Cette réserve est parfaitement légale, pourvu qu'elle ne se complique pas de l'existence d'une contre-lettre, et elle comprend non seulement les recouvrements exigibles au moment de la cession, mais encore les droits éventuels à percevoir postérieurement à la cession sur des donations entre époux ou des testaments (C. Paris 19 janv. 1850; S., 50, 2, 12; — 8 juin 1850; S., 50, 2, 457; — C. Grenoble, 27 mars 1857; D. P., 57, 1, 197; — C. Dijon, 24 novembre 1857; D. P., 58, 2, 36; — Cass. civ. 20 avril 1858; D. P., 58, 1, 197; — C. Rouen, 4 févr. 1870; S., 70, 2, 329).

Cette réserve est de règle constante, en cas de destitution. L'indemnité fixée par le gouvernement ne correspond dans cette hypothèse qu'à la valeur de l'office et non aux recouvrements qui restent la propriété privée du destitué et dont l'Etat n'a pas le pouvoir de l'en dessaisir.

Dans tous les cas de réserve des recouvrements la règle est identique en cas de transmission par décès. Cette réserve conserve, dans le patrimoine héréditaire toutes les créances résultant des recouvrements à faire et il est indispensable de les comprendre, en plus du prix de l'office, sous le titre qui leur convient, en se conformant aux modes d'évaluation et aux diverses règles que nous avons précédemment exposées, en nous occupant des créances. (C. Lyon, 28 juin 1845; S., 46, 2, 383).

Quid de l'indemnité, en cas de destitution ? L'indemnité accordée, en cas de destitution, appartient d'abord aux créanciers du titulaire, qui la touchent en vertu d'une faveur du gouvernement, sans qu'elle passe dans le patrimoine du destitué. La somme ainsi payée n'est pas considérée comme le prix de l'office, mais comme un dédommagement au profit des créanciers de l'officier ministériel (Cass. civ. 7 juillet 1847; S., 47, 1, 496; D. P., 47, 1, 257; — C. Bordeaux, 12 janv. 1857; S., 57, 2, 198; D. P., 57, 2, 101). Par conséquent en cas de décès de celui-ci, l'indemnité ne fait pas partie de sa succession et ses héritiers échappent de ce chef à l'impôt de mutation (Saverne, 9 déc. 1845; D. P. 46, 4, 247).

Mais après le désintéressement des créanciers, l'indemnité fixée par la Chancellerie appartient à l'officier ministériel destitué ou à sa famille (Cons. d'Etat. 17 fév. 1853; S., 53, 2, 733; Lebeau, p. 240). Il en résulte que la portion de cette indemnité qui revient aux héritiers, après le payement des créanciers, forme une valeur active de l'hérédité et, comme tous les autres biens composant le patrimoine, doit supporter l'impôt de succession et être pour ce motif indiquée dans la formule.

16° *Fonds de Commerce, y compris les marchandises attachées au fonds.* — Le fonds de commerce forme une universalité un *jus universum* dont l'existence est indépendante de celle des éléments qui le composent. Il a eu lui-même une existence propre et une valeur particulière (C. Paris, 22 Mars 1834; S., 34, 2, 190; — 27 Mars 1841; S., 41, 2, 529; — Cass. 13 décembre 1842; S., 43, 1, 22). Mais cette universalité n'est que la résultante des éléments matériels et immatériels qui lui sont propres et dont il faut tenir compte, afin de pouvoir déterminer et évaluer d'une façon précise, à l'endroit de la formule où nous sommes arrivés, la valeur totale du fonds de commerce au point de vue successoral.

Un fonds de commerce comprend trois éléments constitutifs, qu'il y a lieu de réunir pour connaître la valeur à déclarer : ce sont: 1° l'achalandage, c'est-à-dire la notoriété et les pratiques ; 2° le droit au bail ; 3° l'agencement, le mobilier des bureaux, boutiques et magasins, ainsi que tous les autres objets servant à l'exploitation du fonds, c'est-à-dire le matériel. (Briey, 15 janv. 1880; 21227 J.). L'achalandage, malgré sa nature spéciale, doit entrer en ligne de compte pour l'évaluation du fonds de commerce, on lui reconnait le caractère d'un bien mobilier, dépendant de la succession du négociant et soumis au droit de mutation par décès (Seine, 21 mars 1839; 12282 J.; — Cass. 13 juill. 1840; S., 40, 1, 586; — Seine, 7 mai 1840; 12540 J.; — 28 mai 1851; 15214 J.; — Rouen 17 mars 1856; 16249 J.). Peu importe donc que cette valeur dépende en grande partie de l'habileté du négociant et disparaisse avec lui, du moment qu'elle est transmise, on doit l'estimer telle qu'elle était à l'époque du décès.

Les marchandises qui se trouvaient dans le commerce, lorsque le négociant est décédé, font partie du fonds et doivent être déclarées avec lui. Il ne faut pas les faire figurer parmi les meubles meublants ordinaires, en les détaillant dans l'état dont nous aurons bientôt l'occasion de parler. Si on veut en fournir le détail avec une estimation article par article, c'est un état spécial qu'il faut produire, et ne pas manquer de faire savoir que ces marchandises sont attachées au fonds de commerce. Cet état n'est pas, du reste, exigé par la loi. Les marchandises existant au décès servent à augmenter la valeur du fonds de commerce, mais elles sont estimées dans leur ensemble, elles accroissent le *jus universum* transmis aux héritiers. L'Instruction 2954 s'est suffisamment expliquée à ce sujet dans le titre qui nous occupe.

Le fonds de commerce doit être placé parmi les biens incorporels et faire, en principe, l'objet d'une évaluation distincte en dehors du revenu capitalisé ou de la valeur vénale des immeubles servant à son exploitation (Cass. 13 juill. 1840). Il est donc essentiel de ne pas majorer la valeur de ces immeubles, en faisant rentrer dans son évaluation la clientèle du fonds de commerce, de façon à pouvoir faire dans la déclaration de succession la distinction exigée par la loi, tout en ne soumettant à l'impôt que la valeur imposable. Sans doute, si la valeur attribuée aux immeubles du fonds de commerce comprenait en même temps l'achalandage de ce fonds, le Trésor se trouverait ainsi désintéressé et aucun supplément de droit ne pourrait être exigé par la Régie (Conf. Sol. 19 mars 1879). Mais cette façon de procéder serait irrégulière, au point de vue légal, et il importe de s'en abstenir. Chaque bien doit être estimé selon les distinctions établies par le législateur; or, tout en acquittant entièrement l'impôt, on peut se créer des difficultés, lorsqu'on ne se soumet pas complètement aux dispositions de la loi.

Quoique bien incorporel, le fonds de commerce a, néanmoins, dans la plupart des cas, une assiette déterminée, sa valeur étant le plus souvent inséparable du lieu où il s'exploite et où se sont concentrés tous les rapports d'affaires qui le constituent. En règle générale, pour déterminer si la valeur d'un fonds de commerce doit être comprise dans la déclaration d'une succession régie par la loi française, on tient compte non du caractère incorporel de ce fonds, mais de la situation principale des divers éléments qui le composent. Un fonds de commerce situé à l'étranger est donc ordinairement affranchi des droits de mutation. (Pontarlier, 26 novembre 1889; confirmé par Cass. req. 9 novembre 1891, n° 23702 J.). — On doit donc se garder de comprendre ce fonds de commerce situé à l'étranger comme une valeur incorporelle dans la déclaration à souscrire et aucune réclamation ne peut venir de ce chef, d'après la jurisprudence que nous venons de citer. On doit d'autant mieux s'abstenir de le faire figurer dans la formule, que l'Administration déclare les droits régulièrement perçus dans l'espèce, et non susceptibles d'être restitués, lorsqu'il a été déclaré en dehors de ses éléments matériels tels que le matériel, l'agencement, les marchandises, le droit au bail, sous prétexte que son existence n'est pas liée au local où il est établi (Sol. 22 juin 1897 ; 9285 R. P. ; 1505 Rev. enreg.).

17° *Meubles corporels* (*meubles et objets mobiliers, navires et bateaux, etc.*). — On comprend sous ce titre toutes les valeurs mobilières qui n'ont pas été précédemment passées en revue, tels sont par exemple les meubles meublants, les tableaux, les pierreries, les médailles, le linge de corps, les équipages, les armes, le vin, les porcelaines de toute espèce. A cette énumération forcément incomplète, il importe d'ajouter non seulement le foin et les autres récoltes engrangées, mais encore les grains coupés et les fruits détachés, quoique non enlevés, ainsi que les arbres des coupes ordinaires des bois taillis ou de futaies, au fur et à mesure qu'ils sont abattus. Ces diverses récoltes une fois détachées du sol ont perdu leur caractère immobilier, même envers les créanciers inscrits sur les immeubles qui les ont produits et doivent, par suite, être déclarées en dehors de ces immeubles (C. Angers, 30 novembre 1898 ; — Cass. réq. 26 novembre 1900 ; Inst. n° 3061, § 5).

Au point de vue de la détermination de la matière imposable des meubles corporels, l'article 11 de la loi du 25 février 1901 s'exprime ainsi :

« L'article 3 de la loi du 21 juin 1875 est modifié ainsi qu'il suit :

« La valeur de la propriété des biens meubles est déterminée pour la liqui-« dation et le payement du droit de mutation par décès :

« 1° Par l'estimation contenue dans les inventaires ou autres actes passés dans « les deux années du décès ;

« 2° Par le prix exprimé dans les actes de vente, lorsque cette vente a lieu « publiquement et dans les deux années qui suivent le décès. Cette disposition « s'applique aux objets inventoriés et estimés conformément au paragraphe 1er « et dont l'évaluation serait inférieure au prix de vente :

« 3° A défaut d'inventaire, d'actes ou de vente, en prenant pour base 33 % de « l'évaluation faite dans les polices d'assurances en cours au jour du décès et « souscrites par le défunt ou ses auteurs moins de cinq ans avant l'ouverture de « la succession, sauf preuve contraire. Cette disposition ne s'applique pas aux « polices d'assurances concernant les récoltes, les bestiaux et les marchandises

« 4° Enfin, à défaut de toutes les bases d'évaluation établies aux trois paragra-« phes précédents, par la déclaration faite conformément au paragraphe 8 de « l'article 14 de la loi du 22 frimaire an VII.

« L'insuffisance dans l'estimation des biens déclarés sera punie d'un droit en « sus, si elle résulte d'un acte antérieur à la déclaration. Si, au contraire, l'acte est « postérieur à cette déclaration, il ne sera perçu qu'un droit simple sur la diffé-« rence existant entre l'estimation des parties et l'évaluation contenue aux actes. »

La loi du 25 février 1901 a ainsi ajouté un nouvel élément à ceux déjà établis par les lois antérieures : la police d'assurances contre l'incendie, pour la détermination de la valeur imposable des objets mobiliers transmis par décès. Mais cet élément nouveau n'intervenait sous l'empire de cette loi qu'à défaut de ventes publiques, d'*inventaires* ou de tous autres actes estimatifs permettant de déterminer le capital représenté par ces objets : il était seulement préféré à l'estimation des parties telle qu'elle est prévue par l'art. 14-8° de la loi de frimaire an VII Ce n'est plus qu'à défaut d'assurance contre l'incendie que l'estimation détaillée dans un état sur papier timbré devait être produite, conformément à l'article 27 de la loi du 22 frimaire an VII.

La loi du 30 juin 1923 a décidé dans son article 20 paragraphe 2, qu'à défaut d'actes de vente, la valeur de la propriété des meubles meublants serait déterminée, en prenant pour base 60 % de l'évaluation faite dans les contrats ou conventions d'assurances en cours au jour du décès et conclus par le défunt, son conjoint ou ses auteurs moins de dix ans avant l'ouverture de la succession, sauf preuve contraire. Mais les polices d'assurances concernant les récoltes, les bestiaux et les marchandises, ainsi que les voitures automobiles ne tombent pas sous l'application de cette disposition légale et ne peuvent pas servir à déterminer dans l'espèce la matière imposable.

Les polices d'assurances passent ainsi en deuxième ligne dans l'ordre des préférences. Le législateur de 1923 les préfère aux inventaires et aux autres actes qui accompagnent l'ouverture de la liquidation des successions. En outre le forfait applicable aux estimations des dites polices d'assurances est porté de 33 % à 60 % et le délai pendant lequel ces contrats peuvent servir de base à la perception des droits, est étendu de cinq ans à dix ans.

Le texte nouveau a intentionnellement substitué les expressions « *contrats ou conventions d'assurances,* » aux mots « *polices d'assurances* » qui figuraient dans l'article 11 de la loi du 25 février 1901, spécifiant ainsi que l'assurance doit être prise pour base, même lorsqu'elle n'a pas fait l'objet de conventions écrites, comme cela se produit parfois dans certaines sociétés mutuelles.

Lorsqu'un contrat d'assurance contre l'incendie est indiqué dans une formule de déclaration de succession pour déterminer la valeur du mobilier, il faut désigner la compagnie qui garantit l'assurance en mentionnant, s'il y a lieu la date et le numéro de la police, ainsi que les autres renseignements qui pourraient la concerner et seraient susceptibles de l'identifier.

L'article 6 de la loi du 31 mars 1903 impose aux redevables une obligation nouvelle, afin qu'ils ne perdent pas de vue la disposition de l'article 11 de la loi du 25 février 1901 relative aux polices d'assurances. Depuis la promulgation de cette loi les héritiers, donataires ou légataires sont tenus de faire connaître si les meubles transmis faisaient l'objet d'un contrat d'assurance contre l'incendie en cours au jour du décès. Au cas de l'affirmative ils doivent indiquer 1° la date du contrat, 2° le nom ou la raison sociale et le domicile de l'assureur, et 3° le montant des risques.

Toutes les fois qu'une déclaration contient des meubles susceptibles d'être assurés, à défaut des bases d'évaluation admises par le premier paragraphe de l'article 11 de la loi de 1901, les parties doivent s'expliquer d'une façon catégorique sur l'existence ou la non-existence d'une police d'assurance. Ce n'est que sur leur affirmation de la non-existence de cette assurance, qu'elles sont admises à évaluer elles-mêmes les meubles transmis par décès, suivant les dispositions de l'art. 14 8° de la loi de frimaire (Sénat, séance du 27 mars 1903. J. O. p. 676). Dans toutes les déclarations comprenant des meubles de cette nature, cette mention s'impose, et la nécessité de faire connaître les polices d'assurances s'étend même à celles souscrites plus de cinq ans, ou plus de dix ans, depuis la loi de 1923, avant l'ouverture de la succession ; mais dans ce cas, conformément à la loi de 1901, elles ne sont consultées qu'à titre de simples renseignements et ne servent pas de base légale à la liquidation des droits (Chambre, séance du 7 février 1903. J. O., p. 545).

Les déclarants sont donc obligés de s'expliquer dans la formule sur l'assurance ou la non assurance des meubles corporels déclarés, sous peine de voir leur déclaration réputée non existante en ce qui concerne les dits meubles, et de se voir réclamer ensuite les droits simples et en sus, ou même de se voir rejeter purement et simplement leur déclaration, si celle-ci ne contenait que des objets mobiliers tombant sous l'application de l'article 11 précité.

Est assimilée à la déclaration qui ne contient aucune mention relative aux contrats d'assurances celle qui, tout en constatant l'existence d'une police, ne renferme pas les indications concernant la date, le nom et le domicile de l'assureur et le montant des risques.

La présomption résultant du contrat d'assurance n'est qu'une présomption simple *jure tantum* et non une présomption absolue *juris et de jure*. Les héritiers sont donc autorisés à établir par tous les modes de preuve admis en matière d'enregistrement, que l'évaluation de la police a été majorée de telle sorte que la valeur réelle des objets assurés était inférieure au moment du décès à 60 % de cette évaluation, ou qu'une partie des meubles figurant au contrat ont été vendus ou détruits sans que le fait ait été constaté par un avenant (Chambre, séance du 16 novembre 1900 J. O., p. 2102 ; Rapport de Mr Monestier, sénateur, du 31 décembre 1900 ; J. O. doc. parl., p. 978). Il est donc indispensable de s'expliquer dans la formule en mentionnant ces divers modes de preuves, lorsqu'on a de justes motifs de ne pas accepter pour la liquidation des droits, la base légale établie par la loi du 31 mars 1903 et par celle du 30 juin 1923.

Peu importe au surplus que la police d'assurance en cours au décès, ait été souscrite à l'étranger par un assureur étranger ayant ou non une succursale en France.

De ce qui précède il résulte que la première base d'évaluation des objets mobiliers transmis par décès est, sous la législation actuelle comme sous la législation de frimaire, celle résultant de l'estimation contenue dans l'inventaire. Lorsqu'il en existe un, il faut, par conséquent, reproduire le total de la valeur du mobilier qui s'y trouve mentionné. Il suffit d'indiquer la date de l'inventaire avec le nom et la résidence de l'officier public qui l'a dressé. Toutes les autres valeurs, quoique contenues dans le dit inventaire, doivent être reproduites dans la formule de déclaration. Il n'y a d'exception, d'après la loi de frimaire, que pour les meubles dont nous nous occupons en ce moment.

L'article 3 de la loi du 21 juin 1875, a assimilé aux inventaires les autres actes (tels que partages, transactions, cessions etc.) de nature à faire connaître la véritable valeur des biens meubles transmis.

En même temps ce même article 3, veut qu'on prenne pour base des déclarations de mutation par décès, le produit des ventes publiques de meubles, alors même que les objets vendus auraient été estimés dans un inventaire, dans un partage ou autres actes estimatifs, lorsque la valeur du produit réalisé est supérieure à celle de l'estimation de l'inventaire, etc. (Lyon 7 juin 1895 ; J. E., 24928 ; — Le Havre, 19 juin 1897 ; J. E. 25243 ; — Sol. 25 février 1898 ; R. P. 4907).

L'article 11 de la loi du 25 février 1901 a reproduit ces diverses dispositions de la loi de 1875, en n'y intercalant que la présomption résultant des polices d'assurances.

A défaut d'inventaire, d'actes ou de vente publique, à défaut de police d'assurance régulièrement certifiés par les parties, l'estimation des redevables sert à liquider l'impôt sur les meubles corporels. Mais le détail ne doit dans aucun cas être inséré dans la formule, à moins que le déclarant ne sache pas signer. On se réfère alors à un état estimatif, dressé sur une feuille de papier timbré, que, conformément à l'article 27 de la loi du 22 frimaire an VII, les héritiers légataires ou donataires doivent apporter à l'appui de leurs déclarations. Le total seul doit être mentionné dans la formule. En ce qui concerne les meubles corporels, le détail fourni dans cet état estimatif constitue, en réalité, la déclaration détaillée exigée par la loi. (Tours, 7 novembre 1890 ; J. E., 23,815).

Les successions ouvertes avant la promulgation de la loi du 25 février 1901 ne sont soumises qu'aux dispositions de la loi du 21 juin 1875, et, par suite, les polices d'assurances ne peuvent jamais servir à déterminer la valeur imposable des meubles corporels. — Le prix de vente des meubles doit servir à la liquidation des droits de mutation par décès pour ces successions comme pour celles soumises à la loi nouvelle, soit à défaut d'inventaire, soit lorsque l'estimation de l'inventaire est inférieure au produit réalisé.

Les articles 3 et 4 de la loi du 23 août 1871 assujettissent aux droits de mutation par décès toutes les valeurs mobilières étrangères de quelque nature qu'elles soient dépendant des successions régies par la loi française. Malgré le contrat d'assurance en cours lors du décès, il n'en sera pas tenu compte pour leur estimation.

Sauf cette réserve les contrats d'assurances, servent obligatoirement de base à la détermination de l'impôt, après les ventes de meubles, à l'exclusion des assurances relatives aux récoltes, bestiaux et marchandises. Peu importe que la police eut été souscrite *à l'étranger* par un assureur *étranger* ayant ou non une succursale en France. Du moment qu'elle garantit contre l'incendie des objets mobiliers *situés en France*, elle est par cela même susceptible dans la mesure fixée par la loi de déterminer la valeur imposable (Besson, Réforme des SS^{ons} n° 208 p. 192).

De ce qui précède, il résulte que les bases pour la détermination des valeurs mobilières sont, d'après la législation actuelle, (30 juin 1923 art. 20-22):

1° Les *ventes publiques des meubles*, c'est-à-dire celles réalisées avec publicité et concurrence par le ministère d'un officier public, à la condition qu'elles interviennent dans les deux années du décès.

2° Les *polices d'assurances*, telles qu'elles sont définies ci-avant.

3° Les *inventaires et autres actes*, à défaut de vente publique et d'assurance, serviront de base à la détermination de la valeur imposable, en établissant une distinction entre les meubles meublants et les autres biens meubles corporels.

En ce qui concerne les meubles meublants, définis par l'article 534 du Code civil, il n'y aura lieu que de retenir les inventaires dans les formes prescrites par l'article 943 du code de Procédure Civile. Sont donc formellement exclus les inventaires, qui ne rempliraient pas ces conditions, ainsi que les autres actes, tels que partages, délivrances de legs. etc.

Les inventaires et autres actes d'après la loi du 30 juin 1923, comme d'après la loi de frimaire, fixeront la valeur de la propriété des biens meubles corporels autres que les meubles meublants, tels que les bestiaux et récoltes ne révélant pas le caractère d'immeubles par destination, marchandises, voitures automobiles non rattachées à une exploitation immobilière par le propriétaire du fonds etc.

4° Une *déclaration estimative et minimum forfaitaire de 5 %*. — S'il n'existe ni vente publique, ni assurance, ni inventaire établi dans les formes légales, pour les meubles meublants, ni d'autres actes tels qu'un inventaire pour les autres meubles, les héritiers, donataires ou légataires doivent faire une estimation des meubles (art. 14-8,1. 22 frim. au VII). Cette estimation est faite article par article dans un état sur papier timbré daté et signé comme la déclaration elle-même du nom du déclarant. Cet état est annexé à la formule de déclaration (art. 27 l. 22 frim. an VII). Mais le paragraphe 4 de l'article 20 de la loi du 30 juin 1923 déclare que cette estimation ne pourra être inférieure à 5 % de l'ensemble des autres valeurs mobilières et immobilières de la succession, sauf preuve contraire. — Si on opte pour ce forfait en ce qui concerne les meubles meublants, il n'est plus nécessaire de fournir un état détaillé, une simple mention expresse insérée dans la formule suffit.

Ce forfait n'est qu'une simple présomption *jure tantum*, cédant devant la preuve contraire administrée dans les formes compatibles avec la procédure écrite.

Successions anciennes. — Le principe de la non-rétroactivité est applicable pour les successions ouvertes avant la promulgation de la loi du 30 juin 1923, comme pour celles antérieures à la loi du 25 février 1901. — Pour ces dernières les polices d'assurance ne peuvent jamais servir à déterminer la valeur imposable des meubles. — Pour les premières, elles ne viennent qu'en 3° rang et le prix de vente des meubles dans les deux hypothèses, ne doit servir à la liquidation des droits de mutation par décès qu'à défaut d'inventaire, ou lorsque l'estimation de l'inventaire est inférieure au produit réalisé.

Valeurs mobilières étrangères. — Les articles 3 et 4 de la loi du 23 août 1871, assujettissent aux droits de mutation par décès toutes les valeurs mobilières étrangères de quelques valeurs qu'elles soient, dépendant des successions régies par la loi française. Malgré la généralité des textes, il semble qu'il n'y ait lieu de déclarer que les meubles incorporels. Les meubles corporels ont une assiette fixe et, à la différence des valeurs mobilières incorporelles, ne sont pas inhérentes à la personne du créancier ; ils ne se meuvent pas avec lui et ne font pas partie du patrimoine de ce créancier en quelque lieu qu'il se trouve. — L'article 3 de la loi de 1871, qui a ajouté aux valeurs déjà soumises à l'impôt par les lois des 18 mai 1850 (art. 7) et 13 mai 1863 (art. 11) les *créances, parts d'intérêt, obligations des villes et établissements publics*, et, sous une expression générique, *toutes les valeurs mobilières étrangères, de quelque nature qu'elles soient* n'a entendu désigner ainsi que les *valeurs mobilières incorporelles*, laissant de côté les meubles corporels que le de cujus pouvait posséder à l'étranger. — L'article 4 de la même loi ne fait qu'interdire les dispositions de l'article précédent aux successions des étrangers domiciliés en France *avec* ou *sans autorisation* : il ne vise également que les valeurs incorporelles étrangères. — Cette interprétation des articles 3 et 4 de la loi du 23 août 1871, semble consacrée par le paragraphe 3, *in fine* de l'Instruction 2413.

Navires et Bateaux. — L'instruction 2934 a rangé parmi les meubles corporels les navires et les bateaux. Cette classification est exacte en droit. Elle résulte de l'article 190 du code de commerce ainsi conçu : « Les navires et autres bâtiments, de mer sont meubles ». Cependant à raison de leur masse et de leur valeur ils sont des meubles d'une espèce particulière, si bien que les navires étaient autrefois dans certaines parties de la France considérés comme immeubles. Ils s'en rapprochent encore sur certains points dans notre législation actuelle, puisque, depuis la loi du 10 décembre 1874, ils sont susceptibles d'hypothèques, tout en ayant conservé leur caractère mobilier.

Les navires dépendant des successions ouvertes antérieurement à la promulgation de la loi du 25 février 1901 doivent être déclarés au bureau de l'arrondissement, dans lequel se trouve situé le port où ils sont immatriculés, c'est-à-dire le port d'attache, sans qu'on ait à se préoccuper de leur situation au moment du décès (17,793 J. ; — Sol. 18 octobre 1875). — Pour les successions soumises à la loi nouvelle, ils doivent être déclarés au domicile du défunt avec les autres biens héréditaires, conformément à ce qui a été expliqué précédemment (art. 16 l. 25 février 1901).

D'après la nomenclature de l'Instruction 2954, on pourrait croire que les bateaux et les navires, étant des meubles corporels, n'ont pas besoin de figurer spécialement dans la formule, qu'il suffit de les comprendre dans la masse des meubles et dese référer purement et simplement au partage, à l'inventaire ou aux autres actes estimatifs, ou bien de les faire figurer simplement avec les autres meubles dans l'état estimatif qui, à défaut d'autres modes d'évaluation, doit être joint à la déclaration (l. 22 frimaire an VII, art. 27-4° — l. 25 février 1901, art. 11 — 4°). Cette conclusion serait exacte pour les barques et les petits bateaux, surtout pour ceux qui circulent dans un bassin ou sur un cours d'eau faisant partie des propriétés du de cujus. Mais elle ne nous semble pas pouvoir être acceptée pour les gros bateaux et particulièrement pour les grands navires susceptibles d'hypothèques. A cause de leur importance ils ont droit à une mention spéciale dans la formule de déclaration et il y a lieu de la leur accorder.

La valeur des bateaux et des navires doit être déterminée pour la liquidation et le payement des droits de mutations, par décès, conformément à l'article 11 de la loi du 25 février 1901, par l'estimation contenue dans les inventaires ou autres actes passés dans les deux années du décès, ou par le prix exprimé dans les actes de vente, lorsque cette vente a eu lieu publiquement et dans les deux années qui suivent le décès, si ce prix est supérieur à l'estimation de l'inventaire. Mais, à défaut d'inventaire, d'actes ou de ventes, il semble difficile d'admettre, en présence du silence du législateur sur ce point, qu'on puisse déterminer la valeur du navire, en prenant pour base 33% ou 60% de l'évaluation faite dans les polices d'assurances en cours au jour du décès et souscrites par le défunt ou ses auteurs moins de cinq ans ou de dix ans avant l'ouverture de la succession, comme cela est prescrit, sauf preuve contraire, pour les meubles ordinaires, par le n°3 de notre article 11. Les polices d'assurances maritimes garantissent des risques autrement considérables que les polices d'assurances ordinaires, les bases d'évaluation diffèrent et par suite l'analogie n'existe plus. Du reste il importe de remarquer que la loi de 1901 est une loi fiscale et, par suite, n'est susceptible que d'une interprétation restrictive. Or, le texte ne parle pas des *assurances maritimes*, il nous est ainsi interdit de les ajouter et même de les comprendre à cause de leur caractère par trop spécial sous la désignation générique d'*assurances*.

Il y a, du reste, d'autres moyens de connaître la valeur des gros bateaux et des navires. On peut la déterminer d'après le jaugeage et le tonnage qui doivent être mentionnés sur le registre matricule de l'inscription maritime et des douanes et sur l'acte de francisation Décr. 27 Vend. an II, art. 39 ; — V. Régl. 1866, art. 152). Un extrait de ces registres ou décrets de francisation peut être produit à l'appui de la déclaration. Décr. 17 août 1881).

Le navire forme avec tous ses accessoires un tout indivisible, et c'est la valeur de ce tout qu'il y a lieu de déclarer en cas de décès de son propriétaire. Le mot *navire* employé dans les textes de lois et dans les actes, comprend non seulement le corps du navire, mais aussi les agrès et apparaux ; parmi les accessoires il faut ranger non seulement ceux qui font partie intégrante du navire, comme les mâts, bastingages, gouvernail, etc., mais aussi les objets qui y sont seulement attachés, ou même qui sont simplement affectés à son service, tels que : vergues, poulies, cabestans, ancres, chaloupes, canots, etc.) : ces objets en font partie comme les immeubles par destination font partie du fonds auquel ils sont attachés matériellement ou intellectuellement. Tous ces objets font partie du *corps* du navire, sous le nom de *facultés* et doivent être réunis en un seul tout pour la détermination de sa valeur (Boistel, Précis de Dr. comm. nº 1116 . Le mot *navire* comprend encore les canons dont il est armé, ainsi que la machine à vapeur qui peut s'y trouver (Sol., 5 novembre 1839; 5885 R.). Mais il n'en est pas de même de la cargaison ; par conséquent, si elle appartenait également au *de cujus*, il y aurait lieu de lui donner une estimation spéciale parmi les valeurs à déclarer (D. m. l., 6 octobre 1820 et 22 août 1823).

Les *navires*, avons-nous dit, sont des meubles corporels, mais d'une nature toute spéciale ; ils sont essentiellement mobiles et destinés à se transporter souvent sur les différents point du globe; aussi serait-il inexact de prétendre qu'ils ont une assiette fixe, bien qu'ils soient rattachés à un port d'attache. Pour cette raison nous pensons que les navires étrangers, c'est-à-dire ceux rattachés à un port situé à l'étranger, doivent supporter l'impôt de mutation par décès, lorsqu'ils dépendent d'une succession soumise à la loi française.

Lorsque le défunt ne possédait qu'une quote-part du navire, cette quote-part doit être déclarée, d'après la valeur brute du navire, à la place de la formule qui nous occupe en ce moment, sauf déduction possible du passif pour les successions ouvertes depuis la loi de 1901. Mais s'il existait entre les copropriétaires une société concernant ce navire et si cette société n'était pas dissoute par le décès de l'associé *de cujus*, il n'y aurait à déclarer, pour toutes les successions aussi bien celles antérieures que postérieures à la loi de 1901, que la valeur nette de cette part, et elle doit être placée non sous cette rubrique, mais, suivant les cas, parmi les *actions dans les sociétés françaises ou étrangères*, ou parmi les *parts d'intérêts et commandites simples françaises ou étrangères*.

Les *navires en construction* dépendent de la succession de ceux qui les font construire ou qui sont chargés de les faire construire Lorsque l'armateur fait construire lui-même un navire pour son propre compte, en achetant les matériaux nécessaires et en traitant directement avec les ouvriers, le navire en construction doit être déclaré pour sa valeur au jour du décès, car la propriété du navire a été assise sur sa tête depuis les premiers travaux. — Il en est de même, lorsqu'il a fourni les matériaux et traité directement avec un entrepreneur uniquement pour la main-d'œuvre. — Mais il en est autrement, lorsque l'armateur a traité avec un constructeur de navires, qui fournit à la fois les matériaux et la main-d'œuvre. Le constructeur est dans cette hypothèse propriétaire des matériaux et il reste propriétaire de l'objet à la confection duquel ils sont employés jusqu'au jour de la livraison. L'article 1788 du Code civil décide en effet, que la perte est pour l'ouvrier qui fournit la matière, si la chose vient à périr avant d'être livrée. à moins que le maître ne soit en demeure de recevoir la chose. Or, en vertu de la règle : *Res perit domino*, le constructeur est resté propriétaire. jusqu'à ce qu'il puisse fournir un navire complet prêt à naviguer. Jusqu'à ce moment l'armateur pourrait refuser le navire. Il peut même le refuser après son achèvement s'il ne remplit pas les conditions voulues, et le constructeur pourrait s'acquitter de l'obligation qu'il a contractée en livrant un autre navire, s'il en avait plusieurs de même modèle. (Baistel, nº 1135-2º; — Cass. (req. 20 mars 1872; S., 72, 1, 101; D. P. 73, 1, 2; — C. Rennes, 24 juill. 1893;

D. P. 74, 2. 208 ; — 21 avril 1874 ; — Delamarre et Lepoitevin, 1ᵉʳ éd. ; IV, p. 188, 2ᵉ éd., V. p. 91-96 ; — Demangeat IV, p. 14 et s.). — Il résulte de ce que le constructeur de navires, chargé de fournir les matériaux et de livrer un navire complet et acheté, reste propriétaire jusqu'à la livraison, malgré la commandite qui lui a été faite, et les engagements pris, que le navire en construction ne dépend pas encore du patrimoine de l'armateur ; par conséquent s'il vient à décéder avant l'achèvement du navire, celui-ci ne fait pas partie de sa succession, n'est pas soumis aux droits de mutation par décès et par suite ne doit pas être déclaré. — Mais à l'inverse, lors du décès du constructeur, tous les navires en construction sur ses chantiers devraient pour les mêmes motifs, être considérés comme des valeurs actives de son hérédité soumises à l'impôt de mutation. Ils devraient être déclarés pour leur valeur réelle, celle qu'ils ont acquise par suite des travaux exécutés. Ordinairement, le constructeur est un commerçant ; les navires plus ou moins inachevés font partie de son fonds de commerce, dont ils augmentent plus ou moins l'importance. C'est avec le fonds de commerce qu'ils acquitteront l'impôt, et ils seront rangés dans la formule à la place déjà assignée aux *fonds de commerce*.

§ 2. — Immeubles

Les immeubles sont les choses, qui ont reçu soit de la nature, soit de l'homme une assiette fixe et ne peuvent pas être transportées d'un lieu à un autre. Tels sont les fonds de terre et les bâtiments (art. 518 C. C.), ainsi que tout ce qui y est étroitement attaché, comme les récoltes sur pied, les tuyaux, les moulins à vent et à eau (art. 519, 520, 521 et 523 C. C.) ; certaines choses essentiellement mobilières par leur propre nature reçoivent de la loi même un caractère immobilier, lorsque par leur destination elles sont rattachées à un immeuble dont elles sont l'auxiliaire et l'accessoire plus ou moins nécessaires. Les rédacteurs du Code Civil ont cité dans les articles 522 et 524 des exemples de ces objets qualifiés d'*immeubles par destination*, tels sont les animaux attachés à la culture, les ustensiles aratoires, les semences données aux fermiers ou colons partiaires, les pigeons des colombiers, les lapins des garennes, les ruches à miel, les poissons des étangs, les pressoirs, chaudières, alambics, cuves et tonnes, les ustensiles nécessaires à l'exploitation des forges, papeteries et autres usines, les pailles et engrais. Mais cette énumération n'est pas limitative, et c'est ce qui résulte de la généralité du texte. Ainsi les charrettes qui concourent à l'exploitation des immeubles, les voitures mêmes et tous leurs accessoires, dont l'affectation spéciale est de servir à l'usage particulier et ordinaire des immeubles proprement dits sont également des *immeubles par destination*. (Auch, 27 décembre 1842). Sont encore des immeubles par destination les rouleaux gravés dépendant d'une usine d'impression sur étoffe, bien que ces rouleaux, dépendant de la machine à imprimer, souvent changés ou modifiés, remplissent un rôle analogue à celui des clichés typographiques (Sol. 6 septembre 1869). Il en est de même des agrès et machines nécessaires à l'exploitation de tout bâtiment à destination spéciale et notamment des machines et décorations d'un théâtre ; mais il en serait autrement, malgré son usage spécial, du mobilier d'une hôtellerie ou d'un hôtel garni, d'une auberge ou d'un café (Cass. 18 novembre 1845, — Demolombe, 266 ; Zacchariæ, Aubry et Rau, p. 170 ; — La Châtre, 8 août

1856). — Il résulte encore d'une solution en date du 5 octobre 1874 que les métiers à tulles peuvent être considérés comme *immeubles par destination*.

La loi attribue la qualité d'immeubles à certaines choses incorporelles qui par leur propre nature ne sauraient être ni meubles ni immeubles. Tels sont les droits immobiliers. L'article 526 du Code Civil les appelle *des immeubles par l'objet auquel ils s'appliquent* et cite comme exemples l'usufruit des choses immobilières, les servitudes ou services fonciers, les actions qui tendent à revendiquer un immeuble.

Sous l'empire de la loi du 22 frimaire an VII (art. 15) et celle du 21 juin 1875 (art. 2) — il était indispensable, quand on avait à rédiger une déclaration de succession de ne pas perdre de vue la distinction légale en meubles et immeubles. La législation fiscale s'appuyait sur cette distinction pour établir un mode d'évaluation différente au point de vue des mutations par décès suivant qu'il s'agissait de meubles ou d'immeubles. Si l'impôt relatif aux biens meubles était assis, comme actuellement, sur la valeur vénale, en ce qui concernait les immeubles, leur valeur était déterminée par le revenu capitalisé par 20 pour les immeubles urbains et par 25 pour les immeubles ruraux, conformément à l'article 15-7 de la loi du 22 frimaire de l'an VII et à l'article 2 de la loi du 21 juin 1875. Il n'y avait avant la loi du 27 mai 1918, que trois exceptions à cette règle concernant les immeubles et limitativement définies :

La première édictée par l'article 12 de la loi du 25 février 1901 prescrivait de liquider sur la valeur vénale les droits de mutation par décès relatifs à des immeubles dont la destination actuelle n'était pas de procurer un revenu (Inst. de la Régie n° 3508, § VIII, p. 33).

La seconde était contenue dans l'article 14 de la loi du 25 juin 1902, relative au bail emphytéotique, aux termes duquel le droit applicable aux mutations de toute nature ayant pour objet le droit du bailleur ou celui du preneur doit être liquidé sur la valeur vénale déterminée par une déclaration estimative des parties (Inst. de la Régie n° 3091).

La troisième résultait de l'article 26 de la loi du 15 juillet 1914, qui prescrivait de prendre pour base de la perception des droits le prix de l'adjudication publique des immeubles transmis par décès, lorsque cette adjudication avait eu lieu, soit devant un notaire commis, soit à la barre du tribunal, les non-parents admis, avec la publicité prescrite par le Code de Procédure civile, avant l'expiration du délai prévu pour la déclaration de la succession ou dans les six mois suivant cette expiration (Inst. de la Régie n° 3445 § 1er).

Sauf ces trois exceptions, le revenu des immeubles était déterminé en principe par le prix des baux en cours, ou, à défaut de bail courant, par l'évaluation des parties. Cette évaluation des parties avait cependant été remplacée, à la suite de l'évaluation générale du revenu des propriétés bâties effectuées par le service des Contributions Directes, par la valeur locative réelle servant d'assiette à la contribution foncière de l'année du décès en ce qui concernait les immeubles bâtis non loués autres que les usines (art. 7, l. 26 décembre 1908. Inst. de la Régie n° 3265 § 3).

L'article 1er de la loi du 27 mai 1918, a fait disparaître toutes les difficultés qu'il y avait à distinguer les biens mobiliers des biens immobiliers et parmi ces derniers les immeubles ruraux et urbains, bâtis ou non bâtis en prenant pour base *la valeur vénale réelle* à la date de la transmission. Il n'y a donc plus, en principe du moins, qu'un intérêt de classement à séparer dans la formule les meubles des immeubles, ou la détermination des immeubles par destination ou des immeubles par l'objet auquel ils s'appliquent. En ce qui concerne les immeubles le principe admis pour les trois exceptions mentionnées à dessus est devenu la règle générale. L'évaluation en capital est désormais substituée, à l'évaluation en revenu, et cette évaluation est déterminée *d'après la déclaration estimative des parties.*

L'article 2 de la dite loi du 27 mai 1918 apporte une dérogation à l'estimation à fournir par les parties, lorsqu'il s'agit d'un immeuble ayant fait l'objet d'une adjudication judiciaire. Il est ainsi conçu : « Si dans l'année qui aura précédé « ou suivi soit l'acte de donation ou d'échange, soit le point de départ des délais « de déclaration prévu par l'article 24 de la loi du 22 frimaire an VII, les im- « meubles transmis ont fait l'objet d'une adjudication publique dans les con- « ditions définies à l'article 26 de la loi du 15 juillet 1914, les droits seront « calculés sur le prix d'adjudication à moins qu'il ne soit justifié d'une modifi- « cation de la valeur de l'immeuble survenue entre l'adjudication et le fait « qui aura donné lieu à la perception des droits. »

Le *prix* à prendre pour base de la perception et qu'il y a lieu d'énoncer dans la formule de déclaration est, conformément au monde d'évaluation prévu par l'article 26 de la loi du 15 juillet 1914, le prix d'adjudication *augmenté des charges*, comme le spécifie cet article et non pas seulement la somme d'argent que l'acqué- reur doit payer au vendeur (Inst. de la Régie n° 3563, p. 4)

La valeur vénale d'après l'estimation des parties est donc la règle générale faisant disparaître toutes les difficultés antérieures relatives aux immeubles. Mais, ceci admis, la législation antérieure subsiste au point de vue de la manière de souscrire les déclarations de mutation par décès.

Ainsi en cas de transmission par décès de l'usufruit ou de la nue-propriété d'un immeuble, la valeur imposable est fixée à une fraction de la valeur vénale de la toute propriété selon la règle tracée par l'article 13-2° de la loi du 25 février 1901.

L'art. 21 de la loi du 30 juin 1923, a ajouté les adjudications *amiables* dans les- quelles les étrangers sont admis, comme devant servir de base à la liquidation des droits et a étendu la période pendant laquelle la présomption est applicable de deux à quatre années, soit deux ans avant, et deux ans après le décès.

L'article 27 de la loi du 22 frimaire an VII exige que la déclaration soit détail- lée, mais il ne dit pas comment ce détail doit être fourni. La Jurisprudence a suppléé à ce silence de la loi. Notamment en ce qui concerne les immeubles il résulte des décisions rendues que la déclaration doit contenir le détail, article par article, des biens par nature, consistance et situation, ce qui comprend le nom particulier sous lequel chaque immeuble peut être connu, l'indication de la commune ou des communes dans lesquelles il est situé, ainsi que celui des lieux dits, qu'elle fasse connaître s'ils sont affermés ou non, leur produit ou le prix des baux. En un mot la Jurisprudence exige l'énonciation de tous les éléments néces- saires pour permettre à la Régie de vérifier la déclaration qui lui est faite. (Cass., 14 mars 1814; — 10 mai 1814; — 27 janvier 1823; 8.694 J. N.; 1862 R.: 4.576 J. N.; Sol. 6 juin 1878; — 24 mai 1880). L'indication des articles du cadastre con- cernant les immeubles ne parait pas imposée à peine de rejet, si l'administration est capable de retrouver par la déclaration qui lui est faite, l'identité des immeu- bles héréditaires et d'exercer son droit de contrôle. Mais cette indication offre un certain intérêt à plusieurs points de vue et elle ne saurait trop être recommandée, ne serait-ce que pour prévenir des erreurs toujours regrettables. — Lorsque des immeubles non affermés forment une seule exploitation ou un seul corps de domaine connu sous un nom particulier, le détail et l'estimation distincte des parcelles qui le composent n'est pas nécessaire et le vœu de la loi est rempli, si l'on a fait connaître la contenance et la situation de chaque nature de biens et la valeur en bloc de cette propriété. (Délib. 9 mars 1843). Mais pour les immeubles ne constituant pas un corps de domaine, non seulement le détail est nécessaire, mais encore une évaluation spéciale de la valeur vénale doit être indiquée article par article pour chacune des diverses parcelles, telles que prés, bois, vignes, etc. (Sol. 27 septembre 1877; — 4 janv. 1878);... St-Pons 29 septembre 1853; 9259 R.).

Rétroactivité. — Il avait été admis tout d'abord en vertu du principe juridique de la non-rétroactivité des lois que les successions ouvertes, antérieurement à la mise en vigueur de la loi du 27 mai 1918 devraient rester assujetties aux anciennes règles de liquidation de l'impôt et que par suite, il y avait lieu d'insérer dans la formule non la valeur vénale des immeubles, mais leur revenu qui serait capitalisé par 20 ou 25 suivant qu'ils seraient considérés comme urbains ou ruraux.

Néanmoins lors de la discussion de cette loi, on avait reconnu que la réforme du mode d'évaluation des immeubles devait être considérée comme une mesure corrélative à l'augmentation des tarifs des droits de mutation à titre gratuit édictée par les articles 10 et suivants de la loi du 31 décembre 1917. Il y avait lieu ainsi de donner un effet rétroactif à la loi du 27 mai 1918 en rendant ses dispositions applicables aux mutations à titre gratuit soumises aux tarifs nouveaux de la loi précitée du 31 décembre 1917. Cette rétroactivité a été réalisée par la loi du 11 novembre 1918 publiée au Journal officiel du 12 du même mois, et dont le premier paragraphe de son article unique est ainsi conçu :

« Les dispositions de la loi du 27 mai 1918 relatives à l'évaluation des immeubles « sont applicables à l'évaluation des immeubles compris dans les successions ou « les donations soumises au tarif édicté par la loi du 31 décembre 1917. »

Il résulte par conséquent, de ce texte, que toutes les successions ouvertes sous l'empire de la loi du 31 décembre 1917, sont soumises rétroactivement à la loi du 27 mai 1918 et que c'est la valeur vénale des immeubles telle qu'elle a été définie précédemment qui doit être insérée dans la formule de déclaration.

Cette rétroactivité n'est donc pas absolue et elle n'atteint pas les successions ouvertes avant l'application de la loi du 31 décembre 1917. Le revenu des immeubles dépendant de ces successions anciennes doit encore être déclaré pour être capitalisé d'après les dispositions de la loi de frimaire an VII et de juin 1875, avec toutes les distinctions subtiles qu'elles comportent, lorsqu'une déclaration les concernant reste à souscrire.

Comme ces déclarations deviennent de plus en plus rares, il ne paraît pas utile de reproduire ici tous les développements qu'aurait nécessité jadis un pareil sujet.

Il nous suffit de rappeler que les *immeubles urbains* sont ceux servant exclusivement à l'habitation et que leur revenu sera capitalisé par 20. Peu importe qu'ils soient situés en ville ou à la campagne. Les mines, minières et carrières, bien que situées le plus souvent au milieu des champs sont néanmoins ordinairement des immeubles *urbains*, car leurs produits servent à l'industrie extractive et non à la culture agricole (Sol. 21 févr. 1882). Il en est de même d'une usine avec étang (Sol. 28 août 1877), d'un terrain détaché d'un immeuble pour être loué comme champ de manœuvre (Sol. 1er octobre 1878 ; — S., 79, 2, 340), d'un terrain affecté à l'exploitation et non encore fouillé (Sol. 6 janv. 1881; 30 avril 1881), d'un jardin d'agrément (Sol. 26 févr. 1879), de la maison d'un cultivateur servant d'auberge (Sol. 29 septembre 1880).

Tous les accessoires des immeubles urbains suivent le même sort, en vertu du principe : *Accessorium sequitur principale.*

Pour toutes ces successions ouvertes avant le 1er janvier 1918, le revenu est déterminé comme par le passé, par les baux en cours, augmentés de tous les accessoires et à la charge des preneurs, les locations verbales, sauf certaines réserves, et à défaut, par les déclarations des parties, conformément à l'art. 15-7° de la loi du 22 frimaire an VII. L'Administration, par l'article 19 de la même loi aurait encore le droit de contester l'évaluation qui lui est faite et de faire établir l'insuffisance au moyen d'une expertise. Mais, vu le caractère exceptionnel et provisoire de ce mode d'évaluation, pour de vieilles successions, qu'il s'agit de liquider, avant l'arrivée de la prescription, il est probable qu'elle y recourera très souvent.

Le revenu à déclarer dans ce cas est le revenu réel brut, celui que le propriétaire serait en droit de retirer, s'il voulait louer son immeuble, sans distraction des charges inhérentes à la propriété, tels que les droits de voirie et autres connus sous le nom de charges de ville ou de police (Cass. 7 novembre 1859; S., 59-1-179; — D. P., 59, 1, 398; — St Amand, 8 févr. 1871; 3452 R. P.).

Les *immeubles ruraux* sont d'après le rapport de la commission de la loi du 21 juin 1875, ceux, qui sont principalement affectés à la production des fruits naturels ou artificiels, aux récoltes agricoles. On range dans cette catégorie les prairies, les terres labourables, les vignobles et tous leurs accessoiree qui suivent naturellement le principal, tels que maisons de colons, granges, étables, écuries et autres bâtiments affectés à la culture, maisons de cultivateurs exploitant eux-mêmes leurs terres (Sol. 11 févr. 1879). La valeur des immeubles de cette nature se trouvant dans les successions ouvertes avant le 1er janvier 1918 et non encore déclarées, sera déterminée par le revenu capitalisé par 25, conformément à l'article 2 de la loi du 21 juin 1875.

Comme pour les immeubles urbains le revenu est déterminé par les baux en cours, les locations verbales et à défaut par la déclaration des parties.

Il importe de remarquer qu'un bail à colonage ne peut servir de base à une déclaration de succession ouverte avant la loi du 31 décembre 1917, car il n'y a pas de redevance fixe stipulée, mais au contraire une portion de fruits revenant au bailleur essentiellement variable. La part du maître indiquée pour l'enregistrement, d'après l'art. 15-1° de la loi du 22 frimaire an VII, ne constitue qu'une évaluation absolument arbitraire n'ayant aucune autorité pour la fixation du revenu en cas de mutation 13961-6 J.

Pour les immeubles ruraux le prix du bail en cours ne représente pas toujours le revenu de la propriété rurale. Il y a lieu d'ajouter le revenu des réserves faites, qui sont parfois légales à défaut de stipulation contraire, par exemple pour les arbres forestiers épars et en bordure, pour l'élagage, la glandée, le panage et la croissance annuelle des bois. (Cass. 29 juin 1864, S., 64,1,462).

Les droits de chasse et de pêche affermés par bail doivent entrer en ligne de compte pour la détermination du revenu total.

Quant aux baux de carrière, ils ne peuvent servir de base pour le revenu des immeubles de ces déclarations de successions anciennes, car les carrières sont destinées à s'épuiser et le prix stipulé dans ces baux est en quelque sorte le prix d'aliénation de la pierre. Il en est de même pour le minerai et autres matériaux.

Du bail à convenant ou à domaine congéable. — Il y a là une question qui intéresse toutes les successions, aussi bien celles ouvertes avant le 31 décembre 1917, que celles postérieures, pour lesquelles il n'y a plus à s'inquiéter que de la valeur vénale. Tous ceux qui ont à établir des formules de déclarations de mutation par décès ont donc à s'en préoccuper.

Ce bail est un contrat par lequel le propriétaire d'un fonds en concède la jouissance, ordinairement pour un temps déterminé, moyennant une rente annuelle avec aliénation au profit du preneur, moyennant un prix, des édifices ou superficies qui se trouvent sur le fonds, mais avec réserve expresse de la propriété du fonds et du droit de congédier ou d'expulser le colon au terme convenu en lui remboursant la valeur des édifices et superficies, c'est-à-dire de tous les bâtiments, murs, fossés, clôtures, plants et arbres fruitiers et de tous les objets élevés par l'art et le travail de l'homme, qui existeront sur la superficie du sol (Rollang de Villargue, V° Bail à domaine congéable; — Champ. et Rig., IV, 3063).

On doit envisager ici soit la déclaration à souscrire après le décès du preneur nommé *domanier*, soit celle nécessitée par celui du propriétaire foncier arrivant pendant la durée du bail. Par suite de la division de la propriété qui s'est opérée, il y a dans les deux cas une mutation qui s'est produite.

Cette mutation peut concerner des immeubles *urbains*, lorsque le domaine congéable a trait à des maisons ou des usines. Mais le plus souvent ces baux ne sont faits que pour des exploitations agricoles. En ce qui concerne les successions tombant sous l'application de la loi du 27 mai 1918, cette dernière distinction n'a plus d'intérêt, puisque dans tous les cas l'évaluation à faire est déterminée par la valeur vénale. Mais pour les successions ouvertes jusqu'au 31 décembre 1917, il n'en est pas ainsi et c'est pour cette raison que nous nous sommes réservé d'en parler sous le titre qui nous occupe en ce moment.

α. — Lorsque le preneur ou *domanier* vient à décéder, ses héritiers ou légataires doivent déclarer comme immeubles les édifices et superficies qui sont sa propriété, et comme meubles les bestiaux attachés à la culture, les instruments aratoires et les semences (Dél. 4 septembre 1806, 2387 J. — l. 6 août 1791, art. 9). Pour les successions soumises à la loi du 27 mai 1918, c'est la valeur vénale qui sert de base dans tous les cas. Pour les autres, les immeubles sont déterminés par le revenu capitalisé, d'après les règles déjà indiquées, et tous les biens réputés meubles sont estimés d'après la valeur vénale.

β. — Lorsque le propriétaire foncier décède pendant la durée du bail, la valeur du fonds resté sa propriété, à l'exclusion des édifices et superficies, est déterminée aujourd'hui pour les successions nouvelles, c'est-à-dire celles soumises à la loi précitée du 17 mai 1918, par la valeur vénale, qui est la règle universellement admise. Cette valeur vénale sera insérée dans la formule, d'après les principes admis en pareille matière, tels qu'ils sont exposés. — L'estimation fixée par les parties sera réputée exacte, sauf preuve contraire imputable à l'Administration.

Pour les successions anciennes antérieures à la loi du 31 décembre 1917, comme il s'agit d'immeubles, c'est le revenu qui doit servir à la constitution du capital imposable. Sa valeur est déterminée par la rente convenancière, à laquelle on ajoute l'impôt foncier que la loi du 6 août 1791 charge le *domanier* de payer en l'acquit *du foncier* sauf réduction sur le montant de la redevance.

L'impôt afférent au fond se confond avec celui des édifices et superficies que, le domanier acquitte pour son propre compte en sa qualité de propriétaire. Pour établir la part payée pour le compte du propriétaire foncier, il faut prendre d'après le tableau existant sur les matrices cadastrales de chaque commune, la proportion entre le revenu net des propriétés qui y sont situées et le revenu imposable, en s'inspirant sur le rôle de la contribution foncière de l'énonciation pour chaque année du marc-le-franc de l'impôt à percevoir sur le revenu imposable. (*Sol.* 13 avril 1852). Afin d'éviter ce calcul de proportion relativement compliqué, on pourrait se contenter d'ajouter le quart au produit de la rente convenancière : ce quart est censé représenter l'impôt foncier, d'après le mode admis pour l'évaluation dudit impôt dans les baux ordinaires, lorsqu'on n'a pas à sa disposition un extrait de la contribution foncière.

Du bail emphytéotique. — Lorsque ce bail est consenti pour plus de 99 ans, il est réputé perpétuel et transfère la propriété au preneur qui n'est plus astreint, vis-à-vis du bailleur ou ancien propriétaire, qu'au service d'une rente toujours rachetable en vertu de l'article 1er du titre 1er de la loi des 18-29 décembre 1790 (Cass., 6 janv. 1852; S., 52, 1, 154). Dans ce cas les conséquences au point de vue de l'impôt des mutations sont faciles à tirer. L'immeuble doit être déclaré, conformément aux règles ordinaires dans la succession du preneur ou nouveau propriétaire. Quant au bailleur ou ancien propriétaire, il n'a pu transmettre à ses héritiers, qu'une rente perpétuelle, si elle n'a pas été rachetée au moment de son décès.

Lorsque ce bail a été fait pour une durée moindre, il tient à la fois du contrat de louage et du contrat de vente. Il a pour effet de diviser la propriété en deux parties ; l'une est appelée le *domaine direct*, retenu par le bailleur, et a pour valeur représentative la redevance annuelle à lui due par le preneur; l'autre se nomme le *domaine utile*, se composant de la jouissance de tous les fruits qu'il produit, ainsi que du droit de chasse, de pêche et d'alluvion. Il a en outre, tous les droits attachés à la propriété, sous la réserve des droits du bailleur ; il peut l'hypothéquer, l'aliéner à titre gratuit, intenter l'action possessoire, même contre le bailleur qui le troublerait dans sa possession. Mais à l'expiration de la période d'années stipulée dans le contrat, le bailleur ou ses héritiers reprennent la propriété, dans quelques mains qu'elle se trouve, exempte de toutes les charges et causes d'éviction dont l'emphytéote a pu le grever (Domat, l. V. 1 Tit. 4, Sect. 10 n° 6 ; — Duvergier, Louage, n°s 153 et 160; — Cass., 26 juin 1822; 7298 J.; — 1er avril 1840 ; 12501 J. S., 40, 1, 433).

Les héritiers du preneur recueillent, pendant la durée du bail emphytéotique, le *domaine utile* qui appartenait à leur auteur. C'est un droit de nature immobilière dont la mutation par décès donne ouverture à l'impôt. Les constructions élevées par lui sont sa propriété durant le cours du bail. Il a ainsi un droit immobilier sur le sol et sur ces constructions. Une déclaration de ce *domaine utile* doit donc être souscrite, en prenant pour base d'évaluation, la contre-partie des droits du bailleur (Cass. 24 juill. 1843; S.; 43, 1, 830; — Seine, 31 mars 1837; 11762 J. ; — Lille, 3 mars 1849 ; 11835 J. ; — Cass., 6 mars 1850; S., 50, 1, 210 ; D. P. 50, 1, 129).

Nous n'avons pas de texte pour nous éclairer exactement au sujet de la matière imposable en pareil cas, lors d'une transmission par décès. Il résulte, cependant, de l'esprit de la loi, que le total des droits perçus dans des circonstances identiques sur les transmissions distinctes des diverses parties dont se compose le domaine doit être égal au droit qui serait dû pour la mutation au même titre de la propriété entière, d'où cette conséquence que le droit dû pour la mutation du *domaine utile* égale la différence entre le droit dû pour la pleine propriété et celui dû pour le *domaine direct*, et réciproquement.

Les baux en cours au moment du décès de l'emphytéote ne sauraient servir de base à la détermination du capital imposable du domaine utile, car ces baux, quoique consentis par l'emphytéote, représentent le revenu de la propriété entière, tandis qu'une partie seulement de cette propriété, celle du domaine utile, a été transmise. C'est donc le revenu seul correspondant à ce domaine utile qu'il y a lieu de fait connaître dans la déclaration de ces successions anciennes, et c'est ce seul revenu qu'on doit multiplier par 25 pour les immeubles ruraux. Comme il n'y a pas d'autre mode légal de le fixer, on doit recourir à l'estimation des parties, qui sont tenues d'indiquer pour quelle somme est compris le domaine utile dans le revenu total de l'immeuble conformément à l'article 16 de la loi du 22 frimaire de l'an VII. (Seine 9 décembre 1840 ; 12, 639 J.).

Pour déterminer d'une façon équitable quel doit être ce revenu par rapport au revenu total, il y a lieu de considérer la plus ou moins longue durée que peut encore avoir le bail emphytéotique. S'il est près de finir, la valeur du domaine utile sera moindre que s'il a encore devant lui trente années d'existence ; la part du revenu devant lui être attribuée dans le revenu total sera ainsi plus ou moins considérable.

En cas de décès du bailleur ou propriétaire direct survenu avant le 1er janvier 1918, ses héritiers recueillent dans sa succession le *domaine direct*. Pour déterminer sa valeur dans la déclaration de sa succession à souscrire au bureau de l'Enregistrement, on ne saurait prendre pour base la redevance payée annuellement par le propriétaire utile. Cette redevance ne correspond pas ordinairement au revenu réel de l'immeuble tel qu'il doit être déclaré ; elle est ou trop faible ou trop forte. Il y a lieu de remarquer que plus la valeur de la propriété *utile* diminue, plus celle de la propriété directe augmente, leur ensemble devant former dans tous les cas la propriété complète. Si le bail emphytéotique doit durer encore un grand nombre d'années, la valeur de la propriété directe est minime et la redevance représenterait un prix trop élevé, pour fixer la part de revenu qui lui revient dans le revenu total. Si, au contraire, ce bail emphytéotique touche à sa fin, la redevance ne serait pas suffisante pour faire connaître le revenu réel de ce domaine *direct*. — L'estimation de ce revenu doit donc être fixée par les parties elles-mêmes en tenant compte des circonstances, d'après l'article 16 précité. Il est inutile d'ajouter que l'Administration, s'appuyant sur l'article 19 de la même loi pourrait recourir à l'expertise, si le revenu assigné à ce domaine direct lui paraissait insuffisant. — Sous l'empire de la loi nouvelle, c'est la valeur vénale qui doit être déclarée, d'après les considérations ci-dessus.

Des autres baux ayant un caractère spécial. — Nous ne croyons pas devoir passer en revue les autres baux ayant un caractère spécial, comme les baux *à durée illimitée*, les baux *héréditaires*, les baux *à complant*. Les explications que nous venons de donner pourraient encore parfois servir de règle lors de la rédaction des déclarations des successions anciennes dans ces diverses hypothèses assez rares sous la législation antérieure à la loi du 31 décembre 1917. Il y a lieu de ne pas perdre de vue que la loi des 18-29 décembre 1790, art. 1er tit. 1er a coupé court à bien des difficultés à cet égard, car, après avoir proclamé rachetables les rentes foncières, elle « défend de créer à l'avenir aucune redevance foncière « non remboursable, sans préjudice des baux à rente ou emphytéote non per- « pétuels, qui seront exécutés pour toute leur durée et pourront être faits à « l'avenir pour quatre-vingt-dix-neuf ans et au dessous, ainsi que les baux à vie, « même sur plusieurs têtes, à la charge qu'elles n'excéderont pas le nombre de « trois. »

On peut poser en règle générale pour les successions ouvertes avant le 31 décembre 1917 que toutes les fois que des baux de cette nature se rapprocheront d'un bail ordinaire, le prix annuel stipulé servira à former le capital imposable, d'après les dispositions légales déjà exposées, lorsque ce prix se rapprochera normalement du revenu ordinaire de l'immeuble (article 15-7° de la loi du 22 frimaire an VII et article 2 de la loi du 21 juin 1875). Dans le cas contraire, comme dans les hypothèses précédentes du bail emphytéotique et du bail à domaine congéable, le revenu est déterminé par l'estimation des parties, conformément à l'article 16 de la loi de frimaire.

Lorsque la transmission de jouissance est stipulée pour plus de 99 ans, ou sur plus de trois têtes, il résulte de l'article 530 du Code Civil qu'elle est valable, mais constitue une véritable aliénation de la propriété. Dès lors les biens ainsi transmis font partie de la succession de l'acquéreur Duranthon, t. IV, n° 87; Duverger, t. 1er n° 197 : Merlin Rép. V° Rente constituée, § 2, art. 4, n° 3; Troplong Louage, n° 4 et 555).

Quid, quand le prix du bail est payable en nature ? L'article 15-1 de la loi du 22 frimaire an VII, prévoyant le cas où le prix du bail ne serait pas payable en argent porte : « Si le bail est stipulé payable en nature, il en sera fait une éva- « luation d'après les dernières mercuriales du canton de la situation des biens à « la date de l'acte à l'appui duquel il sera rapporté un extrait certifié des mer- « curiales. — Il en sera de même des baux à portion de fruits, pour la part re- « venant au bailleur dont la quantité sera préalablement déclarée, et sur la « valeur de laquelle le droit sera perçu. — S'il s'agit d'objets dont la valeur ne « puisse être constatée par les mercuriales, les parties en feront une déclaration « estimative. »

La loi du 15 mai 1818 (art. 75) a décidé que le marché le plus voisin servira à l'évaluation des mercuriales, en prenant la moyenne des quatorze années antérieures à celle de l'ouverture du droit, dont on doit retrancher les deux plus fortes et les deux plus faibles, de sorte que c'est le dixième du total des dix années restantes qui forme l'année moyenne et la somme servant à la liquidation des droits (Inst. 834). Cette règle doit également être suivie en cas de mutation par décès : ce sont ces quatorze années qui ont précédé celle du décès dont il y a lieu de tenir compte.

Cette loi du 15 mai 1818 ne concerne que les baux stipulés payables en quantité fixe de grains et denrées. Dans toutes les autres hypothèses de prix payable en nature, on doit recourir simplement aux mercuriales des trois dernières années, conformément aux Décisions du Ministre des Finances des 10 messidor an X et 3 vendémiaire au XIII, lorsque le revenu peut être ainsi facilement déterminé d'après le bail ou recourir à l'estimation des parties en vertu de l'article 16 de la loi du 22 frimaire an VII (Cass. 9 mai 1826; 8467 J. — Sol. 11 avril 1832 10, 305.)

Actions immobilisées

La loi a accordé à certaines valeurs la faculté d'être immobilisées, telles sont les actions de la Banque de France, les actions des canaux d'Orléans et du Loing et les rentes sur l'Etat. Lorsque l'immobilisation est réalisée, conformément aux règles adoptées pour chacune de ces sortes de valeurs, celles-ci jouissent de tous les avantages attachés aux immeubles réels. Ainsi elles peuvent être acquises en remploi de dot (C. Rennes, 7 mai 1853 ; 1578-4 J. ; — C. Paris. 15 janv. 1855-2 J.) Elles sont susceptibles de privilèges et d'hypothèques (Persil, Des Sociétés, p. 135 ; — Troplong, Société, n. 140). — L'immobilisation est obtenue au moyen d'une déclaration faite par les actionnaires et signée par eux sur les registres tenus à cet effet, notamment d'après l'article 7 des statuts de la Banque de France du 16 janvier 1808 (379 J.)

Les actions immobilisées sont donc assimilées aux immeubles réels pour les déclarations à énoncer dans les formules et classées en conséquence. En ce qui concerne les successions soumises au régime nouveau, c'est la valeur vénale qui doit être indiquée telle qu'elle résulte du cours au jour du décès.

Pour les successions non encore déclarées et qui se sont ouvertes avant le 31 décembre 1917, les actions immobilisées sont régies par l'article 15 n° 7 de la loi du 22 frimaire de l'an VII, de telle sorte qu'on forme leur capital imposable en multipliant par 20 leur revenu annuel. La loi du 21 juin 1875 sur la capitalisation par 25 n'est pas applicable. On n'est pas obligé de prendre pour base d'évaluation le dividende distribué dans l'année *antérieure* à la mutation, comme l'avaient prescrit à tort deux décisions ministérielles des 21 septembre 1810 (3817 J.) et 4 octobre 1825 (8905 J.) Sol. 12 janv. 1897 ; 2506 R. P.). Le revenu à déclarer ne peut pas être déterminé d'après les dividendes distribués *pendant l'année même de mutation* ; car le plus souvent ces dividendes ne sont pas encore entièrement acquis au moment du décès et ils proviennent souvent de bénéfices réalisés à une date postérieure.

Il n'y a pas de texte qui oblige à prendre, pour fixer le revenu des actions immobilisées dépendant de ces successions anciennes, telle base plutôt que telle autre. Les redevables qui désirent faire une déclaration régulière, doivent s'inspirer des circonstances, pour chacune de ces diverses espèces d'actions, d'après une moyenne calculée sur le produit des dernières années. — En ce qui concerne les actions immobilières de la Banque de France, dont les dividendes alloués depuis l'origine ont suivi une progression graduelle assez lente et marquées par des alternatives d'augmentation ou de diminution, on peut prendre, pour arriver à la vérité la moyenne des dividendes pendant les cinq dernières années et la multiplier par 20. On pourrait encore, pour arriver à la détermination du revenu normal, rapprocher les divers arrêtés de comptes, qui ont lieu notamment pour les actions immobilisées de la Banque de France les 25 juin et 25 décembre de chaque année en se reportant à l'année du décès (Dict. Ferrand, SS^ons n° 834).

Immeubles situés en Corse

La loi du 27 mai 1917, prescrivant de prendre pour base la valeur vénale d'un immeuble, et de généraliser l'exception résultant de l'article 12 de la loi du 25 février 1901, ne semble pas applicable en Corse en ce qui concerne l'évaluation à donner aux immeubles insulaires dans les déclarations de mutation par décès. Dans son caractère général comme toutes les autres lois, il est incontestable qu'elle peut recevoir son application en Corse, comme dans tous les autres départements français. Mais il en est autrement au point de vue spécial qui nous occupe, c'est-à-dire au point de vue de la valeur intrinsèque immobilière de l'île.

C'est ce qui paraît résulter au surplus des explications qui vont suivre.

Le conseiller d'Etat Miot, envoyé en Corse en qualité d'administrateur, en vertu d'une délibération des consuls du 17 nivôse an IX, avait le pouvoir de prononcer des dégrèvements ou des remises sur les contributions directes ou indirectes. En vertu de ce pouvoir il prit concernant l'Enregistrement un arrêté en date du 21 prairial an IX, dont l'article 3 relatif aux successions est ainsi conçu :

« La valeur des immeubles dont les héritiers légataires ou donataires étaient
« tenus de faire la déclaration pour les successions qui leur étaient échues, sera
« déterminée à l'avenir par le montant de la contribution foncière, et, pour par-
« venir à cette fixation, la contribution foncière sera considérée comme le centième
« du capital sur lequel les droits à percevoir, d'après la loi du 22 frimaire an VII,
« seront liquidés. En conséquence, ces droits seront exigibles dès que le rece-
« veur de l'enregistrement au bureau de la situation des biens aura la connaissance
« du décès de l'ex-propriétaire. Il en suivra le recouvrement sur les héritiers,
« qui seront tenus, en acquittant les droits, d'ajouter la déclaration des immeu-
« bles fictifs, ainsi que celle du mobilier. La peine, droit en sus, encourue pour
« défaut de déclaration dans le délai de six mois restera abrogée. »

Il résulte de ce texte toujours en vigueur que la valeur imposable, en cas de mutation par décès des immeubles situés en Corse, n'est pas déterminée, comme pour ceux de la métropole par le revenu multiplié par 20 ou par 25, la loi du 21 juin 1875 n'ayant pas abrogé cet arrêté qui a force de loi, mais par le montant de la contribution foncière, multiplié par 100, sans qu'il y ait lieu d'ajouter les centimes additionnels au principal. (Cass. 4 août 1807 ; 2681 J... — Fessard, V° Succ., n° 875).

L'Instruction de la Régie n° 3058 en date du 16 juillet 1901 prend soin de nous dire que les lois générales ne dérogent pas aux lois spéciales sur les points que celles-ci ont réglés, et que, par conséquent, la loi du 25 février 1901 sur les successions n'avait pu abroger les dispositions particulières de l'arrêté du 1er prairial an IX, en ce qui concerne : 1° la valeur imposable des immeubles situés en Corse qui doit continuer à être obtenue au moyen d'un capital égal à cent fois le montant de la contribution foncière ; 2° la suppression de tout délai pour le paiement des droits de mutation par décès exigibles en Corse ; 3° la suppression de toute pénalité, s'ils ne les ont pas acquittés dans les six mois du décès. Mais à tous les autres point de vue la loi du 25 février 1901 est devenue exécutoire en Corse comme dans tous les autres départements français, et il y a lieu notamment d'appliquer ses dispositions relatives aux tarifs, à la déduction du passif, au mode d'évaluation de l'usufruit et de la nue-propriété, à la désignation du bureau compétent pour recevoir la déclaration et encaisser les droits.

De la combinaison des règles particulières édictées par l'arrêté du 1er prairial an IX, avec les règles générales de la loi du 28 février 1901, l'Instruction 3058 tire les conséquences suivantes, dans les trois hypothèses ci-après. La même observation s'applique à toutes les lois postérieures (l. 31 décembre 1917.— 27 mai 1918.— l. 29 juin 1917. — l. 25 juin 1920).

α. — Le défunt était domicilié en Corse et ne possédait pas de biens ayant une assiette déterminée hors de ce département. — La valeur imposable des immeubles doit continuer à être établie en multipliant par 100 le montant de la contribution foncière, déduction faite des centimes additionnels, conformément à l'arrêté précité et on ne saurait songer à appliquer en Corse la disposition de l'article 12 de la loi du 25 février 1901, et de même l'art. 1ᵉʳ de la loi du 27 mars 1918 d'après laquelle la valeur vénale sert à liquider les droits de mutation par décès. — Mais la loi de 1901 devient applicable au point de vue de la déclaration de succession unique à souscrire au bureau du domicile du *de cujus*. C'est à ce bureau que doivent être déclarées toutes les valeurs héréditaires mobilières ou immobilières, alors même qu'elles auraient une assiette déterminée dans la circonscription de plusieurs bureaux de la Corse.

β. — *Le défunt était domicilié en Corse et possédait des biens ayant une assiette déterminée dans d'autres départements.* — C'est encore le bureau du domicile du défunt situé en Corse, qui devra recevoir la déclaration de toutes les valeurs mobilières et immobilières dépendant de sa succession, aussi bien de celles situées en France que de celles qui se trouvent en Corse. Mais tandis que la valeur imposable des immeubles situés en Corse sera déterminée par l'arrêté du 1ᵉʳ prairial an IX, qui fixera également les règles à suivre pour le payement des droits relatifs à ces immeubles, aux valeurs incorporelles et aux biens ayant leur assiette dans l'île, les biens ayant leur assiette déterminée sur le territoire de la France continentale seront soumis à tous les points de vue à la loi en vigueur au lieu de leur situation. — Il en résulte que la valeur imposable des immeubles situés en France doit être établie pour les successions ouvertes avant le 31 décembre 1917 en multipliant leur revenu par 20, s'ils sont urbains et par 25, s'ils sont ruraux ou par la déclaration de la valeur vénale, lorsqu'il s'agit d'immeubles dont la destination actuelle n'est pas de produire un revenu ou dans tous les cas, lorsque le décès est postérieur au 31 décembre 1917. En outre la déclaration de ces biens situés en France doit être souscrite au bureau du domicile du défunt que nous supposons en Corse, sous peine d'un demi-droit en sus ou d'une pénalité résultant de la loi de 1910.

γ. — *Le défunt était domicilié en France et possédait des biens ayant une assiette déterminée en Corse.* — Conformément aux dispositions de la loi du 25 février 1901, toutes les valeurs héréditaires, même celles du défunt situées en Corse seront déclarées au bureau de l'Enregistrement du domicile en France. Mais en vertu de l'article 3, de l'arrêté du 21 prairial an XI, la capitalisation des immeubles de la Corse sera faite en multipliant par cent la contribution foncière.

De plus les redevables ne seront pas obligés en principe du moins d'acquitter dans le délai déterminé fixé par l'article 24 de la loi du 22 frimaire an VII, les droits applicables à ces immeubles et aux objets mobiliers corporels se trouvant en Corse. Aucune pénalité de retard ne peut leur être réclamée de ce chef.

Aucune difficulté ne peut survenir, à cet égard lorsque tous les biens du défunt, quoique domicilié en France, sont situés en Corse. Les héritiers n'ont jamais à supporter que le droit simple. En outre, les contribuables ne sont pas forcés de s'adresser, comme pour les biens situés en France à la juridiction grâcieuse de l'autorité supérieure, pour obtenir les sursis destinés à faciliter leur libération. Les agents de perception ou de contrôle, qui ne sont pas tenus d'attendre le délai de six mois, pour réclamer et faire payer les droits dus au Trésor, ont, en même temps, la faculté de leur accorder, sous leur responsabilité, tous les délais nécessaires (Sol. 21 novembre 1872.

Toutefois, l'absence de délais de rigueur pour les biens de la Corse, sera pratiquement sans effet, lorsque le défunt a laissé des biens situés sur le territoire continental de la France et d'autres dans l'ile. Ordinairement on ne rédige qu'une seule déclaration soit en France, soit en Corse. Or, comme les biens de France doivent être déclarés dans les six mois au domicile continental ou insulaire du *de cujus*, on est bien dans l'obligation de déclarer en même temps et dans le même délai ceux de la Corse, d'autant mieux que, d'après une solution en date du 8 juillet 1816, les omissions dans les déclarations de successions, même pour les biens situés en Corse, sont possibles de droits en sus, avec cette particularité que pour ces sortes de biens, ils deviennent exigibles, dès que la déclaration a été souscrite, alors même que le décès ne remonterait pas à six mois. On pourrait, néanmoins éviter cette pénalité, en mentionnant dans la formule que la déclaration ainsi souscrite n'est que partielle.

Immeubles ne présentant pas de revenu dans les successions ouvertes
avant le 31 décembre 1917

Nous avons vu que pour les décès antérieurs à cette date, il y avait lieu d'appliquer la législation en cours au moment où ils se sont produits. Or, l'article 12 de la loi du 25 février 1901 porte que « les droits de mutation à titre gratuit, « entre vifs et par décès seront liquidés sur la valeur vénale en ce qui concerne « les immeubles dont la destination actuelle n'est pas de procurer un revenu. »

Cette règle d'exception est devenue la *règle générale* depuis 1918. Mais en ce qui concerne les successions, dont s'agit, elle ne peut être appliquée que pour les immeubles, dont le revenu n'est pas en proportion avec la valeur vénale, tels que les terrains à bâtir, les châteaux, les propriétés qui ne sont pas des propriétés de rapport Chambre des Députés, séance du 16 novembre 1900, J. O. p. 2103 . La loi n'a pas défini ces immeubles, mais il résulte des travaux préparatoires qu'on doit considérer à la fois le fait en lui-même et l'intention des parties. Sont réputés immeubles improductifs de revenus : 1° les terrains à bâtir, c'est-à-dire les emplacements nus ou ne contenant que des constructions essentiellement provisoires comme des échoppes ; — 2° les propriétés d'agrément, comme parcs, châteaux, hôtels ne servant pas à une habitation ordinaire Rapport de M. Monestier au Sénat du 31 décembre 1900 p. 42 ; — Conf. Rapport de M. Doumer du 10 novembre 1894 ; J. O. du 17 novembre 1894 ; — Doc. parlem. p. 1486, Col. 1).

La législation actuelle édictée par la loi du 27 mai 1918 est donc en principe applicable aux successions ouvertes avant le 31 décembre 1917, comme à celles postérieures, à moins qu'il y ait des immeubles susceptibles de produire un revenu. Dans cette hypothèse la valeur en est déterminée par la capitalisation par 20 ou 25, suivant les règles déjà analysées.

En ce qui concerne les successions ouvertes antérieurement à la promulgation de la loi du 25 février 1901, comme elles sont couvertes en règle générale par la prescription, nous n'avons pas à exposer quelle est la législation qui était susceptible de les régir.

§ 3. — Immeubles situés en dehors du ressort du bureau
où la déclaration est souscrite

L'article 27 de la loi du 22 frimaire an VII, qui décidait que « les mutations de propriété ou d'usufruit par décès seront enregistrées au bureau de la situation des biens « n'est plus applicable qu'aux successions ouvertes avant la promulgation de la loi du 25 février 1901. L'article 16 de cette loi a abrogé cette disposition pour l'avenir, en décidant que « les mutations par décès seront enre-« gistrées au domicile du décédé quelle que soit la situation des valeurs mobi-« bilières ou immobilières à déclarer. »

Mais il subsiste toujours quelque chose de l'article 27 de la loi de frimaire, en ce qui concerne les immeubles. Comme par le passé les agents de l'Administration de la situation des immeubles sont chargés de vérifier l'exactitude de la déclaration en ce qui concerne les immeubles héréditaires situés dans la circonscription de leurs bureaux. Aussi l'Instruction 3058 prescrit-elle, lorsque la succession comprend des immeubles situés en dehors du ressort du bureau où sera passée la déclaration, la désignation détaillée, conformément à l'article 27 de la loi de frimaire, de ces immeubles sur des formules spéciales fournies gratuitement par l'Administration, pour être transmises au bureau de la situation.

A côté de la formule ordinaire qui doit contenir la désignation de tous les biens héréditaires dans l'ordre que nous venons d'indiquer, il y a lieu de rédiger autant de formules spéciales qu'il y a d'immeubles situés dans différents bureaux. Les immeubles compris dans la circonscription de chaque bureau doivent être réunis sur la formule spéciale qui leur convient. Ces formules spéciales sont déposées au bureau du domicile en même temps que la formule principale ; celle-ci reste au bureau chargé de la perception des droits ; les autres sont transmises par les soins de l'Administration aux divers bureaux de la situation des immeubles.

Sur la formule principale, que les parties ont dû acquérir à raison de cinq centimes par feuille double et deux centimes et demi par feuille simple, les divers biens de la succession, et notamment les immeubles, sont groupés dans la catégorie qui leur convient, d'après les explications déjà fournies. Mais l'Instruction précitée autorise les contribuables à ne pas y reproduire le détail déjà fourni dans les formules gratuites destinées aux bureaux de la situation des biens : dans la déclaration souscrite au bureau du domicile, on peut, ainsi se contenter de résumer d'un mot ces diverses déclarations partielles, en rappelant simplement avec les noms des bureaux destinataires le total du capital imposable constaté par chacune d'elles.

Le résumé sommaire, comprenant la valeur imposable des immeubles héréditaires situés en dehors de la circonscription du bureau du domicile peut à la rigueur, dans la déclaration générale, constituer un paragraphe spécial, placé, dans la formule principale, à la fin des diverses valeurs actives de la succession.

Il importe de remarquer que les diverses formules gratuites contenant le détail des immeubles situés hors du ressort du bureau où la déclaration est souscrite doivent être, comme la formule principale, datées et signées par les déclarants. Des doutes à cet égard avaient été émis par certaines personnes. Mais l'instruction 3058 le prescrit en s'exprimant très clairement à ce sujet à la page 32. **Nous estimons que cette prescription est conforme à l'esprit de la loi.**

CHAPITRE III

ÉVALUATION DES BIENS DÉTRUITS OU ENDOMMAGÉS
PAR LES FAITS DE GUERRE

La loi du 12 juin 1922, complétant la loi 16 juillet 1921 a établi un régime spécial d'évaluation pour les mutations à titre gratuit et notamment pour les mutations par décès des biens meubles et immeubles *détruits ou endommagés* par les faits de guerre, lorsque ces mutations sont intervenues *depuis le* 1er *août* 1914 *jusqu'au* 11 *novembre* 1918 inclusivement. Les périodes antérieures et postérieures demeurent assujetties, pour le mode d'évaluation des biens, aux règles fiscales, du droit commun en vigueur à l'époque de la mutation.

Néanmoins par équité on a décidé que la date du 11 novembre 1918 ne marquerait pas le terme de la période d'application du régime exceptionnel, lorsque, par suite de l'occupation ennemie, les lois fiscales intervenues n'auront pu être promulguées dans les régions dévastées : La période précitée se trouvera donc prorogée jusqu'à l'époque où ces lois sont devenues légalement exécutoires dans chacun des arrondissements envahis. (Instr. de la Régie n° 3.731 p. 3,.

Le régime institué par la loi précitée du 12 juillet 1922 établit une différence suivant qu'il s'agit de meubles corporels et d'immeubles, ou d'éléments incorporels de fonds de commerce.

I. — *Meubles corporels et immeubles.* — Ils pourront être évalués au choix des déclarants et quelle que soit l'époque de la destruction et du dommage :

« 1° Soit d'après leur état au 1er août 1914 et d'après les règles en vigueur à la « même date pour la liquidation et le contrôle de l'impôt.

« 2° Soit d'après leur état au 11 novembre 1918 et l'appréciation en valeur « vénale, qui en sera faite à cette même date, sous réserve du contrôle de l'Ad-« ministration.

« Dans cette dernière alternative la valeur vénale passible de l'impôt sera « majorée du montant de l'indemnité pour perte subie. »

Les héritiers ou légataires ont la liberté de choisir le mode d'évaluation qui leur paraîtra préférable non seulement à l'égard de l'ensemble des biens soumis au régime spécial, mais encore pour chacun de ces biens considérés isolément. Ainsi certains meubles corporels et certains immeubles peuvent être évalués d'après leur état au 1er août 1914, tandis que les autres le sont d'après leur état au 11 novembre 1918. On a de même la faculté d'évaluer les meubles corporels d'après leur état au 1er août 1914 et les immeubles d'après leur état au 11 novembre 1918 et réciproquement.

A) Si les intéressés optent pour la *première alternative*, les biens sont considérés, comme n'ayant jamais été ni détruits, ni endommagés, d'après leur état au 1er août 1914 et ils sont soumis aux règles légales existant à cette époque, telles qu'elles ont déjà exposées précédemment. Les immeubles ne sont évalués d'après leur valeur vénale que si leur destination n'était pas de procurer un revenu (loi 25 février 1901, art. 12).

B) Dans la *seconde alternative*, les biens font l'objet d'un mode d'évaluation spécial dans lequel interviennent deux éléments :

α. — L'appréciation de la valeur vénale de ces biens à la date du 11 novembre 1918.

β. — Le montant de l'indemnité représentative de la perte subie.

1° En ce qui concerne le premier élément les parties doivent fournir une déclaration détaillée et estimative des biens *d'après leur état* au 11 novembre 1918.

Il y a deux hypothèses à envisager :

Si les biens ont été entièrement détruits, ils ne donnent lieu à aucune estimation. On les mentionne pour ordre, en y rattachant l'indemnité pour perte subie.

S'ils ont été simplement endommagés, l'estimation porte *sur la valeur de ce qui subsiste* et l'évaluation est faite en valeur vénale, les meubles corporels sont déterminés, comme dans la première alternative, d'après les dispositions de l'article 11 de la loi du 25 février 1901, toujours en vigueur, avec ce double correctif que, pour l'application des modes d'évaluation prévus aux paragraphes 1er et 2e de cet article, la date du 11 novembre 1918 est substituée à celle du décès et, d'autre part, que les polices d'assurances qui, lors de leur passation, se référaient à des meubles non endommagés, doivent être toujours écartées ; en matière d'immeubles, le mode d'évaluation est analogue à celui généralisé par l'article 1 ʳ de la loi du 26 mai 1918, sauf substitution de la date du 11 novembre 1919 à celle du décès.

2° Le deuxième élément pour apprécier la valeur des biens détruits ou endommagés est le montant de l'indemnité représentative de la *perte subie*. Pour les immeubles la perte subie est évaluée d'après les dispositions de l'art. 5, 2e et 3e alinéas, de la loi du 17 avril 1919, et, pour les meubles corporels, d'après les règles déterminées à l'article 13 de la même loi. Dans les deux cas, le montant en est fixé par les décisions devenues définitives rendues par les juridictions instituées par le titre III de la loi précitée.

Il importe de ne pas confondre l'indemnité pour *perte subie* servant le cas échéant à déterminer la valeur imposable, avec les indemnités pour frais supplémentaires ou pour vétusté, allouées en cas de remploi et qui sont dispensés de droits de mutation, d'après l'art. 2 de la loi et par suite il n'y a pas lieu de les mentionner dans la formule.

II. — *Fonds de commerce.* — L'option n'est pas admise pour les éléments incorporels des fonds de commerce. Ils doivent toujours être évalués d'après leur état au 11 novembre 1918 qu'ils, aient été endommagés ou non, et cette évaluation est majorée, le cas échéant, du montant de l'indemnité pour perte subie.

CHAPITRE IV

DU PASSIF ET DES DÉDUCTIONS AUTORISÉES

Le principe de la non-déduction du passif s'appliquait avant la loi du 25 février 1901 à toutes les dettes, même privilégiées, et à toute succession, même aux successions vacantes (Sol. 22 juin 1830; 9.703 J. — Cass. 17 niv. an 12. Champ. et Rig., IV, 3.404 et s.; — Bourges, 12 décembre 1830; Champ. et Rig., IV, 3.411; — Seine, 10 décembre 1868; 2608 R. P.). Ce principe est encore en vigueur pour les successions ouvertes avant la promulgation de la dite loi. Pour ces successions l'actif brut tel qu'il a été transmis par le défunt à ses héritiers ou légataires est soumis à l'impôt de mutation par décès, sans déduction des charges qui le grèvent. Ils s'en suit que les biens doivent être déclarés pour leur valeur entière, sans aucune déduction, alors même que le prix de meubles ou d'immeubles acquis par l'auteur de la succession n'ait pas été acquitté et doit être payé par les héritiers (D. m. f. frim. an IX; 668 J.; Dict. Fessard, n° 846). — Par identité de motifs, le droit est dû à la fois sur la valeur de l'immeuble acquis et non payé et sur le prix de la créance de la succession qui doit servir à la payer, si la confusion n'avait pas encore pu s'opérer par suite de la non clôture de l'ordre. (Montpellier 14 juin 1852; 15.646 J.). De même il ne faut pas déduire de la valeur d'une part de navire dépendant d'une succession ouverte antérieurement à la loi de 1901, la somme dont cette part est grevée au profit de l'armateur. (Sol. 25 juin 1873).

Toutes les sommes, toutes les valeurs, même celles destinées à l'acquittement du passif doivent être déclarées, si ce passif n'a pas été payé avant le décès. (Sol. 11 novembre 1834; 11.063 J.; — Rouen, 10 mars 1856; 1.623 J.; Chambéry, 13 mars 1877; 4.893 R. P.).

Nous avons déjà fait remarquer, en nous occupant des parts de sociétés dépendant des successions, que la part d'un associé décédé représente une valeur nette, lorsque la société constitue un être moral et lorsque cet être moral subsiste après le décès; alors l'impôt n'est dû que sur cette valeur nette. Mais lorsque cet être moral a disparu ou n'a jamais existé, la succession comprend la part brute, sans déduction du passif et c'est cette part brute qu'il y a lieu de déclarer.

La loi du 25 février 1901 a admis sous certaines conditions, que nous aurons à étudier, la déduction du passif, sans rien changer du moins dans ses grandes lignes aux principes de l'établissement de l'actif successoral. Mais déjà sous l'empire de la législation antérieure, certaines déductions étaient autorisées pour certaines valeurs se trouvant dans la succession du *de cujus* et qu'il ne détenait qu'à titre précaire : certaines de ces valeurs avaient pu disparaitre et le *de cujus* ne devait plus que la somme correspondante; la déduction, n'en était pas moins permise, comme nous aurons l'occasion de le montrer. Le législateur de 1901 a déclaré formellement ne rien changer à cet état de choses: il a entendu augmenter le nombre des déductions déjà admises, en y ajoutant le passif proprement dit, sans exiger aucune condition nouvelle à ces déductions précédentes.

Nous aurons donc à étudier dans une première section quelles étaient les déductions autorisées antérieurement à la loi de 1901, déductions encore acceptées par cette loi. Dans une seconde section nous nous occuperons de la déduction du passif successoral et des conditions imposées par la loi nouvelle pour pouvoir en bénéficier.

Section I. — Des Déductions antérieures a la loi du 25 février 1901

Les biens détenus par le défunt à titre précaire, en qualité de mandataire, dépositaire ou créancier gagiste n'ont jamais cessé d'appartenir au mandant, au déposant, au débiteur gagiste, puisque le mandataire demeure complètement étranger aux effets de l'acte dans lequel il figure (art. 1.984 (C. C.). Nous en avons déjà conclu que ces objets devaient figurer dans la déclaration de succession du mandant, du déposant et du débiteur gagiste ; or, comme ils ne peuvent appartenir à deux personnes à la fois, ils ne sauraient être compris dans celle du mandataire, du dépositaire et du créancier gagiste. (Champ. et Rig. IV, 3.405).

Cela est vrai non seulement des corps certains, mais encore des sommes ou valeurs, parce que ces choses s'apprécient dans leur quantité, non dans leur espèce. Les héritiers du mandataire ne recueillant pas ces valeurs ne doivent de ce chef aucun droit de mutation (G. Demante, II, 692, p. 359).

§ 1er. — Du Mandat

Les sommes ou valeurs recouvrées par un mandataire pour le compte de son mandant ne font pas partie de la succession du premier et ne doivent pas être déclarées. Il en est ainsi non seulement lorsque ces sommes ou valeurs existent *in individuo* à l'époque du décès du mandataire, c'est-à-dire, ont été mises à part avec indication de leur origine (Sol. 18 septembre 1875), mais encore lorsqu'elles sont confondues avec les deniers comptants et les valeurs au porteur se trouvant dans le patrimoine propre du mandataire. Si une somme suffisante se trouve dans ce patrimoine, la déduction doit être acceptée pour toutes les successions antérieures ou postérieures à la loi de 1901 : il suffit de justifier dans la formule de déclaration de l'existence du mandat et du chiffre de la créance du mandant. — Mais, si le mandataire décédé s'était servi des deniers de son mandant pour acquérir des biens *en son nom personnel*, et sans mention de son mandat, ces biens font nécessairement partie de son patrimoine et doivent être déclarés dans sa succession ; car le mandant ne saurait en revendiquer la propriété à aucun titre. La dette résultant de la créance de ce dernier ne saurait être déduite sous la législation antérieure à la loi du 25 février 1901, et sous l'empire de la législation nouvelle, la déduction n'est autorisée, que tout autant que les conditions exigées par cette loi sont remplies.

La même règle et les mêmes distinctions doivent être appliquées en matière de deniers pupillaires détenus par le tuteur en vertu du mandat légal qui lui appartient. En principe les mineurs et les interdits sont restés propriétaires des biens distincts de la succession de leur tuteur existant encore en nature; mais ils n'ont plus qu'un droit de créance non susceptible d'être déduit sous la législation antérieure à 1901, lorsque ces valeurs sont confondues avec les biens composant le patrimoine de leur dit tuteur (Conf. Sol. 14 novembre 1872).

Cependant, à cause du cas particulier certaines décisions de Justice ont apporté certains tempérament à l'application de ce principe parfois rigoureux. Aussi a-t-il été décidé que le mandat légal dont le tuteur est investi influe si étroitement sur tous ses actes, que la preuve, résultant à son profit du titre inscrit en son nom, peut être détruite, au moyen de justifications dont la sincérité n'est pas mise en doute. Cette preuve doit dispenser de percevoir les droits de mutation, lors du décès du tuteur ; et il doit en être ainsi dans tous les cas de mandat légal (Beaune, 19 décembre 1873. 4189 R. p. ; — Villeneuve-sur-Lot, 14 janv. 1871 ; 3592 R. P.)

Le reliquat actif constaté au profit du mineur et résultant de la balance entre les recettes et les dépenses faites par le tuteur, dans un compte de tutelle dressé avant le décès du dit tuteur, mais non encore arrêté et accepté, doit être considéré comme la propriété du pupille même devenu majeur et doit être déduit dans tous les cas de la succession du tuteur (Sol. 12 mai 1866, 28 janv. 1868, 5 juin 1869, 27 janv., 28 juill. et 8 octobre 1880). Mais dès que ce compte a été arrêté, l'obligation du tuteur envers son pupille change de caractère, et si ce dernier a conservé le reliquat, il n'est plus qu'un débiteur ordinaire ; par suite aucune déduction n'est plus possible pour les successions ouvertes avant la promulgation de la loi de 1901 (Sol. 15 octobre 1877 ; G. Demante, n°s 408 et s.), et pour les autres le compte de tutelle ne serait plus suffisant pour permettre *de plano* la déduction : il faudrait encore se conformer aux exigences de la loi du 25 février 1901 et remplir les conditions qu'elle impose.

La déduction spéciale, dont nous venons de parler, relative au mandat ordinaire et au mandat légal du tuteur, ne s'applique qu'aux obligations résultant directement du mandat, mais non aux dettes personnelles en dehors de toute idée de mandat, que le mandataire ou le tuteur peut avoir envers son mandant ou son pupille. Dans cette dernière hypothèse la déduction est impossible ou elle ne l'est que dans les conditions prévues par la loi de 1901, lorsque la succession est soumise aux dispositions de cette loi (Angoulême 26 mars 1878 ; 20,822 J. ; — Seine, 18 juin 1880 ; 21,396 J. ; 5384 R. p.). — Toutefois la compensation a semblé admissible entre la dette du tuteur et celle du pupille. Il n'y a là, du reste, que l'application du droit commun (Saint-Omer, 10 juill. 1874 4016 R. P.)

§ 2. — Du Dépôt

Le dépositaire n'acquiert ni la propriété, ni la possession de la chose qui lui est remise en dépôt : il n'en obtient que la simple détention, afin de l'avoir sous sa garde et de la surveiller. Il n'est qu'un simple détenteur précaire, ne pouvant retirer aucun avantage de sa possession (art. 2236 C. C., Pont, n° 372). Les sommes d'argent, les valeurs mobilières et les titres au porteur remis en dépôt, ne font donc pas partie de sa succession et ne doivent pas être déclarées, toutes les fois que le titre de dépôt peut permettre de détruire la présomption légale de possession, telle qu'elle résulterait de l'article 2279 du Code Civil.

Cette règle serait inapplicable, si le dépositaire avait acquis pour le déposant des immeubles ou des titres nominatifs immatriculés en son nom personnel alors même qu'il serait établi que ces biens ou valeurs appartiennent en réalité au déposant. Dans l'espèce il aurait eu le tort de ne pas les faire inscrire sous le nom de ce dernier et ses héritiers seraient obligés de les comprendre dans la déclaration de sa succession, en vertu du principe de la propriété apparente ; car l'Administration n'a pas à tenir compte des intentions secrètes des parties, ni des dissimulations auxquelles elles ont été parfois obligées de recourir (Cass. 11 juillet 1814; 4935 J.; Dalloz, Enreg. n° 2512 ; — Cass. req., 26 mai 1836; S., 36, 1, 498 ; — 5 août 1840 ; S., 40, 1, 766 ; — Cass. civ. 22 avril 1850 ; S., 50, 1, 359 ; — 1er fév. 1859 ; S., 59, 1, 928 ; — 24 janv., 1860; S., 60, 1, 753 ; — Cass. req. 23 fév. 1875 ; S., 76, 1, 182 ; — 27 fév. 1877; 4812 R. P.; — Angers, 2 juin 1877; R. P. 4779; J. E 20.582; — Pontoise, 15 janvier 1894; — D. M. F., 4 novembre 1865 ; — D. E. SSons n° 1493 ; — Sol. 24 octobre 1903).

Sous le bénéfice de cette observation relative à la propriété apparente les sommes ou valeurs mobilières données en dépôt doivent être déduites de l'actif héréditaire déclaré, sous la seule condition que la preuve de ce dépôt soit régulièrement établie. Peu importe que le *de cujus* dépositaire soit un simple particulier ou un officier public ou toute autre personne appelée plus spécialement par ses fonctions, à recevoir des dépôts. Sans doute dans ces deux derniers cas, la preuve sera évidemment plus facile à fournir ; mais s'il est possible de l'établir pour un dépositaire simple particulier, la déduction ne devrait pas moins être admise en vertu des principes anciens. On ne saurait accepter, sur ce point, l'opinion de M. G. Demante (n° 406), et repousser la déduction sous prétexte que l'art. 69 § 3, n° 3 de la loi du 22 frimaire an VII a soumis au droit proportionnel les reconnaissances de dépôts de sommes chez des particuliers. Ce serait étendre un texte de loi fiscale qui est essentiellement de droit étroit (Sol. 1er juill. 1863 ; 18959 J. ; — 16 novembre 1865 ; 18476-2 J. ; — Hazebrouck, 13 nov. 1864 ;1931 R. p. ; — Cass. 11 avril 1815; 5159 J. ; — Sol. 10 mai, 6 juill. 1876).

Il importe de remarquer que la déduction *de plano*, et en dehors des prescriptions de la loi du 25 février 1901, ne serait plus fondée en cas de dépôt dénaturé, c'est-à-dire, si le dépositaire avait employé dans son intérêt personnel les sommes ou valeurs qui lui avaient été remises, par exemple en achetant des marchandises avec l'argent déposé ou en vendant pour son propre compte les marchandises confiées à sa garde, car alors il est devenu simple débiteur direct des déposants (Sol. 11 novembre 1881). De même il n'y a plus dépôt au vrai sens du mot, lorsque le dépositaire paie un intérêt quelconque au déposant, car il en acquiert forcément en échange le droit de disposer des valeurs remises, et la propriété ne réside plus sur la tête de ce dernier (Dreux, 28 mai 1851; 15230 J.).

§ 3. — Du Gage

Les objets remis en gage au créancier, conformément à l'article 2071 du Code Civil n'ont jamais cessé de faire partie du patrimoine du débiteur; car dans notre droit le contrat de gage n'est pas translatif de propriété. De ce principe, nous avons déjà conclu que les héritiers du débiteur gagiste sont obligés de les comprendre dans la déclaration de succession de leur auteur. Comme conséquence forcée ces mêmes objets ne sauraient figurer dans la déclaration de succession du créancier gagiste, qui ne les avait pas dans son patrimoine et ne les détenait qu'à titre précaire pour garantie de sa créance (Champ. et Rig. IV, 3346).

La déduction ne serait plus possible dans la succession du créancier gagiste, si le contrat de gage était destiné à cacher une aliénation, par exemple si la propriété était transmise au créancier, sauf l'obligation pour celui-ci de retransférer la propriété de la chose ou d'une chose identique après la libération du débiteur. Aussi a-t-il été décidé que la somme d'argent déposée, à titre de garantie, par un débiteur entre les mains de son créancier, par exemple, par un preneur entre les mains d'un bailleur, ne saurait être admise en déduction des valeurs déclarées, surtout lorsque parmi ces valeurs on ne trouve pas une somme d'argent équivalente à celle remise en garantie. Pour que la déduction soit autorisée, il faudrait que les espèces remises puissent se retrouver en nature dans la succession même du créancier ou que celui-ci ait acquis avec ces deniers des objets, dont la propriété ait été régulièrement assise sur la tête du débiteur. Dans le cas contraire le débiteur n'a plus qu'un droit de créance contre son propre créancier, en ce qui concerne les sommes d'argent données en garantie. La déduction n'est jamais possible sous la législation postérieure que s'il existe un titre régulier et à la condition de se soumettre à toutes les exigences de la loi nouvelle (Rép. gén., n° 2795-2 ; — Sol. belge, 21 septembre 1878 ; 21,401 J. : 5209 R. P ; — Sancerre 24 décembre 1879).

§ 4. — **Valeurs détenues par un usufruitier**

L'usufruitier a le droit de jouir des choses, sur lesquelles porte son droit d'usufruit, mais à la condition d'en conserver la substance (art. 578, C. C.). La propriété reste au nu-propriétaire. Cela est sans difficulté pour les corps certains, dont on peut jouir sans les détruire. Mais il en est autrement des objets fongibles comme du vin, des denrées de toutes sortes, et des sommes d'argent dont on ne peut faire usage sans les consommer. La tradition romaine et les auteurs sont d'accord pour accorder à l'usufruitier la propriété même de ces objets, à la charge de rendre à la fin de l'usufruit, pareille quantité, qualité ou valeur ou leur estimation. On dit qu'il y a alors *quasi-usufruit* (G. Demante, n° 694 ; Demolombe, Usuf., V. 289 ; Proudhon, 2630, et s. ; Marcadé, art. 587, n° 1).

De ce qui vient d'être dit, nous devons conclure, que toutes les valeurs grevées d'usufruit autres que les sommes d'argent ou les objets fongibles, qui se retrouvent en nature lors du décès de l'usufruitier, ne font pas partie de sa succession et ne sont pas soumises aux droits de mutation par décès ; par suite il n'y a pas lieu de les mentionner dans la formule. La solution est la même pour les créances remboursées à l'usufruitier et dont les fonds ont été replacés en totalité ou en partie avec déclaration d'origine (Dict. Fessard, n° 894 ; — Dél. 8 fév. 1831 ; 10132 S.), Il en est de même des immeubles acquis en remploi par l'usufruitier pour le compte du nu-propriétaire. Celui-ci dans toutes ces hypothèses est devenu propriétaire au jour de l'acquisition et obtient de plein droit la pleine propriété par suite du décès de l'usufruitier. — On admet également que les deniers comptants se trouvant dans la succession de l'usufruitier d'une somme d'argent doivent être considérés comme la somme grevée d'usufruit, qui est censée ainsi exister en nature (Seine 10 janv. 1839; 1241-2. I). — La même solution devrait être donnée pour l'usufruit de titres au Porteur, dont on retrouve semblables titres dans la succession de l'usufruitier.

De ce qui précède, on devrait conclure que pour les objets fongibles n'existant plus en nature, pour les valeurs transformées dont on ne retrouve même pas l'équivalent dans la succession de l'usufruitier, la déduction n'est plus possible sous la législation antérieure à la loi du 25 février 1901 et que sous la législation postérieure, elle ne le devient qu'en remplissant les conditions et en se soumettant aux exigences de cette loi. C'est, en effet, ce qu'avait décidé une délibération du 8 février 1831. Mais depuis, l'Administration, guidée par un esprit d'équité, a rompu avec les principes du droit qui régissent la matière et a autorisé la déduction sur les valeurs mobilières de la succession d'un usufruitier, de la somme d'argent transformée et dont il n'avait que l'usufruit (Sol. 7 janvier 1857)·

La Cour de Cassation a fait une large application de cette décision administrative et a décidé que les sommes d'argent léguées à titre particulier stipulées payables sans intérêt au décès du légataire universel, ou même celles qui, quoiqu'exigibles n'auraient pu être payées avant ce décès, doivent être déduites, lors de la déclaration de sa succession, des valeurs qui la composent pour la perception du droit de mutation par décès, assimilant ce dernier cas à un usufruit (Cass. 6 décembre 1858 ; S., 59, 1, 346 ; D. P. 59, 1, 21 ; — 16 août 1859 ; S. 60, 1, 76 ; D. P., 59, 1, 337 ; — 22 août 1859 ; S., 60, 1, 76 ; D. P., 59, 1, 137 ; — 25 juin 1862 ; S., 62, 1, 855 ; D. P., 62, 1, 370 ; — 28 fév. 1865 ; S. 65, 1, 229 ; D. P., 65,1, 135 ; — Conf. Seine, 17 juin 1865 ; S. 65, 2, 243 ; — Die, 11 novembre 1869 ; 3199 R. p. : — Bourg, 3 avril 1865 ; D. P. 66, 3, 76 ; Dalloz, C. ann. n° 2778).

Comme il n'y avait aucune raison pour ne déduire les valeurs usufructuaires fongibles que des valeurs mobilières dépendant de la succession de l'usufruitier la Jurisprudence a généralisé la décision du 7 janvier 1857 et a déclaré légale la déduction de ces valeurs non seulement sur les meubles, mais sur l'ensemble du patrimoine mobilier et immobilier de l'usufruitier décédé, malgré l'opposition de l'Administration, qui finit par accepter sans réserve ce tempérament équitable à la rigueur des principes du droit (Conf. Seine, 18 juin 1880, 21, 396 J. ; Sol. 14 septembre, — 7 novembre 1873, 18 juin 1874, 29 janv. 1875, 17 août 1877 ; 2 avril, 12 août et 29 septembre 1878).

Néanmoins, les sommes détenues par un usufruitier ne sauraient être déduites de plein droit des valeurs de sa succession que s'il les possédait en cette qualité. Si l'usufruitier était débiteur, en vertu d'une obligation personnelle, de la somme dont il a acquis l'usufruit, ou si, par une novation de son titre, il était devenu débiteur direct d'une somme sur laquelle s'exerçait déjà sa jouissance, la déduction telle qu'elle résultait des décisions judiciaires antérieures à la loi nouvelle ne serait plus acceptable. Sol. 13 octobre 1863. Il importe de rechercher dans chaque espèce, sans pouvoir poser de règles fixes, dans quel cas le titre de débiteur peut prévaloir sur celui d'usufruitier, et réciproquement. Dans la première hypothèse la déduction n'est pas possible, du moins en vertu de la règle ancienne (La Flèche 18 janvier 1859 ; 1232 R. P. ; — Cass. req. 22 déc. 1856 ; 16554 S. ; Conf. Les Sables d'Olonne, 27 décembre 1860, 14421, R. P. ; — Cass., 21 août 1861 ; S., 62, 1, 315 ; D. P., 62, 1, 392 ; — Angoulème 7 mars 1864 ; 2137 R. P.). Dans la seconde hypothèse la déduction est admise sur l'intégralité du patrimoine de l'usufruitier pour toutes les successions sans exception. d'après les décisions antérieures à 1901 Seine. 16 février 1861 ; 1471 R. p. ; — Sol. 13 octobre 1865 ; — Nevers 22 janvier 1873 ; 19876 J. — Seine, 17 juin 1865 ; S., 65, 2. 243 ; — Cass. 27 juin 1876 ; S. 77. 1. 241 ; — C. Limoges, 28 fév. 1879 : — Béziers, 21 juill. 1880 ; — Sol. 14 avril et 6 juin 1881).

La déduction est autorisée également. en vertu de la règle précédemment exposée, sur la succession d'un tuteur. qui possédait l'usufruit des biens de son pupille soit en vertu d'une disposition testamentaire soit en vertu de l'article 453 du code civil. sous les réserves déjà admises.

Lorsque les valeurs usufructuaires n'existent plus en nature ou *in individuo*, et que la déduction doit s'opérer sur tous les biens héréditaires de l'usufruitier, par suite de la confusion qui s'est opérée avec eux et en vertu de la fiction établie par la Jurisprudence. la quotité à déduire est déterminée d'après les valeurs qui ont déjà été soumises à l'impôt de mutation par décès. mais jamais sur des valeurs supérieures. au contraire elles doivent être diminuées des sommes employées par l'usufruitier au payement des dettes de la succession Laon, 20 avril 1877 ; 20487, J. ; — Sol. 2 janv. 1878 ; — 18 novembre 1880..

Il est inutile de fournir une attestation du nu-propriétaire. la déduction doit être acceptée sur la simple justification du montant des valeurs comprises dans la déclaration souscrite après le décès qui avait constitué l'usufruit.

§ 5. — Valeurs soumises à l'exercice du droit de retour conventionnel

Il ne peut y avoir de difficulté pour les objets se retrouvant en nature dans le patrimoine du donataire décédé avant le donateur qui s'est réservé le droit de retour. Le prédécès du donateur anéantit la donation. par suite de la réalisation de la condition résolutaire ; le donateur peut reprendre son bien en quelques mains qu'il se trouve. toutes les aliénations consenties par le donataire étant ainsi résiliées comme faites par un *non-dominus* : la donation est réputée inexistante tant dans le passé que pour l'avenir Mourlon art. 747 et 951 . Pour les sommes d'argent et les choses fongibles données sous réserve du droit de retour. la solution doit être la même : les héritiers du donataire n'ont pu les recueillir dans son patrimoine dont elles se sont trouvées détachées. quelle que soit la nature des biens qui le composent. Aussi, bien qu'en réalité le donateur ne conserve dans ce cas aucun droit de propriété même éventuel et qu'il n'ait qu'une créance conditionnelle contre la succession du donataire Laurent, XII, 469 ; C. Paris, 1ᵉʳ fév. 1839 ; Dalloz Vᵒ Disposition entre vifs nᵒ 1783 . l'Administration n'en a pas moins reconnu avant la loi de 1901. que cette créance n'était pas une charge proprement dite de la dite succession et qu'elle devait être admise dans tous les cas en déduction (Lodève, 20 mars 1872, S. 73, 2. 24 ; — Sol. 10 juin 1872). Toutefois une solution en date du 6 octobre 1880 a décidé que les sommes données sous réserve du droit de retour ne pouvaient être retranchées *de plano* de la succession du donataire comme ne constituant pas des charges. que s'il existait dans le patrimoine de ce dernier des deniers comptants ou des valeurs au porteur : sinon la créance est une charge non susceptible d'être déduite sous la législation antérieure, et soumise pour être retranchée aux exigences de la loi nouvelle pour les successions postérieures à la loi de 1901.

§ 6. — **Sommes données entre vifs et non payées au décès du donateur**

Un avis du conseil d'Etat en date du 10 septembre 1808, ayant la force d'une loi interprétative (Constit. 22 frim. an 8, art. 52, arrêté des Cons. 5 niv. an 8, art. 11; L. 16 septembre 1807, art. 11) avait autorisé la déduction des legs particuliers de sommes d'argent non existantes dans la succession et que les héritiers ou légataires universels étaient tenus d'acquitter. Cette déduction s'opérait sur l'intégralité des valeurs héréditaires et elle avait pour but d'empêcher la perception de deux droits de mutation, puisque les légataires particuliers sont obligés de déclarer leurs legs et d'acquitter les droits en conséquence.

Cette règle d'équité et de bon sens devait nécessairement recevoir son application en matière de donations entre vifs, lorsque les sommes données n'avaient pas été payées au moment du décès du donateur, car, comme dans l'hypothèse précédente, ces valeurs données avaient supporté les droits, lorsque cette donation résultait d'un acte régulièrement enregistré. On prétendait que les donataires ayant été saisis des sommes données du jour de l'acceptation de la donation, elles ne faisaient plus partie de la succession et qu'elles n'en étaient plus qu'une charge. La Cour de Cassation consacra cette assimilation et déclara la déduction légale dans l'hypothèse qui nous occupe (Cass. 2 juill. 1823. 7570 J.; — 18 fév. 1829. 9271 J. ; — 1er avril 1829. 9305 J. — Bourges, 11 décembre 1835; Dalloz, v. Enreg. n 4466; — Castres 17 mars 1838: 12019 J; — Villeneuve, 18 juill. 1838: 12119 J; — Vienne, 1er juin 1839; 12312 J.).

L'Administration n'accepta pas cette décision, essaya d'abord de la restreindre au cas de donations faites aux héritiers ou légataires, puis aux héritiers seuls, ensuite aux héritiers en ligne directe, et finalement la supprima complètement. La Jurisprudence suivit d'abord l'Administration dans ces diverses étapes et finalement consacra la suppression complète de la distraction en matière de donation (Seine, 12 juin 1858, 16772; —Cass., 13 novembre 1860: S., 61, 1, 375; D. P. 60, 1, 480). Mais la Cour de Cassation se ressaisit et décida d'une façon définitive que les sommes données entre vifs et non payées au décès du donateur doivent être déduites des valeurs composant sa succession par ce motif que des libéralités provenant de la volonté du *de cujus* ne peuvent être assimilées à une charge de cette succession, dont les choses données ont, au contraire, été détachées dès le moment de la disposition (Cass. 30 juill. 1862; S., 62, 1, 991 ; D. P., 62, 1, 369; 17523 S.) Cet arrêt sert de règle depuis cette époque pour la liquidation du droit de mutation par décès (Inst. 2234, § 1er).

Dans toutes les déclarations de mutation par décès, qu'elles soient soumises à l'ancienne ou à la nouvelle législation, la déduction des sommes données et non payées est de droit sur l'ensemble des valeurs héréditaires. Il suffit pour qu'elle soit admise d'établir que la libéralité est actuelle et non éventuelle, c'est-à-dire qu'elle a entraîné le dessaisissement du donateur et qu'elle a déjà supporté le droit de donation entre vifs. Si l'on s'en tient aux motifs qui ont inspiré l'avis du Conseil d'Etat du 10 septembre 1808 et l'arrêt de la Cour de Cassation du 30 juillet 1862, il semble suffisant d'indiquer dans la formule de déclaration que le droit de donation entre vifs a été perçu, car il ne doit pas faire double emploi avec le droit de mutation par décès.

Il faut, de plus, pour que la déduction soit acceptée, que les sommes données n'aient pas été payées au moment du décès. Il ne peut pas y avoir de difficulté, pour les sommes stipulées payables lors du décès du donateur; il suffit de mentionner la clause du contrat, et la déduction ne saurait être légalement refusée (Sol. 19 mai 1876, 12 décembre 1878 et 19 août 1879 . — Mais lorsque les sommes ont été stipulées payables à un terme arrivé au moment du décès, la présomption du non payement n'existe plus et il faudrait démontrer dans la formule que les conventions n'ont pas été exécutées et que le payement n'a pas eu lieu (Sol· 3 janv. 1872, 13 mars 1872, 26 juillet 1873. 22 janv. 1874 et 10 avril 1876). — La présomption de payement peut être détruite par les énonciations d'un acte auquel auraient concouru tous les héritiers du donateur et dans lequel ou aurait déclaré que le payement n'a pas été effectué; la justification serait ainsi suffisante pour entraîner la déduction de l'ensemble des valeurs de la succession (Sol. 21 juin 1877, 15 avril 1881, 23 mai 1881. — Il en est de même, lorsque le contrat de donation renferme la preuve du payement de la somme donnée, comme, par exemple, lorsqu'il est dit dans un contrat de mariage que la célébration vaudra quittance et décharge de la somme constituée en dot à l'un des futurs époux. La Jurisprudence décide que le non-payement de cette dot peut résulter de la reconnaissance de ceux qui l'ont constituée et qu'ils peuvent s'obliger à la payer sans changer la nature du contrat d'origine qui autorise la déduction dans notre espèce (Canf. C. Paris, 24 févr. 1865 ; S. ; 66, 2, 1441 ; — 2 juin 1875 ; — C. Rouen, 13 mai 1868, S., 72, 2, 101 ; — 27 décembre 1871 ; S. 72, 2, 101 ; — C. Poitiers, 18 août 1872 ; S., 72, 2, 30 ; — Cass. (req.) 5 janv. 1831 ; S., 31, 1, 8 ; — 31 juill. 1833 ; S. ; 33, 1, 840 ; — C. Toulouse, 15 mars 1834 ; S., 34, 2, 537 ; — Cass. (req.) 2 mars 1852 ; S., 52, 1, 262).

La quotité de la déduction est égale en principe à la somme donnée et s'opère sur l'ensemble du patrimoine mobilier et immobilier (Sol. 25 janv. 1873) sans distinguer entre les donations préciputaires et celles faites en avancement d'hoirie. Cependant lorsqu'il s'agit d'une donation préciputaire excédant la quotité disponible et réduite à cette quotité, il n'y a lieu de déduire que la somme non payée revenant au donataire après réduction, car la portion réduite de la somme donnée et non payée est censée rentrer dans l'hérédité dont elle était considérée comme sortie fictivement (Sol. 30 novembre 1875) et le droit de mutation par décès devient ainsi exigible sur cette portion de somme (Bernay, 19 décembre 1849 ; 15, 036·7 J. ; — Bagnères, 13 avril 1859 ; 16, 921 J. ; — Sol. 26 fév. 1868 18, 487-4 J. : — Auxerre, 9 août 1881 ; — Sol. 14 décembre 1872 ; — 5 juin 1875 ; Dict. Fessard, n° 775 ; Champ. et Rig., III, 2517).

La déduction des sommes données est autorisée dans la succession du donateur, lorsque la somme donnée a été payée par un tiers subrogé à tous les droits du donataire, car la situation du donateur n'est pas modifiée par suite du payement effectué par ce tiers (Nyons. 24 décembre 1875 ; 20, 198 J. ; — Conf. sol. 15 mars 1878, 6 janvier 1880 . Mais il en serait autrement, si le payement avait été fait sans subrogation, parce que la somme donnée serait considérée comme payée (Sol. 19 fév. 1867).

Quid des donations de rentes? — S'il s'agit d'une rente perpétuelle, le capital est assimilé à une somme d'argent non payée, ce qui autorise la déduction des valeurs composant la succession du donateur. C'est ce qui a été décidé par la Jurisprudence en matière de legs, et c'est aussi ce qui doit être admis pour les donations, puisqu'elles sont régies par des règles identiques, depuis l'arrêt de la Cour de Cassation du 30 juillet 1862.

S'agit-il de rente viagère, aucune déduction n'est possible, si cette rente s'éteint au décès du donateur, car il n'existe plus dans le patrimoine du défunt une valeur représentative de cette rente. L'impôt est dû sur l'intégralité des biens héréditaires (Nantes, 8 juill. 1872; 3708 R. P.) — Laval, 12 novembre 1897 ; R. G. P., 1518; — Sol. 22 mai 1897). Mais si la rente viagère donnée entre vifs doit être servie après le décès du donateur, la déduction du capital représentatif de la rente est autorisée sur les biens composant sa succession (Sol. 15 mars 1880). Si la rente a été créée avec constitution d'un capital exigible au décès du donateur et non encore payé, c'est ce capital qui devra être déduit de sa succession, car c'est lui qui a supporté l'impôt de mutation entre vifs.

Lorsqu'il y a doute sur le caractère perpétuel ou viager de la rente et sur la continuation du service de la rente après le décès du débi-rentier, on doit prendre comme critérium l'enregistrement du contrat. La déduction est admissible, si la perception qui a été faite correspond à la constitution par donation d'une rente perpétuelle ; si au contraire l'Administration n'a envisagé à ce moment qu'une donation de rente viagère prenant fin au décès du donateur, on ne serait pas fondé de réclamer dans la formule la moindre diminution des valeurs successorales, pour la liquidation des droits de mutation par décès (Apt, 8 juillet 1876; 4543 R. P.; — Sol. 10 juill. 1876, 10 septembre 1877, 11 septembre 1880, 30 avril 1881).

Il est superflu d'ajouter que les seules rentes susceptibles de déduction sont celles qui grèvent la succession du *de cujus* en sa qualité de donateur. Celles qui lui étaient imposées à tout autre titre, comme par exemple en vertu d'un contrat d'obligation ou d'un acte de partage ne rempliraient pas les con ditions exigées par la Jurisprudence et ne devraient plus être considérées que comme des charges de la succession (Sol. 20 juin 1877; 4 avril 1881).

§ 7. — Legs Particuliers

L'avis du Conseil d'Etat du 10 septembre 1808, ayant force de loi dont il a déjà été question, a déclaré que les legs de sommes d'argent ne font plus partie de la masse successorale revenant aux héritiers ou légataires universels, alors même qu'il n'y aurait pas de deniers comptants dans la succession, car ce serait assujettir ces valeurs à un double droit de mutation. L'héritier ou le légataire universel reçoit du défunt la masse de ses biens diminuée du montant des legs particuliers et c'est seulement sur ce quantum réellement transmis qu'il doit les droits de mutation par décès. S'il s'agit de legs de corps certain, ils sont naturellement détachés de la succession pour être remis aux légataires particuliers, avec obligation pour eux d'acquitter les droits correspondant. S'agit-il de legs de sommes d'argent, la déduction doit être opérée et de plein droit sur le montant de biens meubles et immeubles héréditaires, lors de la déclaration faite par les héritiers ou légataires universels : une déclaration spéciale doit être souscrite en ce qui concerne ces legs particuliers par ceux à qui ils ont été attribués. La même règle s'applique aux legs particuliers imposés à un légataire particulier. Celui-ci n'est tenu d'acquitter l'impôt que sur la valeur réellement recueillie par lui. En d'autres termes le droit de mutation n'est établi que sur la valeur que chacun obtient dans la succession et à raison de son degré de parenté avec le défunt. (Cass. 30 mars 1858 ; S., 58, 1, 381 ; D. P., 58, 1, 151 ; Dalloz. C. Enreg., n° 2795; D. M. 17 juillet 1822; Inst. 2234 § 1 ; — Seine, 16 fév. 1861 ; 1471 R. P.)

Toutes les valeurs transmises par décès sont donc soumises à déclaration soit de la part des héritiers, soit de la part des légataires, et les droits perçus d'après la parenté de chacun avec le défunt. Mais si les legs particuliers excédaient la valeur imposable de biens transmis, les droits ne pourraient porter sur cet excédent, alors même que la valeur réelle de ces biens, comme par exemple la valeur vénale des immeubles, serait suffisante pour les acquitter tous. On doit s'en référer à ce sujet aux bases d'évaluation indiquées au point de vue successoral par la loi du 22 frimaire an VII et autres lois fiscales, et une fois que, d'après la volonté du *de cujus*, ou les exigences légales, les droits ont été perçus sur cette évaluation, il n'y a plus rien à déclarer. La formule de déclaration que peut fournir l'héritier doit énoncer que les legs particuliers absorbent les biens qui lui ont été laissés, et sa déclaration est dès lors, purement négative au point de vue des droits à percevoir (Cass. 28 janvier 1824 ; 7676 J. ; — 6 fév. 1827 ; 8670 J. ; Inst. 1210 § 6 ; — 14 janv. 1829 ; 9215 J. ; Inst. 1282 § 7 ; — Chaumont, 16 mai 1853 ; 16,352 J. ; — Sol. 19 août 1831 ; Inst. 1388 § 5).

L'impôt de mutation par décès n'est dû que sur la totalité de l'actif imposable ; mais il est dû sur l'intégralité de cet actif. Or, les héritiers ou les légataires universels ne peuvent être considérés comme dessaisis des valeurs léguées à titre particulier, que si les legs sont actuels et si les droits en peuvent être exigés des légataires. Si le legs est fait à un établissement public qui a besoin pour en profiter de l'autorisation du gouvernement (art. 910 C. C.), il y avait là une véritable condition, qui ne pouvait, en principe, dispenser les héritiers de déclarer les biens ainsi légués et d'acquitter sans déduction les droits d'après leur degré de parenté avec le défunt, si l'Administration l'exigeait, sauf l'obligation pour celle-ci, en cas de réalisation ultérieure, de tenir compte pour le calcul du droit sur le legs, de l'impôt déjà payé (Lodève, 8 décembre 1869 ; S. 70, 2, 275 ; — Nice. 28 août 1871 ; D. P., 73, 3, 217 ; — Montbrison, 20 décembre 1873 ; 19605 J. ; 3799 R. P. ; — Marseille, 21 juill. 1878 ; 20, 899 J.). — Mais l'Administration a elle-même atténué la rigueur de ce principe, en décidant qu'on s'abstiendrait de faire payer l'impôt à l'héritier ou au légataire universel, tant qu'il ne serait pas devenu certain, soit que l'établissement public a renoncé à demander l'autorisation d'accepter le legs, soit que cette autorisation lui a été refusée (Sol. 15 novembre 1875 ; 4597 R. P.).

Telle est encore la législation en cours pour les successions ouvertes antérieurement à la promulgation de la loi du 25 février 1901. Pour bénéficier de la faveur administrative et être autorisé à ne pas acquitter immédiatement l'impôt sur les sommes d'argent ou les objets légués à des établissements publics, il faut, tout en justifiant de la réalité de ces legs, demander, dans la formule, à bénéficier de la solution du 15 novembre 1875.

Pour les successions ouvertes postérieurement à la loi nouvelle, l'article 19 de la dite loi de 1901 est ainsi conçu dans son paragraphe 4. « A l'égard de tous les « biens légués aux départements et à tous autres établissements publics et d'uti-« lité publique, le délai pour le payement des droits de mutation par décès ne « courrera contre les héritiers ou légataires saisis de la succession qu'à compter « du jour où l'autorité compétente aura statué sur la demande en autorisation « d'accepter le legs, sans que le payement des droits puisse être différé au-delà de « deux années à compter du jour du décès. » — Les héritiers ou légataires universels saisis ont ainsi la faculté de ne pas payer dans les six mois les droits correspondant aux biens légués à des établissements publics et qu'ils ont régulièrement comptés dans la déclaration générale de la succession de leur auteur. Le délai est alors de deux ans à partir du jour du décès si l'autorité supérieure n'a pas statué auparavant en refusant le legs. Mais pour jouir de cette faveur légale, il est indispensable de réclamer, dans la formule même de déclaration, au moyen d'une mention spéciale, le bénéfice du paragraphe 4 de l'article 19 de la loi du 25 février 1901. A défaut de cette demande nettement exprimée, le receveur doit liquider l'impôt sur l'ensemble des biens déclarés, sans déduction de la valeur des biens légués à des établissements publics, d'après les relations de parenté qui unissaient le défunt à l'héritier ou au légataire universel saisi (Sol. 23 mai 1903; Inst. 3133, § 2).

La déduction des legs de l'ensemble des valeurs héréditaires est un principe absolu qui domine la matière. Elle ressort non seulement de la lettre mais encore de l'esprit de l'avis du Conseil d'Etat précité. Il en résulte que les legs et donations secondaires autorisent la déduction dans tous les cas, soit que le défunt ait chargé un de ses héritiers ou un de ses légataires de verser une somme d'argent à une tierce personne, soit qu'il ait imposé à un de ces divers successibles l'obligation de céder à une tierce personne un immeuble leur appartenant. La valeur imposable de cet immeuble, propriété personnelle de l'héritier ou du légataire, n'en doit pas moins être retranchée, pour la perception des droits incombant à ceux-ci, de l'ensemble du patrimoine héréditaire (G. Demante n° 665).

Nous ne rechercherons pas ici quelle est la nature du droit que doit payer le légataire particulier bénéficiaire d'une libéralité secondaire, car cette étude nous éloignerait trop de notre sujet. Certaines décisions judiciaires ont déclaré qu'il fallait exiger un droit de mutation à titre onéreux (Toulouse 9 janv. 1862; 17803 J.; — Orthez, 28 janv. 1873; S., 74, 2, 58). L'Administration voudrait même y voir une double mutation du testateur à l'héritier ou au légataire universel et de ce dernier au légataire particulier secondaire, d'où deux sortes de droits de mutation à percevoir en vertu de l'article 4 de la loi du 22 frimaire an VII. (Dél. 6 juin 1865). D'après la théorie administrative aucune déduction ne serait possible dans notre hypothèse, même sous l'empire de la loi du 25 février 1901, car il n'y aurait pas dette du défunt. Nous croyons, néanmoins, qu'il serait bon de demander la déduction en pareil cas dans la formule de déclaration de la masse des biens héréditaires.

Succession de l'héritier ou du légataire universel. — Nous avons déjà dit précédemment que, d'après la Jurisprudence, les héritiers ou les légataires universels étaient considérés comme des usufruitiers ordinaires en ce qui concerne les legs particuliers dont ils ont la jouissance jusqu'au moment de la demande en délivrance (art. 1014 C. C.). Si un héritier ou un légataire universel meurt avant la délivrance, il en résulte que le montant des legs, alors même qu'il s'agit de sommes d'argent doit être déduit des valeurs composant sa succession pour la perception des droits de mutation par décès, conformément à l'avis du Conseil d'Etat du 8 septembre 1808, par ce motif que ces sommes d'argent n'existaient dans la succession qu'à titre purement précaire et que les légataires particuliers tiennent leur droit du testateur lui-même et non de son héritier ou de son légataire universel. On peut donc poser cette règle générale adoptée définitivement par la Jurisprudence que les dons et legs particuliers non encore payés au décès de l'héritier ou du légataire universel doivent être déduits de sa succession, sans distinguer entre ceux qui sont exigibles lors du décès du testateur et ceux stipulés payables après la mort du légataire universel ou de l'héritier, sans intérêts jusque-là. (V. Inst. déjà citée V° Valeurs détenues par un usufruitier ; — Seine, 12 juin 1858; 1026 R. P. ; — 23 janvier 1858; 16.240 J. N. ; — Sol. 8 novembre 1860; 1640 R. P. ; — Cass. (req.) 29 novembre 1865; S., 66, 1, 29; D. P., 66, 1, 157 ; Dalloz, C. Enreg. n° 2845; — Sol. 30 juin 1873).

Cessionnaire. — La même décision doit être appliquée en cas de cession de droits successifs consentie à un tiers par l'héritier ou le légataire universel. Au point de vue des legs particuliers que le cessionnaire a contracté l'obligation d'acquitter, il n'est comme l'était le cédant qu'un détenteur à titre précaire, d'où il faut conclure que les sommes d'argent comprises dans les legs particuliers restant à payer au moment du décès du cessionnaire doivent être déduites de l'intégralité de sa succession (Montbrisson, 30 avril 1864 ; — confirmé par Cass. req. 29 septembre 1865, ci-dessus).

Mais puisque les legs sont dus désormais par le cessionnaire, dont il grève le patrimoine aux lieu et place de l'héritier ou du légataire universel, aucune déduction n'est plus possible de ce chef dans la succession de ce dernier, lorsqu'il vient à décéder après la cession, mais avant le payement des legs par le cessionnaire (Narbonne, 17 novembre 1874 ; 20.004 J.)

Legs de Rentes. — Les legs de rentes viagères et *à fortiori* de rentes perpétuelles doivent être assimilés à des legs de sommes d'argent ; par suite la déduction du capital de ces rentes doit être opérée pour la perception des droits de mutation par décès sur l'actif de la succession du testateur d'abord, et même sur l'actif de la succession de l'héritier, du légataire universel, du cessionnaire de droits successifs de ou même du légataire particulier chargé du service de ces rentes (Seine 24 juill. 1858 ; 16.356 J. N. — 27 août 1864 ; 1952. R. p. ; — Moissac, 11 août 1863 ; 1879 R.p. — Sol. 23 mai 1865 ; — 11 août 1868 ; 2802 R. p. — 21 et 31 mai 1870 ; — 9 févr. 1876. — 2 janv. 1877 ; — 16 juin 1880). — La déduction doit être acceptée dans tous les cas non seulement lorsqu'il s'agit de legs de rentes viagères en argent, mais lorsqu'il s'agit de rentes payables en denrées, fruits, etc. (D. M. F. 12 mai 1819; 6259 J.)

L'achat d'un titre de rente sur l'Etat, fait pour le compte d'un légataire d'une rente viagère, immatriculée pour l'usufruit au nom de ce légataire et pour la nue-propriété au nom de l'héritier ou du légataire universel ne saurait changer la nature du legs fait par le testateur. Cette circonstance ne saurait en aucun cas modifier le droit du légataire, à titre particulier qui, institué par le testateur *légataire d'une rente viagère*, ne peut se voir déclarer usufruitier d'une partie de sa succession contrairement à sa volonté. Il en résulte qu'il y a toujours lieu, pour la liquidation des droits de mutation par décès dus par l'héritier ou par le légataire universel, de distraire de la masse des biens héréditaires le capital au denier dix de la rente viagère (C. Lyon, 18 mars 1853 ; S. 53, 2, 475 ; — C. Paris, 28 juillet 1853. D. P., 53, 2, 44 ; — C. Douai. 1er juillet 1854 ; D. P. 55, 2, 43 ; — Seine, 19 mars 1870 ; 3143 R. P. ; — Avesnes, 20 décembre 1873 ; 19.545 J. — Sol. 11 août 1868 ; 2802 R. P.

Quid en cas de legs d'usufruit ? — Il nous reste à rechercher comment on doit proposer la déduction des legs particuliers lorsqu'il existe un légataire universel en usufruit. — S'agit-il de legs de sommes d'argent, il importe de distinguer. Si les legs particuliers sont payables immédiatement nonobstant l'usufruit légué, le montant doit en être déduit de l'actif héréditaire ; et ce n'est qu'après la distraction qu'on établira la valeur de l'usufruit et de la nue-propriété, suivant les cas d'après la règle ancienne ou d'après l'âge de l'usufruitier, conformément à l'article 13. — 2° de la loi du 25 février 1901, — Au contraire, si le légataire en usufruit doit exercer sa jouissance sur les legs particuliers, on doit d'abord établir la valeur de la nue-propriété et de l'usufruit sur la masse héréditaire et déduire les legs particuliers de la part correspondante à la nue-propriété (Prades, 23 janv. 1856. 1114 R. p.)

S'agit-il de legs de rentes viagères, aux termes de l'article 610 du Code Civil, le légataire universel en usufruit doit acquitter en totalité les rentes viagères ou pensions alimentaires, car c'est lui qui touche tous les fruits et revenus de la succession. Néanmoins, comme on ne doit faire porter l'intégralité de la déduction de ces rentes sur la part héréditaire correspondant à l'usufruit, que si la rente est une charge de l'usufruitier universel et doit s'éteindre avec son usufruit (Seine 15 mai 1858; 1049 R.P. ; — Le Mans, 27 janv. 1865; 2069 R. p. ; — Lyon, 3 avril 1868; 2699 R.P.). C'est ce qui aura lieu surtout lorsque la rente doit être servie au légataire universel en nue-propriété. La déduction sur la valeur de l'usufruit s'impose, car le nu-propriétaire doit payer les droits de mutation non seulement sur sa nue-propriété, mais encore sur la rente léguée (Moissac, 11 août 1863; 1879 R.P. ; — Sol. 9 décembre 1872). — Cependant, si la valeur de l'usufruit était inférieure à la valeur du capital de la rente viagère, comme l'impôt ne peut être exigé sur une valeur supérieure à la totalité de l'actif héréditaire, après absorption de l'usufruit, le complément doit être déduit sur la valeur imposable de la nue-propriété, alors même que, d'après la volonté du testateur, la rente doit être une charge exclusive de l'usufruit. — Mais si le testateur n'a rien dit qui puisse permettre de décider que la rente viagère soit, d'après sa volonté, une charge exclusive de l'usufruit, la déduction doit s'opérer sur la totalité imposable de la succession, avant même de procéder à la liquidation de la nue-propriété et de l'usufruit, d'après l'âge de l'usufruitier, sous l'empire de la loi de 1901 (Cass. 19 mars 1866; S., 66, 1, 448 ; — D.P. ; 66, 1,497; Sol. 7 décembre 1866 et 19 septembre 1867; — Cholet 19 novembre 1873; 19687. J.; — Conf. Châlon-sur-Saône, 15 mai 1862; 1932 R.p.; — Avesnes, 20 décembre 1873 ; 19543 J ; — Inst. 2355 § 5).

En règle générale, le capital de la rente viagère léguée doit être assimilé en tous points au legs de sommes d'argent, et comme tel être déduit de toute succession chargée de l'acquitter. Par conséquent non seulement le capital de la rente doit être déduit des valeurs de la succession de l'héritier ou du légataire universel chargé du service de cette rente ; mais encore, si son héritier ou un successible de cet héritier ou de ce légataire universel vient à décéder lui-même, avant l'extinction de cette rente, il y a lieu de demander la déduction de ce capital ou de la portion de ce capital proportionnelle à ses droits héréditaires (Seine, 27 août 1864 , 1952 R.p. ; Sol. 23 mai 1865 et 18 janv. 1866).

Quid du remboursement des droits de mutation ? Bien que tous les legs doivent être déduits en principe, de la masse héréditaire, il ne faudrait pas en conclure, que les droits de mutation dus pour les legs particuliers doivent être ajoutés au montant de ces legs et déduits comme tels des valeurs successorales, lorsque le testateur a prescrit de les rembourser au moment du payement des legs. La distraction du montant de ces droits ne paraîtrait justifiée dans aucun cas, soit dans la déclaration de succession du testateur, soit dans celle de ses successibles qui en sont chargés. En effet, d'après l'intention manifestée par le testateur, l'impôt afférent aux legs particuliers constitue une véritable dette de la succession n'autorisant aucune distraction. Même sous l'empire de la loi du

25 février 1901, cette dette ne nous semble pas remplir les conditions prescrites par cette loi pour figurer au passif admis en déduction.

SECTION II. — DU PASSIF PROPREMENT DIT

La loi du 25 février 1901 tout en maintenant les diverses déductions déjà autosées, introduit sous certaines conditions la distraction du passif proprement dit, c'est-à-dire des dettes et charges héréditaires. Les déductions admises par la législation antérieure reposaient sur une idée de diminution du capital transmis en luimême afin de respecter le principe posé par la loi de frimaire de la non distraction des charges (art. 14, n°s 8 et 11, et 15 n°s 7 et 8, l. 22 frim. an VII). La loi de 1901 a rompu avec cette règle traditionnelle de la non-déduction des dettes. L'article 3 de cette loi est ainsi conçu : « Pour la liquidation et le payement des droits de « mutation seront déduites les dettes à la charge du défunt, dont l'existence au « jour de l'ouverture de la succession sera dûment justifiée par des titres sus « ceptibles de faire preuve en justice contre le défunt. » Pour les successions ouvertes postérieurement à la promulgation de la loi du 25 février 1901 les héritiers et légataires n'auront ainsi à acquitter l'impôt que sur l'actif net recueilli, c'est-à-dire sur l'actif successoral diminué de toutes les dettes civiles ou commerciales, dont on aura pu fournir la justification.

Pour ne pas nous éloigner du but principal de notre ouvrage, nous nous placerons au point de vue de la rédaction de la formule, laissant à d'autres le soin d'exposer d'une façon approfondie la théorie nouvelle de la déduction du passif.

La justification des déductions antérieures à 1901 et maintenues par le législation de cette époque, comme une diminution du capital héréditaire proprement dites se faisait dans la formule. La simple indication des actes ou des titres, sur lesquels on prétendait s'appuyer, était suffisante pour autoriser le receveur à diminuer la valeur imposable, sans aucune pièce annexée. La formule devait et doit encore, en ce qui les concerne, se suffire à elle-même.

Le législateur de 1901 a pensé que la déduction des dettes proprement dites devrait être entourée de plus de garanties. Les justifications et même les énonciations de ces dettes doivent être produites en dehors de la formule. Celle-ci ne doit reproduire qu'une simple mention contenant un résumé sommaire de tout le montant déductible. L'article 4 porte dans son premier paragraphe que « les « dettes dont la déduction sera demandée seront détaillées article par article, « dans un inventaire sur papier non timbré, qui sera déposé au bureau lors de « la déclaration de la succession et certifié par le déposant. »

Cet inventaire est remis ainsi en même temps que la formule de déclaration ; comme celle-ci, il doit-être rédigé avec un certain ordre indiqué approximativement par le législateur. Les dettes à déduire doivent autant que possible être groupées par nature, par exemple: *dettes authentiques, dettes sous signature privée, dettes commerciales,* c'est-à-dire résultant d'actes ou titres authentiques, exigibles ou non, d'actes ou titres sous signature privée ou de titres commerciaux.

§ 1ᵉʳ. — Dettes résultant de titres authentiques non échues au moment du décès ou échues depuis moins de trois mois

Les titres authentiques sont d'abord les actes émanant des notaires et de tous ceux à la confection desquels a présidé un officier public quelconque, agissant dans la limite de ses attributions. Ces actes font pleine foi par eux-mêmes jusqu'à inscription de faux, sans qu'il soit nécessaire de les corroborer d'autres preuves, tant entre les parties qu'à l'égard des tiers (Demolombe, t., VI, 293; Laurent, t. XIX, n° 172 et suiv.; Aubry et Rau, t. VIII, § 735, note 63).

Il y a lieu de comprendre parmi les titres authentiques les jugements émanant des diverses juridictions, criminelle, correctionnelle, civile, admistrative. Ces jugements à eux seuls constituent une justification probante du passif héréditaire. (Cass. req. 26 et 27 juillet 1899; D. P. 1900, 1,57; Inst. 3004 § 7; — Rapp. suppl. Chambre des Députés 4 juillet 1892 p. 3).

Aux termes du 2ᵉ paragraphe de l'article 3, les héritiers, et légataires ou leurs représentants doivent indiquer à l'appui de leur demande en déduction, soit la date de l'acte, le nom et la résidence de l'officier public qui l'a reçu, soit la date du jugement déclaratif de la faillite ou de la liquidation judiciaire, ainsi que la date du procès-verbal des opérations de vérification et d'affirmation de créances ou de règlement définitif de la distribution par contribution.

Il n'entre pas dans l'esprit de la loi du 25 février 1901, d'exiger d'autres justifications pour les dettes non échues au moment du décès, lorsqu'elles résultent de titres authentiques. Le législateur s'inspirant des principes traditionnels de notre droit, leur accorde une confiance absolue. C'est ce qui résulte notamment de l'article 5-2°, où il est dit que « toute dette constatée par acte authentique « et non échue au jour de l'ouverture de la succession ne pourra être écartée « par l'Administration, tant que celle-ci n'aura pas fait juger qu'elle est simu « lée. »

Le fardeau de la preuve incombe ainsi à l'Administration, à la différence de ce qui a lieu pour les titres non authentiques. Le receveur est donc tenu d'accepter la déduction, sauf à faire prouver la simulation dans le délai de cinq ans, à compter du jour de la déclaration (Inst. 3058 p. 16).

Les titres authentiques suffisent seuls à justifier la déduction des dettes non échues au moment du décès, lorsqu'ils démontrent que ces dettes incombent bien au défunt, et sont personnellement à sa charge. Mais la loi de 1901 ajoute une autre condition : elle veut que l'existence de la dette au jour de l'ouverture de la succession soit dûment établie. Cette formule a pour but d'éliminer les dettes éventuelles, c'est-à-dire non seulement celles subordonnées à une condition non encore réalisée lors du décès, mais encore celles qui ne seraient justifiées que par des titres authentiques postérieurs au décès, tels qu'inventaire, partage, etc. (art. 3). Une act authentique postérieur au décès ne présente pas au point de vue de l'établissement du passif toute la sincérité qu'on rencontre dans un acte antérieur; il ne peut notamment donner à des dettes verbales, dont la déduction est interdite, le caractère d'authenticité nécessaire pour autoriser cette déduction, alors qu'aux yeux de la loi fiscale elles devaient être considérées de ce chef comme inexistantes au jour de l'ouverture de la succession.

En règle générale, les dettes quoique résultant de titres authentiques ne sont susceptibles d'être déduites que tout autant qu'elles sont existantes, c'est-à-dire qu'elles sont exemptes de conditions suspensives non réalisées à l'époque du décès, qu'elles constituent au profit du créancier un droit ferme et actuel; mais peu importe qu'elles soient ou non liquidés, si leur principe est certain J. O., débats, p. 76 Col. 1, et 79 Col. 3). — Aussi pour les ouvertures de crédit même constatées par acte authentique, il ne faut pas se borner à représenter l'acte d'ouverture de crédit, il faut en outre justifier de sa réalisation totale ou partielle, par la production de titres probants, et on ne peut demander la déduction que dans la mesure de la justification fournie Besson ; De la Réforme des SS^{ons} et D^{ons} n° 101 p. 106: — Sol. 27 octobre 1902 ; Inst. 3122 § 1er).

Lors de la rédaction de l'inventaire du passif à annexer à la déclaration, il n'y a donc à se préoccuper que des dettes actuelles que le receveur serait mal fondé à ne pas admettre lorsqu'elles résultent de titres authentiques. Les héritiers ou légataires verront ensuite, s'ils peuvent bénéfier de l'exception établie par le 3e paragraphe de l'article 5 de la loi de 1901 à l'égard des dettes établies par des opérations de faillite ou de liquidation judiciaire, ou par le règlement d'une distribution par contribution et réclamer, dans le délai de deux ans à compter du jour de la déclaration, le remboursement des droits payés en trop. — Si la distribution par contribution a eu lieu entre le décès et la déclaration de succession la déduction des dettes établies par le règlement définitif est autorisée par les articles 4 et 5 de la loi du 25 février 1901. Mais il faut qu'il s'agisse d'une contribution judiciaire, car toutes les exceptions à une règle générale sont de droit étroit. Aussi une distribution amiable réalisée devant notaire ne suffirait pas, et la dette ne pourrait être légalement retranchée de l'actif déclaré, que si les héritiers fournissent la justification du passif, dans les formes ordinaires, alors même qu'on serait en présence d'une succession bénéficiaire (Sol. 28 avril 1902. — Inst. 3095 § 8 .

Caution solidaire. — Les dettes admises en déduction, bien qu'émanant de titres authentiques, doivent encore être une charge directe et définitive incombant au défunt. Aussi ne remplissent pas ces conditions les dettes au payement desquelles il ne s'était engagé qu'en qualité de caution solidaire. Il faut donc s'abstenir de les faire figurer dans l'état du passif. La caution peut, il est vrai, être poursuivie par les créanciers dans les mêmes conditions que le débiteur principal, mais elle a un recours contre ce dernier pour la totalité des sommes déboursées, ce qui rend nulle sa part contributive dans la dette. (Sol. 13 août 1902; Inst^{on} 3099 § 7).

La femme qui a souscrit un engagement solidaire avec son mari est réputée ne s'être engagée, à l'égard de celui-ci, que comme caution aux termes de l'article 1431 du Code Civil, quel que soit le régime adopté, même si les époux sont mariés sous le régime exclusif de communauté ou sous le régime de la séparation de biens. La femme est alors présumée avoir contracté, sauf preuve contraire résultant de l'acte, non dans son intérêt personnel, mais dans celui de son mari, ou de la communauté, s'il en existe une Paris 20 juillet 1833; S., 33, 2, 395; — Cass. 9 mars 1852: S. 53, 1, 197; — 3 juin 1891 : D. P., 92, 1, 13; — Alger 27 juin 1892; S. 93, 2, 241 ; — V. Pandectes françaises, V° Mariage, n° 5105). — D'où il faut conclure que la déduction ne saurait jamais être autorisée sur les biens propres ; mais, en sens inverse, qu'elle doit l'être pour le tout sur la succession du mari, surtout s'il n'y a pas de communauté ou si la communauté a été improductive lorsqu'il ne résulte pas des actes d'obligation que les dettes contractées solidairement par les deux époux pendant le mariage ont été contractées dans l'intérêt commun de l'un et de l'autre époux (Sol. 22 janvier 1902; Inst. 3080 § 18 ; — 11 décembre 1902; Inst. 3102 § 1er).

Dettes de communauté entre époux. — Ces dettes, aux termes des articles 1482 et 1483 du Code Civil, sont pour moitié à la charge de chacun des époux; mais la femme n'est obligée de les supporter que jusqu'à concurrence de son émolument, s'il a été fait inventaire. En cas de prédécès du mari, s'il existe un inventaire, on est fondé à réclamer la déduction de toute la portion de la dette qui excède l'émolument de la veuve dans l'actif de communauté Il importe de bien faire ressortir à cet effet, le résultat de l'inventaire, en énonçant le titre authentique sur lequel on s'appuie. Mais, à l'inverse, en cas de prédécès de la femme, la déduction ne peut être demandée que sur sa part de communauté et jamais sur ses biens personnels (Rapport de M. Cardelet, sénateur, du 9 juillet 1896; J. O., Doc. parl. p. 229 ; Inst. 3058, p. 6 ; — Sol. 22 janvier 1902 ; Inst. 3080 § 18).

Lorsqu'il n'a pas été fait inventaire, les dettes de communauté régulièrement établies doivent être retranchées pour la moitié de la succession du prémourant des époux, sans qu'on ait à distinguer entre le mari et la femme, alors même que la communauté serait en déficit. Cette moitié est déductible même des propres de la femme prédécédée. Mais, par contre, si le mari est décédé le premier, la femme, même légataire universelle de celui-ci, et, par conséquent, n'ayant aucun intérêt à revendiquer le bénéfice d'émolument, et, par suite, à faire inventaire, ne peut réclamer que la déduction de moitié du passif commun (Sol. 16 septembre 1902 ; Inst. 3099 § 8; — Sol. 19 décembre 1902, Inst. 3102 § 3).

Reprises de la veuve. — D'après la législation antérieure à la loi du 25 février 1901, la femme survivante avait le droit de prélever ses reprises, lors de la déclaration de succession de son mari, sur les valeurs de communauté, ou à défaut de communauté, lorsqu'elles se retrouvaient en nature à l'état de corps certains (Inst. 2394, § 1er p. 10 et 14), ou lorsqu'elles étaient représentées par du numéraire ou des valeurs assimilables, comme des titres au porteur existant dans la succession du mari (Sol. 16 avril 1879 ; Traité alph. V° SS^{on}, n° 504 ; — Sol. 22 août 1892; J. E, 23982; — Sol. 27 mars 1899; Rev. prat. 4631).

Cette règle subsiste encore non seulement pour les successions ouvertes antérieurement à la promulgation de la loi de 1901, mais encore pour les successions postérieures. Comme par le passé et avec les seules justifications admises antérieurement et placées uniquement dans la formule de déclaration et non dans l'inventaire du passif, les droits de mutation par décès ne sont perçus que déduction faite des reprises de la veuve sur l'actif de communauté ou lorsqu'elles se retrouvent en nature (art. 1471 C. C.). — Mais tandis que pour les successions antérieures à la loi de 1901 à défaut de communauté ou en cas d'insuffisance d'actif commun, aucune déduction n'est possible pour les reprises ne se trouvant pas en nature ou pour l'excédent de reprises, (Cass. 18 mai 1824 ; S. ; 24, 1, 887; — 3 août 1858; S,, 58, 1, 711. — 11 août 1869; S., 69, 1,477), le législateur de 1901 a autorisé cette déduction pour la perception des droits, sur les biens personnels du mari, si la créance de la veuve est établie conformément aux prescriptions de l'article 3 de la loi (Chambre, séance du 16 novembre 1895 ; J. O,, débats, p. 2372, 3e col.) L'article 1472 du Code Civil reçoit ainsi en matière fiscale sa pleine et entière application légale.

Est désormais légale la distraction des reprises de la femme de l'ensemble des valeurs composant la succession du mari, pour le payement des droits de mutation par décès, qu'il s'agisse d'une femme renonçante, d'une femme mariée sous le régime dotal ou sous un régime exclusif de communauté ou même d'une femme judiciairement séparée de biens.

Pour pouvoir déduire de la succession du mari, soit la portion des reprises de la femme qui ne peut être prélevée sur la masse commune, soit la totalité des reprises en cas de renonciation à la communauté ou sous un régime matrimonial exclusif de communauté, il suffit que ces reprises soient justifiées par des titres susceptibles de faire preuve en justice contre le défunt, et il n'est nullement nécessaire qu'un acte de liquidation soit intervenu entre les parties (Inst. 3067 § 7). Il en est de même des indemnités de toute sorte dues par la succession à l'époux survivant (Inst. 3858, p. 5.)

Les reprises ou l'excédent des reprises de la femme dont on demande la déduction sur les biens personnels, doivent être énumérés dans l'inventaire spécial du passif, à la différence de celles qui se déduisent des valeurs de communauté. C'est ce qui résulte de l'Instruction 3049 et des travaux préparatoires de la loi. La loi de 1901 n'a pas modifié les principes du droit sur ce point. La femme, prélevant ses reprises sur les biens du mari, agit comme créancière et non comme copropriétaire : sa créance doit être considérée au point de vue des formes à observer comme une créance ordinaire, avec cette particularité que le décès de son mari l'a seule rendue exigible. Si elle résulte de titres authentiques, aucune attestation n'est ainsi exigible.

Récompenses dues à la Communauté. — Les récompenses dont chaque époux est débiteur envers la Communauté doivent s'ajouter à la masse commune dans la formule même de la déclaration de succession. Mais cette valeur est purement fictive et doit être attribuée à l'époux qui l'a fournie, dans le partage de la Communauté. Si la récompense est due par l'époux prédécédé, il faut déduire de sa part de communauté le montant de cette valeur fictive pour la liquidation des droits de mutation par décès. Pour les successions soumises au régime ancien, la déduction est limitée à l'émolument du défunt dans le boni de communauté. Si la récompense qu'il doit est supérieure à la part qui pourrait lui revenir dans l'actif commun, aucune nouvelle déduction n'est possible sur la valeur imposable des biens propres de la succession, car il s'agit alors d'une dette soumise au principe de la non-distraction des charges résultant de la loi du 22 frimaire de l'an VII. (Traité alph., V° SS°ⁿ, n° 236, note 1).

La loi de 1901 a-t-elle modifié cette règle en ce qui concerne les récompenses ? Les travaux préparatoires sont muets à ce sujet, à l'inverse de ce qui s'est produit pour les reprises de la femme. On est en droit d'hésiter, surtout si l'on considère la réalité du régime nouveau, imposant à la distraction des charges des conditions spéciales, à caractère limitatif, que ne sauraient remplir les récompenses considérées comme dettes du défunt, par rapport à l'actif successoral.

M. Besson estime, cependant, que l'excédent des récompenses doit dans la même mesure et aux mêmes conditions que les autres dettes héréditaires, être retranché de la valeur des biens de la succession, pour le calcul des droits de mutation par décès. Il suffit seulement que la réalité des récompenses résulte de titres authentiques ou de titres probants, conformément aux articles 3 et 4 de la loi du 25 février 1901 (Réforme fiscale des SS°ⁿˢ. et D°ⁿˢ., n° 162.)

La Jurisprudence ne s'étant pas prononcée sur cette question importante et l'Administration n'ayant pas encore donné de solution, nous croyons qu'il est de l'intérêt des contribuables de se conformer à cette opinion. Il est à peine besoin d'ajouter que, pour obtenir la déduction de cet excédent de récompenses sur l'actif héréditaire déclaré, une simple énonciation de la récompense dans la formule de déclaration ne saurait remplir le vœu de la loi. Il faut justifier de la dette suivant les conditions ordinaires dans l'inventaire spécial du passif. A défaut de ces justifications les récompenses ne peuvent s'imputer que sur la part nette de communauté revenant au *de cujus*.

Dettes solidaires. — En cas de dettes dues solidairement par le défunt et d'autres personnes, si le titre ne détermine pas la part de chacun des débiteurs, on n'est fondé à demander la déduction que de la part virile du défunt, puisque cette part est réputée jusqu'à preuve contraire (art. 1213 et 1214 C. C.) celle pour laquelle il doit contribuer à la dette (Rapport de M. Cordelet du 9 juillet 1896, p. 53; Inst. 3058, p. 6.).

Intérêts courus au décès. — L'article 3 de la loi du 25 février 1901 ne limite pas la déduction au principal des dettes, elle s'étend aux intérêts qui sont des fruits civils s'acquérant jour par jour. Les héritiers ou légataires sont donc autorisés à réclamer dans l'inventaire du passif la défalcation de la masse successorale du débiteur leur auteur, le prorata d'intérêts courus depuis la dernière échéance jusqu'au jour du décès, sans avoir à produire d'autres justifications que la production du titre de l'obligation principale, s'il est authentique et s'il s'agit d'une dette non échue. Sous la dénomination d'intérêts on doit comprendre les loyers, fermages, arrérages de rentes viagères ou perpétuelles de titres authentiques.

Quant aux intérêts ou fermages arriérés, ils peuvent être déduits également, mais ils sortent du cadre du titre en lui-même et ils ne sont admis au bénéfice de la déduction que sous les justifications de droit commun, pourvu que le délai de prescription ne soit pas accompli (art. 7-6° — Inst. 3058, p. 5).

Aucune déduction ne peut, cependant, être faite dans la succession du bailleur à raison des loyers payés d'avance par le preneur, car le contrat de louage, même authentique, n'a conféré au preneur, qu'un droit personnel contre le bailleur ; celui-ci a conservé la propriété entière des biens loués et l'a transmise ainsi à ses successeurs. Le bailleur n'a contracté ainsi que l'obligation de laisser jouir le preneur ; or cette obligation, tant qu'elle n'est pas convertie par sa non-exécution en dommages-intérêts (art. 1142 C. C.) ne nécessite le prélèvement d'aucune somme ou valeur sur l'actif héréditaire et ne rentre pas ainsi dans les prévisions de la loi du 25 février 1901 (Baudry, Lacantinerie et Wahl, du contrat de louage, I, n° 527 ; note 7 ; — Sol. 14 Août 1902. Inst. 3095 § 10). — Mais il en serait autrement, si le défunt au lieu d'être propriétaire des biens loués n'en était qu'usufruitier. Dans cette hypothèse il n'avait pas la faculté de disposer d'une manière complète des fruits des fonds dont il jouit. Il n'a acquis les fruits civils que jour par jour pendant la durée de sa jouissance. Il ne peut ainsi conserver que les loyers et fermages courus pendant son usufruit, le surplus doit être remis au nu-propriétaire (Dalloz, Rép. Gén., supp. V°. Usufruit n° 183). Ce surplus constitue donc une véritable dette héréditaire, dont on est fondé à demander la déduction, par la simple production du titre, s'il est authentique (Sol· 29 juin 1903 ; Inst. 3133 § 1er).

Dettes remboursables par annuités. — La partie représentative du capital dans ces sortes de dettes a seule le caractère d'une dette actuelle au sens attaché à ce mot par la loi de 1901. Aussi, lorsqu'il s'agit de dettes remboursables par anuités comprenant à la fois l'amortissement du capital et des intérêts, on n'est en droit de demander la déduction que pour le capital non éteint au décès, en présentant le titre et pour les annuités arriérées s'il y a lieu,en se conformant aux justifications prescrites par la loi. Il est nécessaire alors de recourir à une ventilation, d'après les tables d'amortissement du Crédit foncier ou de la Caisse des dépôts et consignations (Chambre, séance du 16 novembre 1895 ; J. O. débats, p. 2372 ; — Besson. SS°ns. et D°ns. n° 134. p. 138 ; — Inst. 3058, p. 5.)

La rente viagère, dans la succession du débi-rentier, est assimilable à une dette remboursable par annuités. Aussi lorsqu'une rente viagère figure dans le passif d'une succession, le capital à déduire de l'actif imposable doit, à défaut de toute disposition spéciale, être déterminé par une évaluation des parties insérée dans l'inventaire du passif. Le mode spécial d'évaluation établi par l'article 13 de la loi du 25 février 1901 pour les transmissions de nu-propriété et d'usufruit, n'est pas applicable aux rentes viagères en pleine propriété (Seine, 25 janvier 1902 ; Inst. 3080, § 22.

Il y a lieu de remarquer que pour l'usufruit légal de l'époux survivant, converti en une rente viagère, (l. 9 mars 1891), la valeur de cette rente doit être fixée à dix fois la dite rente d'après les règles posées par la loi du 22 frimaire de l'an VII, lors de la déclaration de mutation par décès, sans qu'on ait à rechercher si le capital ainsi obtenu correspond à la valeur imposable que l'usufruit converti aurait pu représenter (Seine 12 décembre 1902 ; Inst. 3122).

Dettes résultant d'un compte de tutelle. — Antérieurement à la loi de 1901, la déduction des sommes dues par le tuteur à son pupille n'était acceptable, lors de la déclaration de succession du tuteur que si elles étaient représentées par du numéraire, des titres au porteur ou des valeurs assimilables (Sol. 22 mars 1888 ; juin 1892). Désormais pour les successions soumises à la loi nouvelle, on peut demander la déduction des valeurs de l'hérédité du tuteur de toutes les sommes par lui dues à son pupille même comme débiteur ordinaire, en produisant le titre authentique qui l'a constitué reliquataire. alors même que ce titre serait postérieur au décès (J. O. Débats, n° 76, Col. 2) ou les diverses justifications prévues par la loi.

Dettes résultant de titres authentiques étrangers ou de jugements rendus à l'étranger. — Il n'y a pas lieu de mentionner dans l'inventaire du passif les dettes de la succession résultant de titres passés ou de jugements rendus à l'étranger, à moins qu'ils n'aient été rendus exécutoires en France, et dans ce cas il faut en justifier. Ces dettes ne sont pas reconnues par la loi et le législateur de 1901 en défend la déduction d'une façon absolue.

La même défense s'applique aux dettes hypothéquées *exclusivement* sur des immeubles situés à l'étranger. Mais, par suite, si la dette est garantie par une hypothèque frappant à la fois des biens étrangers et des biens français, elle est susceptible d'être déduite pour le tout de la valeur de l'actif déclaré en France. Les dettes hypothéquées sur des biens situés dans les colonies françaises sont soumises aux mêmes règles (Inst. 3058 p. 9).

Dettes grevant des successions d'étrangers. — Les dettes, même résultant de titres authentiques, ne sont pas déduites en règle générale. La loi n'autorise la déduction que de celles contractées en France et envers des Français ou envers des sociétés et compagnies étrangères ayant une succursale en France.

Il en est ainsi, soit que le défunt fût domicilié en France, avec ou sans autorisation, soit qu'il n'ait eu en France au jour de son décès ni domicile de fait, ni domicile de droit. (Inst. 3058, p. 9).

Dettes au profit des successibles ou de personnes interposées. — L'article 7-2° de la loi du 25 février 1901 interdit comme dettes fictives, la déduction des dettes consenties par le défunt au profit de ses héritiers (ce qui doit comprendre tous les successibles) ou des personnes interposées, désignées dans les art. 911-in fine et 1100 du Code Civil ; ces personnes sont les père et mère, les enfants et descendants, les héritiers, donataires ou légataires du *de cujus*, les enfants que l'autre époux a eu d'un précédent mariage, et les parents dont il se trouvait l'héritier au jour de la reconnaissance de dette. (Rapport de M. Guillain, député, du 15 février 1901; *J. O.*, Doc. parl. p. 105).

Toutefois l'exclusion n'est pas absolue. Notamment lorsque la dette résulte d'un acte authentique, la déduction peut être obtenue, en prouvant la sincérité de cette dette et son existence au jour de l'ouverture de la succession par tous les moyens de preuve compatibles avec la procédure spéciale en matière d'enregistrement (Art. 65. l. 22 frim. an VIII). Ces moyens de preuve, qui peuvent être très variés, doivent être très nettement établis dans l'inventaire du passif, afin de permettre au receveur au moment où la déclaration est souscrite, d'apprécier en premier ressort si la déduction demandée est capable d'être ou non acceptée (Inst. 3058, p. 8, 3067 § 7).

Dettes reconnues par testament. — Elles sont exclues d'une façon absolue du bénéfice de la déduction (art. 7-3°).

Frais de Nourriture d'entretien, et d'éducation. — Les dépenses faites par les père et mère pour élever leurs enfants, jusqu'à ce que ceux-ci soient en état de se suffire. sont des charges leur incombant (art. 203 C.C.) qui en cas de décès d'un enfant, ne sauraient engendrer une créance au profit des dits père et mère susceptible d'être retranchée de l'actif héréditaire pour le payement des droits de mutation par décès. Lorsque les enfants ont un patrimoine propre, ces frais doivent être prélevés tout d'abord sur les revenus de ce patrimoine, notamment en cas de jouissance légale des pères et mère (art. 384 C. C.); mais en cas d'insuffisance de ces revenus il est interdit de toucher au, capital et l'excédent retombe à la charge des parents. Du reste, dans ces diverses hypothèses il n'y a pas de *titres*, ce qui rend toute déduction impossible.

Cependant lorsque les parents sont eux-mêmes hors d'état de faire face aux frais d'entretien, de nourriture et d'éducation de leurs enfants au moyen de leurs propres ressources, le capital des mineurs peut être entamé, en vertu d'une autorisation du conseil de famille (art. 457 C. C.). Cette autorisation est donnée pour être valable avec toutes les garanties exigées par la loi: elle constitue ainsi un titre authentique permettant la déduction de l'actif successoral des enfants décédés (sol. 25 juin 1903; Inst. 2095 § 9.

§ 2. — Dettes résultant de titres authentiques échus depuis plus de trois mois avant le décès. — Inscriptions périmées. — Dettes prescrites

Le législateur de 1901 a attaché aux dettes échues plus de trois mois au moment de l'ouverture de la succession une présomption de remboursement que néanmoins les héritiers et légataires sont autorisés à combattre en produisant une attestation du créancier constatant que le défunt ne s'était pas libéré de son vivant (art. 7.1°). Cette attestation que le créancier ne peut, du reste, se dispenser de fournir sous peine de dommages-intérêts (art. 6), est, comme l'inventaire du passif, dispensée du timbre : elle doit contenir une mention expresse par laquelle le créancier déclare connaître les dispositions de l'article 9 de la loi du

25 février 1901 relatives aux peines portées en cas de fausse attestation (Inst 3058, p. 13).

Les dettes échues, depuis moins de trois mois sont assimilées aux dettes non échues; aussi, lorsqu'elles résultent de titres authentiques, l'attestation du créancier est inutile. Dans la pratique les dettes non commerciales ne sont pas remboursées immédiatement; c'est pour ce motif que la loi a accordé ce délai de trois mois.

Les dettes non échues garanties par une inscription périmée depuis plus de trois mois au moment du décès sont considérées par la loi de 1901, comme des dettes remboursées avant l'échéance. Néanmoins cette présomption n'est pas absolue, car le non renouvellement de l'inscription peut être l'effet d'une négligence. C'est pourquoi les héritiers ou légataires sont autorisés à prouver l'existence de la dette par une attestation du créancier, comme dans l'hypothèse d'une dette échue depuis plus de trois mois art. 7-4°;

L'attestation du créancier est indispensable à la fois, lorsqu'il s'agit de dettes échues depuis plus de trois mois et de dettes hypothécaires non échues, garanties par une inscription périmée depuis plus de trois mois. Dans ces deux hypothèses le receveur est obligé de refuser la déduction. Aussi les successibles ne doivent pas les faire figurer sur l'état du passif, s'ils n'ont pas en mains la preuve résultant de l'aveu du créancier et s'ils ne l'énoncent pas dans l'inventaire du passif à la suite de l'indication du titre que nous supposons authentique (Sol. 7 avril 1902, Inst. 3095 § 7).

L'attestation exigée, dans ces deux cas, comme dans l'hypothèse de l'art. 6 de la loi du 25 février 1901, pour obtenir la déduction des dettes qui nous occupent contractées envers une personne décédée depuis, doit émaner de tous les ayants droit et non pas seulement de l'un des héritiers du créancier (Sol. 4 septembre 1902; Inst. 3099 § 9).

La déduction est encore admise, sous la réserve de l'attestation des créanciers ou de leurs représentants pour les dettes hypothécaires échues depuis plus de trois mois, garanties par des inscriptions périmées *depuis moins de trois mois* au moment du décès.

Mais la loi prohibe d'une façon absolue la déduction des dettes hypothécaires échues et garanties par des inscriptions périmées depuis plus de trois mois. La réunion de la double circonstance de l'échéance de la dette et de la péremption de l'inscription constitue dans le système de la loi de 1901 art. 7, n° 4 une présomption de remboursement *juris et de jure*, qu'aucune preuve contraire n'est capable de détruire (Inst. 3058 p. 8; — Sol. 18 décembre 1902; Inst, 3102 § 2). — C'est au moment du décès qu'il faut se placer pour apprécier, si les dettes réunissent les conditions requises pour être déduites de l'actif successoral. Il y a donc lieu de s'abstenir de faire figurer dans l'inventaire du passif les dettes hypothécaires échues et garanties par des inscriptions périmées depuis plus de trois mois lors du décès, sans qu'on ait à s'inquiéter du renouvellement auquel les héritiers ont fait procéder depuis cet événement (Sol. 20 février 1903 ; Inst. 3122 § 2).

Dettes prescrites. — La prescription est un moyen de se libérer (art. 2219 C. C.). Aussi une dette régulièrement prescrite cesse de grever le patrimoine du *de cujus*. C'est pour ce motif que l'article 7-6° de la loi du 25 février 1901 prohibe la déduction des dettes en capital ou intérêts, pour lesquelles le délai de prescrip- se trouvait accompli au jour du décès.

Bien que les dettes prescrites, mais non payées laissent subsister des obligations naturelles, elles n'ont plus de sanction légale, et les titres qui les justifiaient ne sont plus capables *de faire preuve en justice contre le défunt*. Il faut donc s'abstenir de faire figurer dans l'inventaire du passif annexé à la formule d'une déclaration de mutation par décès, quoique résultant d'actes authentiques : — 1° le capital des créances ayant plus de trente ans (art. 2262 C. C.); — 2° la créance des pupilles contre la succession du tuteur à raison des faits de tutelle, lorsqu'elle remonte à plus de dix ans (art. 475 C.C.); — 3° les arrérages de rentes perpétuelles ou viagères, ceux des pensions alimentaires, les loyers et les fermages, les intérêts des sommes prêtées et des prix de vente, après cinq ans (art. 2277 C. C.); — 4° les créances des médecins, chirurgiens et pharmaciens après deux ans (art. 11, l. 30 novembre 1892), — 5° le prix des marchandises vendues aux non-commerçants, le prix des pensions et les gages des domestiques qui se louent à l'année, après un an (art. 2272 C. C.). — 6° la créance des maîtres et instituteurs, celle des hôteliers ou traiteurs et celle des ouvriers ou gens de travail après six mois (art. 2271 C. C.).

La prohibition de déduire les dettes prescrites cesse, cependant, si l'on rapporte la preuve que la prescription a été régulièrement interrompue. Ainsi il importe d'ajouter dans ce cas aux diverses justifications ordinaires les motifs de l'interruption, avec pièces à l'appui, dont on n'aura qu'à donner communication au receveur. On produira, par exemple l'assignation en justice même devant un juge incompétent ou l'exploit de commandement ou la saisie, qui ont arrêté la prescription (art. 2244 et 2246 C.C.), ou bien la citation en conciliation devant le juge de paix, ainsi que l'assignation en justice faite dans les délais légaux (art. 2245 C.C.), ou encore le titre de reconnaissance expresse ou tacite du défunt (art. 2248 C.C. — Besson n°⁵ 155 et 156. Inst. 3058, p. 9.

Lorsque la prescription n'a pas pu atteindre la dette, par suite d'une exception relative à la modalité de la créance (condition suspensive, action en garantie, créance à terme non échue) ou par suite d'une exception tirée de la qualité du créancier (mineurs, interdits, femmes mariées), ou pour tout autre motif (art. 2251 et suiv. C.C.), la dette subsiste toujours et grève la succession. Elle rentre alors dans les prévisions de la loi de 1901 et doit être admise en déduction. Il faut dans ces divers cas indiquer, avec les justifications nécessaires, les causes qui ont empêché la prescription de s'accomplir (Besson, n° 157).

§ 3. — Dettes résultant de titres non authentiques ou sous seing privé

La loi du 25 février 1901 autorise la déduction de l'actif héréditaire de toutes les dettes résultant de *titres capables de faire preuve en justice contre le défunt*. Mais pour les dettes ne résultant pas de titres authentiques, la simple indication du titre ne suffit plus, même lorsqu'il est enregistré. Les parties sont tenues, pour obtenir la distraction, de représenter au receveur soit le titre lui-même, soit une copie collationnée de ce titre.

D'après le vœu du législateur les dettes sous seing privé forment une troisième catégorie de dettes. Il y a donc lieu de les réunir dans l'inventaire du passif dans un troisième paragraphe, qui devra arrêter l'attention du receveur pour la recherche des diverses copies collationnées ou des titres fournis à l'appui de la demande en déduction, sous peine de rejet, (art. 4. l. 25 fév. 1901).

Les titres produits ou les copies collectionnées devront être examinées immédiatement par le receveur qui s'assurera du bien-fondé de la dette. Si les justifications fournies ne lui paraissent pas suffisantes, l'article 5 de la loi du 25 février 1901 lui permet de ne pas retrancher de l'actif de la succession les dettes non authentiques pour la perception du droit de mutation, sauf aux parties à se pourvoir en restitution, s'il y a lieu, dans les deux ans à compter du jour de la déclaration. A la différence de ce qui est recommandé pour les dettes résultant de titres authentiques, il ne relève que de sa conscience pour l'admission ou le rejet des dettes sous seing privé. L'Administration peut il est vrai, ordonner la restitution dans le délai de deux ans, sur la demande des parties, qui ont produit les pièces exigées par la loi au moment de la déclaration, mais elle ne peut adresser au receveur aucun reproche, pour ne les avoir pas admises lui-même en déduction.

Le défaut de production des titres ou des copies collationnées au moment de la déclaration est, au contraire, une cause absolue de rejet, rendant toute restitution impossible dans l'avenir.

Les titres sous seing privé produits à l'appui d'une demande en déduction devront, de même que les copies collationnées, être rendus séance tenante aux déclarants, en même temps que la quittance des droits payés. Le receveur ne peut pas conserver notamment les copies collationnées pour les joindre aux autres pièces annexées aux déclarations de mutation par décès, telles que *état du mobilier, inventaires du passif, certificats des créanciers*. Il doit simplement mettre en regard de chaque dette non authentique, une mention constatant la présentation soit du titre lui-même, soit de sa copie collationnée.

Les héritiers ou légataires qui, assez fréquemment, n'ont pas l'original du titre entre les mains au moment de la déclaration de la succession, doivent s'adresser au créancier. Celui-ci ne peut, sous peine de dommages-intérêts, se refuser à leur communiquer le titre, sous récépissé, ou à en laisser prendre une copie collationnée.

Les copies collationnées en vue de la déduction du passif sont dressées, sans déplacement, indifféremment par un notaire ou par le greffier de la justice de paix. Elles sont dispensées du timbre et de l'enregistrement, à la condition de porter la mention de leur destination et de ne pas servir à une autre destination. L'immunité concédée par l'article 4 de la loi de 1901 cesse donc, dès qu'il en fait usage par acte public, en justice ou devant toute autre autoritée constituée. (Inst. 3058, p. 11. Mais elles doivent, néanmoins, être inscrites sur les répertoires des officiers ministériels qui les ont dressées. Cette obligation est imposée, notamment, aux notaires pour tous leurs actes par l'article 29 de la loi du 25 ventôse an XI et par l'article 49 de la loi du 22 frimaire an VII (Cass. 4 avril 1854: Instruction n° 2019 § 8). Or, il a été reconnu que les copies collationnées étaient des *actes* et devaient, comme tels, être répertoriées (D. M. F. 9 prairial an XII, Inst. 232 ; — Castelsarrasin, 29 août 1842: J. E. 13131; Dict. Not. V. Copie collationnée n° 13 et suppl. . Aucune exception n'étant inscrite à ce sujet dans la loi du 25 février 1901, il y a lieu d'appliquer la règle générale (Sol. 20 févr. 1903; Inst. 3109 § 3.

Les copies collationnées des titres sous signature privée non enregistrés, mais sujets au timbre, doivent renfermer les mentions prescrites par l'article 49 de la loi du 5 juin 1850, sous peine d'une amende de dix francs, contre l'officier ministériel, qui a eu entre les mains les pièces qui ne doivent pas être représentées au receveur. L'article 4 de la loi de 1901 n'a pas dispensé les notaires et greffiers de se conformer à la loi de 1850 : ils doivent donc indiquer si les originaux, qui ne sont pas susceptibles d'être représentés, sont revêtus du timbre prescrit, et énoncer le montant du droit de timbre payé. (Sol. 14 mars 1903 ; Inst. 3128 § 2) .

La production d'une copie collationnée ne rend pas par elle-même obligatoire l'enregistrement du titre. (art. 4 in fine). Il en est ainsi même, lorsqu'elle est présentée au tribunal, en cas de contestation de la dette (Sénat, séance du 24 janvier 1901. J. O. débats, p. 86).

Les titres sous seing privé eux-mêmes produits par les héritiers ou légataires à l'appui de leur demande en déduction d'une dette ne deviennent pas, par le fait seul de cette production passibles du timbre et de l'enregistrement. Mais s'il s'agit d'actes assujettis à la formalité dans un délai déterminé et non encore enregistrés dans le délai de rigueur ou de pièces en contravention aux lois sur le timbre, le receveur devrait relever les droits simples et en sus et les amendes, et en poursuivre le recouvrement (Chambre, séance du 16 nov. 1895 : J. O., débats p. 2372. 3° col. ; Rapport de M. Cordelet, sénateur, du 9 juillet 1896 ; J. O. doc. parl. p. 290. Inst. 3058 p. 11).

En établissant l'inventaire du passif, les intéressés doivent donc s'assurer que les actes qu'ils vont produire à l'appui de leur demande en déduction ne sont pas en contravention. Pour les ventes ou les cessions de fonds de commerce sous seing privé, dont le prix serait encore dû, ils doivent, notamment être en mesure de justifier du payement des droits de mutation. Si cette justification est impossible, il serait peut-être plus avantageux pour eux de ne pas réclamer la déduction de cette dette, d'autant mieux que la simple production d'une copie collationnée serait capable de fournir à l'Administration une preuve de la contravention commise.

L'article 4 de la loi du 25 février 1901 exige que les dettes dont la déduction est demandée soient *détaillées* article par article dans un inventaire sur papier non timbré déposé au bureau lors de la déclaration de la succession et certifié par le déposant. Ce détail doit être fait, d'après les règles admises pour la déclaration active par les articles 27 de la loi du 22 frimaire an VII et 16 de la loi de 1901, de façon à permettre non seulement la liquidation des droits au moment de la déclaration, mais encore le contrôle utile de la perception effectuée. (Cass. 14 Mars 1814 ; J. E. n° 4912). Spécialement, en ce qui concerne les dettes résultant de titres non authentiques, il doit contenir d'une façon sommaire tous les renseignements nécessaires pour identifier le titre et en démontrer la force probante contre le défunt. L'état du passif est la seule pièce que l'Administration gardera en sa possession après la déclaration, et c'est sur la foi de ses énonciations opposables aux parties sauf preuve, contraire à leur charge, qu'elle pourra réclamer des suppléments de droits, en soutenant, soit que la dette n'était pas déductible par sa nature, soit que le titre produit était impuissant à faire preuve en justice contre le défunt. (Inst. 3089 § 17.

Il est donc indispensable que cet état du passif renferme toutes les indications relatives à la nature propre de chaque dette ; comme par exemple la cause de la créance, les nom, qualité et domicile du créancier, le montant distinct du capital et des intérêts, s'il y a lieu, l'époque d'exigibilité, et qu'il fasse bien ressortir que la pièce produite, surtout s'il s'agit d'un sous seing privé, était susceptible de *faire preuve en justice contre le défunt*. Mais il n'est pas nécessaire d'établir que le titre renferme toutes les conditions de validité capables de le rendre invulnérable tant entre les parties qu'à l'égard des tiers. Le receveur lui-même ne devrait pas refuser la déduction d'une dette, sous prétexte que le titre pourrait être annulé par la Justice, après un examen de l'affaire, car il n'est pas juge de la validité des actes qui lui sont présentés. Du moment qu'en apparence le titre peut servir de base à une condamnation contre les héritiers ou légataires, du chef de leur auteur, les conditions exigées par la loi de 1901 se trouvent remplies, surtout si on lui produit l'attestation du créancier conformément à l'article 6 de la loi de 1901.

Il nous reste à faire l'application de ces diverses règles à différentes espèces.

1º Actes synallagmatiques. — La déduction d'une dette héréditaire résultant d'une vente ou d'un bail sous seing privé ou d'un prêt sur dépôt de titre doit être admise de plein droit après la production du titre ou de sa copie collationnée, lorsque l'état du passif fait connaître la nature, la date et les signatures du contrat. Mais il n'est pas nécessaire de reproduire la mention du nombre des originaux exigée à peine de nullité par l'article 1325 du Code Civil (Aubry et Rau, t. VIII, § 756 ; Demolombe, t. VI, nᵒˢ 416 et 418) En effet, la nullité d'un acte sous seing privé fondée sur ce qu'il n'a pas été fait en autant d'originaux qu'il y avait de parties ayant un intérêt distinct, ne peut être invoquée que par les parties contractantes et non par les tiers (Jur. Gén. Rép., nᵒ 4048, et suppl., Vᵒ Oblig. nᵒ 1663 ; — Conf. Rennes, 1ᵉʳ mai 1878 ; D. P., 78, 2, 225). Or, l'Administration est un tiers pour le recouvrement de l'impôt et n'est pas fondée à se prévaloir de cette nullité, pour refuser la déduction demandée, si les parties ne la font pas prononcer (Cass. req., 25 févr. 1875 ; Inst. 2516 § 2 ; — civ. 19 janvier 1881 ; Inst. 2603 § 4).

Le bail sous seing privé, régulièrement produit, et non moins régulièrement mentionné dans l'état du passif, constitue un titre permettant la déduction des fermages échus, même des fermages arriérés, sur l'attestation formelle du bailleur.

Mais une déclaration de location verbale ne forme pas un titre de créance susceptible de faire preuve en justice contre le preneur. Aussi les loyers dont ce dernier se trouve débiteur à son décès constituent une dette purement verbale, qui ne doit pas être déduite de l'actif héréditaire pour la perception des droits de mutation par décès. La feuille de déclaration qui se trouve au bureau n'a qu'un caractère d'ordre administratif purement intérieur. La déclaration ainsi faite dans un but purement fiscal, ne revêt aucun des caractères juridiques de l'acte synallagmatique du bail. Elle pourrait tout au plus servir de commencement de preuve contre le bailleur art. 1347 C. C.) ; à aucun point de vue elle n'est susceptible d'être opposée au preneur, qui est resté étranger à sa rédaction (Jug. Bourg. 4 déc. 1879 ; — Cass. Civ. 13 déc. 1882 ; Inst. 2680. § 3).

Il importe donc de s'abstenir de faire figurer sur l'inventaire du passif les loyers dus en vertu d'une location verbale Sol. 6 Mai 1903 ; Inst. 3122 § 3).

2º Obligations unilatérales. — Les actes sous seing unilatéraux contenant obligation de sommes, tels que billets sous seing privé au porteur, à ordre ou autrement, ne sont valables en Justice que tout autant qu'ils sont écrits en entier de la main des débiteurs et signés par eux, ou, s'ils sont rédigés par une tierce personne, que tout autant que les débiteurs ont ajouté outre leurs signatures, la mention : « Bon ou approuvé pour la somme de... » écrite en toutes lettres de leur main (art. 1326 C. C. — Demolombe, t. VI, nᵒ 489).

La simple signature des débiteurs à défaut de cette mention ne vaut que comme commencement de preuve par écrit (Colmet de Santerre, t. V, n° 289 bis 6; Baudry-Lacantinerie, t. II, n° 1210; — Cass. req., 7 Juin 1882; D. P., 83, 1, 194; — 16 février 1892; D. P., 92, 1, 248); or le simple commencement de preuve ne constituerait pas un titre dans le sens de la loi du 25 février 1901. Mais il y a lieu de remarquer que les parties seules ont le droit d'invoquer cette irrégularité pour empêcher l'acte d'avoir une sanction judiciaire. Les tiers n'ont pas cette faculté, et l'Administration est un tiers comme nous l'avons déjà fait observer précédemment.

Par conséquent, il suffit de mentionner dans l'inventaire du passif la date et la signature des titres unilatéraux, pour que la déduction soit acceptée, surtout si on apporte à l'appui, pour être laissée au bureau, l'attestation des créanciers. Il y a lieu de remarquer, que cette exigence du « *Bon ou approuvé* » n'est pas absolue et ne s'applique pas à tous les actes sous seing privé. Ainsi en sont dispensés les billets des boutiquiers, négociants, marchands et manufacturiers, ceux des artisans, c'est-à-dire des personnes qui exercent un art mécanique, un métier, ceux des laboureurs, ceux également des gens de journée et de service, domestiques, manouvriers, salariés, art. 1326-2°). Le receveur n'a donc pas à se livrer à ce sujet à une étude qui n'est pas de sa compétence sur la qualité professionnelle du souscripteur du titre qui est produit devant lui en vue de la distraction des charges. Il n'a à s'inquiéter que de la sincérité apparente des engagements écrits qui lui sont présentés, sans avoir à rechercher la qualité du débiteur ou le caractère commercial ou non des titres, constatant des dettes héréditaires.

α. — *Billets à ordre.* — Il résulte de ce que nous venons de dire que les billets à ordre émanant soit des commerçants, soit des non-commerçants sont des titres permettant la déduction de la dette de l'actif successoral par le fait seul de l'apposition de la signature du *de cujus*. Peu importe que le billet soit échu depuis plus de trois mois, avant l'ouverture de la succession, si la dette est corroborée par l'attestation du créancier. Peu importe l'endossement du billet qui laisse subsister la dette jusqu'au paiement (Lyon-Caen et Renault, D' Cam. t. IV n° 503 bis). L'endossement par un tiers fait antérieurement au décès constitue même une plus grande présomption de la réalité de la dette.

β. — *Lettres de Change.* — Les lettres de change nommées également *traites* ou *mandats* ne font point par elles-mêmes *titres* contre le tiré. Elles ne lui deviennent opposables que par le fait de son *acceptation*, c'est-à-dire par l'engagement pris par lui de payer à l'échéance (Lyon-Caen n° 189). Dès lors il devient débiteur principal.

Il résulte des travaux préparatoires de la loi du 25 février 1901 que les lettres de change ne peuvent servir de titres pour autoriser la déduction des dettes qu'elles garantissent, de l'actif successoral du tiré, que tout autant qu'elles portent la mention de l'acceptation de celui-ci, suivie de sa signature. Il importe donc de reproduire cette mention dans l'état du passif correspondant aux lettres de change avec la date et le nom du tireur (Chambre, séance du 15 novembre 1900, J. off., débats, p. 2075 Col. 2 et 3. — Inst. 3089 § 17).

Pour les lettres de change, comme pour les billets à ordre, comme pour tous les titres sous seing privé produits à l'appui d'une demande en déduction du passif héréditaire, il n'est pas nécessaire qu'il y ait date certaine au jour du décès.

η. — *Factures des fournisseurs*. — *Mémoires*. — *Arrêtés de Comptes, etc*. —
Les factures des fournisseurs, les mémoires, les arrêtés de comptes, les reconnaissances de sommes, sont des titres susceptibles de faire preuve en justice
contre le défunt à la seule condition d'avoir été acceptés par lui (Lyon-Caen et
Renault, Traité du Dᵗ Comm., t. III, n° 63), Dès lors ils peuvent justifier une
demande en déduction du passif jointe à une déclaration de succession, sous la
condition formelle qu'il y ait eu acceptation du débiteur.

L'inventaire du passif doit, dans ces diverses hypothèses, contenir tous les
renseignements sommaires permettant d'identifier le titre et de démontrer sa
force probante contre le *de cujus*, comme la nature, la date, la signature de ce
titre, ainsi que les diverses mentions d'approbation ou d'arrêté qui s'y trouvent
inscrites. Par exemple, s'il s'agit de la facture d'un fournisseur produite à l'appui d'une demande en déduction, l'état du passif doit indiquer non seulement
le nom et la qualité du créancier, la date de la livraison, le montant de la somme
due et le terme fixé pour le payement, mais encore la mention de l'acceptation
par le débiteur et la date de cette acceptation. Si cette facture n'avait pas été
acceptée, la déduction ne serait plus légale et il faudrait s'abstenir de la faire
figurer dans l'état (Inst. 3089 § 17).

δ. — *Registres et papiers domestiques*. — Aux termes de l'article 1331 du
Code Civil les registres et papiers domestiques des non-commerçants ne sont
pas des titres. Ils ne font foi contre celui qui les a écrits, dans l'hypothèse qui
nous occupe, que lorsqu'ils contiennent la mention expresse que l'écrit a été
rédigé pour suppléer le défaut de titre en faveur de celui au profit duquel ils
énoncent une obligation. Cette mention est nécessaire pour prouver que la dette
existait encore au moment du décès (Demolombe, t. VI; n° 630; Baudry-Lacantinerie, t. II, n° 1230).

C'est seulement sous la condition que l'inscription mise par un défunt non
commerçant sur ses registres et papiers domestiques est censée servir de titre
au créancier, qu'aux termes de l'article 3 de la loi du 25 février 1901, elle
peut justifier une demande en déduction lors de la déclaration de sa succession.
De simples notes signées ou non ne rempliraient pas les conditions légales
(Besson, Réforme des SSᵒⁿˢ et Dᵒⁿˢ n° 91, p. 99).

ε. — *Impôts fonciers*. — *Droits de mutation restant dus au décès*. — Les impôts
grevant les biens, et notamment la contribution foncière payable par douzièmes,
sont déductibles, comme les dettes ordinaires. Le bordereau d'imposition au
nom du défunt est le titre qui doit être présenté au receveur. Mais comme il
serait en droit de ne pas s'en contenter, puisque ce bordereau reste entre les
mains des contribuables après leur libération, il importe de joindre à l'appui de
la demande en déduction un certificat du percepteur des contributions directes,
rédigé conformément à l'article 6 de la loi du 25 février 1901 (Besson, éod. loc.
n° 145 p. 142).

Ce certificat que nous estimons nécessaire dans tous les cas constatant le non
payement de tous les termes échus, doit permettre la déduction de toute la dette,
aussi bien pour les termes échus depuis moins de trois mois que pour ceux
ayant une échéance antérieure. L'attestation du percepteur est une garantie suffisante, d'autant mieux qu'il est facile à l'Aministration de l'Enregistrement de
s'assurer par les rôles des Contributions que la dette existait réellement au
moment du décès. L'état du passif n'en doit pas moins renfermer toutes les indications relatives au titre de recouvrement et au certificat annexé du percepteur.

Les droits de mutation par décès dus par le défunt pour une autre succession précédemment ouverte à son profit, et dont l'Administration de l'Enregistrement est elle-même créancière, doivent être assimilés aux sommes dues par le *de cujus* à titre de contributions publiques ou de taxes assimilées. Ces droits restant dus sur une succession précédente sont des dettes susceptibles d'être retranchées de l'actif héréditaire, pour la perception des droits de mutation par décès relatifs à sa propre succession (Inst. 3058 p. 4).

Pour obtenir cette déduction, il suffit de produire à l'appui de la demande un certificat du receveur du bureau où les droits en question sont encore dus ou étaient encore dus au moment où est arrivé le décès du *de cujus*.

Toutefois il n'en saurait être ainsi des pénalités de retard, lorsqu'elle incombe personnellement aux héritiers qui ont recueilli dans la succession de leur auteur des biens provenant de l'hérédité précédemment échue à celui-ci. Saisis avant l'expiration du délai légal, ceux-ci étaient dans l'obligation de souscrire la déclaration exigée par la loi. Le défunt n'a commis de ce chef aucune contravention ; par suite il n'a jamais de son vivant été frappé de ces pénalités. La déduction à opérer sur sa succession est ainsi limitée au montant du droit simple (Sol. 10 novembre 1902; Inst. 3102 § 4).

Les pénalités encourues par le défunt lui-même sont éteintes par suite de son décès, car les peines sont personnelles et ne sont pas transmises aux successibles. C'est un principe absolu de droit pénal, qui s'applique aux peines pécuniaires comme aux autres, aux infractions aux règlements fiscaux, comme aux lois générales dont l'exécution est confiée au ministère public. En vertu de ce principe les amendes et droits en sus concernant l'enregistrement, le timbre, le notariat et les autres matières entrant dans les attributions de l'Administration ne peuvent pas être réclamés aux héritiers; par suite ces charges ne grèvent plus la succession de leur auteur et ne sont pas susceptibles d'être retranchées de l'actif déclaré pour le paiement des droits de mutation par décès. Il n'y aurait exception à cette règle, et la déduction ne deviendrait possible que si le contrevenant s'était obligé à les payer avant son décès en vertu d'un acte, ou si un jugement de condamnation est intervenu contre lui de son vivant. Mais cette obligation résultant d'un acte ou ce jugement constitue un titre ordinaire de créance (D. M. 11 brum. et 6 frim. an 14 et 1ᵉʳ septembre 1807; Inst. 340, § 4 ; — Nancy, 30 août 1844; 13, 648, 5 J.; — Sol. 17 novembre 1871).

L'article 76 de la loi du 28 avril 1816 déclare que les amendes de timbre sont dues même par les héritiers, et elle accorde même au Trésor un privilège de premier rang dans les successions. Néanmoins, nous ne croyons pas que cette dérogation au principe de la non-transmission des pénalités puisse comme corollaire autoriser la déduction de ces sortes de dettes de l'actif héréditaire, car, outre que les diverses conditions exigées par la loi du 25 février 1901 ne seront pas facilement remplies, les amendes de timbre deviennent parfois exigibles par le faiᵗ même du décès du contrevenant, et seulement en la personne de ses héritiers ou légataires : c'est ce qui se produit pour les testaments rédigés sur papier non timbré.

3° *Dettes au profit des successibles ou personnes interposées résultant d'actes sous seing privé.* — En principe, les actes sous seing privé n'ont pas besoin d'avoir acquis date certaine autrement que par le décès du *de cujus* pour autoriser la déduction des dettes qu'ils constatent. Il suffit donc d'énoncer la date dans l'inventaire du passif, en produisant le titre ou sa copie collationnée. L'article 7-2, de la loi du 25 février 1901, qui interdit en principe la déduction des dettes consenties par le défunt au profit de ses héritiers ou des personnes interposées, n'admet cette déduction pour les dettes émanant de titres constitutifs sous seing privé que tout autant qu'ils ont acquis date certaine, avant la mort du *de cujus*, autrement que par le décès d'une des parties contractantes; et sous la condition expresse de *prouver* la sincérité de cette dette et son existence au jour de l'ouverture de la succession. Cette preuve doit être établie dans l'état du passif. Inst. 3058, p. 8; Inst. 3067 § 7.

Dans la catégorie des personnes interposées il faut ranger le mari d'une héritière, au profit duquel le défunt avait contracté une dette Sol. 12 mars 1902; Inst. 3089 § 18).

L'attestation du créancier, lorsqu'il est héritier ou légataire, devient par cela même inutile, car on ne se donne pas de certificat à soi-même.

Attestations des Créanciers

L'article 6 de la loi du 25 février 1901 permet aux receveurs d'exiger à l'appui de toute demande en déduction d'une dette pour le payement des droits de mutation par décès, l'attestation du créancier certifiant l'existence de la dette à l'époque de l'ouverture de la succession. (Rapport de M. Dauphin, sénateur, du 12 juillet 1898; J. O. doc. parl. p. 527.

Pour les dettes échues depuis plus de trois mois lors de l'ouverture de la succession, ainsi que pour les dettes hypothécaires non échues, mais dont l'inscription est périmée depuis plus de trois mois, cette attestation des créanciers. est, comme le savons déjà, obligatoire, sous peine de rejet art. 7 n°s 1 et 4; Inst· 3058, p. 13).

Pour les dettes résultant de titres non authentiques les receveurs useront presque toujours de la faculté qui leur est concédée par l'article 6 précité, ils y verront une garantie nouvelle leur permettant de dégager entièrement leur responsabilité. Il leur est du reste, recommandé d'agir, pour toutes les dettes sous seing privé sans exception par l'Administration elle-même Inst. 3058, p. 18.

On peut donc en conclure qu'en pratique pour toutes les dettes résultant de titres non authentiques, dettes qui, d'après le cadre que nous avons tracé, doivent former la troisième catégorie des dettes à porter sur l'inventaire du passif, une attestation de chaque créancier doit être annexée à la déclaration, sans qu'on ait à rechercher si la dette est échue ou non depuis plus de trois mois. Les redevables s'exposeraient à un rejet, en ne prenant pas cette précaution préalable. En fait, la loi exige pour la déduction des dettes résultant de titres sous seing privé même non échues au décès toutes les conditions nécessaires pour la déduction des dettes résultant d'actes authentiques échues, depuis plus de trois et les dettes hypothécaires non échues, mais dont l'inscription est périmée depuis plus de trois mois, et en plus la production du titre ou de sa copie collationnée. On peut ainsi conclure que pour les dettes sous seing privé ou de 3ᵉ catégorie, il y a une exigence supplémentaire par rapport à celles de la 2ᵉ catégorie.

Les attestations des créanciers produites à l'appui de la demande en déduction des dettes héréditaires, soit en vertu de l'art. 7 n°s 1 et 4 de la loi de 1901, peuvent être délivrées devant notaire ou dans la forme sous signature privée, conformément aux règles de droit commun.

La loi ne prescrit pas que la signature des créanciers soit légalisée, lorsque les attestations sont faites par actes sous seing privé. Les receveurs ne sont pas fondés à exiger l'accomplissement de cette formalité. Toutefois, l'article 5 de la loi de 1901 leur donne un pouvoir d'appréciation très important, en vertu duquel ils ont le droit de refuser la déduction, sauf pour les dettes authentiques et non échues, lorsque les justifications fournies leur paraissent insuffisantes. Lorsqu'une attestation leur semble suspecte, ils ont le droit d'exiger des parties un supplément de garantie. Il leur est recommandé, du reste, de n'user de ce pouvoir, que dans des cas exceptionnels et avec modération. Néanmoins il appartient aux parties de ne demander la déduction que des dettes prévues par la loi et avec la plus entière bonne foi, de ne présenter que des pièces empreintes de la plus grande apparence de sincérité, afin de n'avoir pas besoin de se pourvoir en suite, en restitution dans le délai de deux ans, ainsi que le leur permet le même article 5.

Il y a lieu de faire remarquer, que le faux ou l'usage de faux en matière d'attestation des créanciers tomberait sous l'application des articles 150 et suiv. du Code Pénal. La Direction Générale en aviserait le Procureur de la République conformément à l'article 29 du Code d'Instruction criminelle.

Lorsqu'un créancier ne sait pas signer ou est dans l'impossibilité de le faire, l'attestation demandée par les héritiers ou légataires et qu'il ne peut refuser sous peine de dommages-intérêts, doit être rédigée par un notaire ou par le maire du domicile de ce créancier. Elle peut même être reçue par le receveur dans la déclaration de succession, lorsqu'il est requis de la rédiger. Dans le cas contraire il est autorisé à la recevoir sur une formule distincte. Comme dans les deux hypothèses, il arrivera le plus souvent que le créancier ne sera pas personnellement connu du receveur, son identité devra être certifiée par deux témoins qui signeront l'attestation.

Les attestations des créanciers sont toujours dispensées du timbre et de la formalité de l'enregistrement, même lorsqu'elles sont faites par acte notarié (art. 6; 1. 25 fév. 1901). Mais elles doivent toutes contenir la mention que le créancier connait les dispositions de l'article 9 de la loi de 1901 relatives aux peines en cas de fausse attestation, mention prescrite par le 2ᵉ alinéa de l'article 6 de la même loi.

Les attestations des créanciers rédigées par des notaires sont des *actes*, comme les copies collationnées des titres sous seing privé délivrées par eux. Pour les mêmes motifs elles doivent être, comme ces copies, inscrites sur leur répertoire, par analogie à la solution de 20 février 1903 (Inst. 3109 § 3.

Les attestations des créanciers doivent être retenues au bureau où la déclaration est reçue, à la différence des titres ou copies collationnées qui sont simplement représentées au receveur et rendues après examen, en même temps que la quittance des droits payés. C'est, en effet, à l'Administration elle-même et non aux héritiers ou aux légataires, que le créancier certifie l'existence de la dette au jour de l'ouverture de la succession. Cette attestation constitue le titre qui permettra de réclamer à ce créancier, en cas d'inexactitude reconnue, une amende égale au triple du supplément de droit exigible, sans qu'elle puisse être inférieure à 500 francs, sans décimes, édictée contre lui par l'article 9 de la loi de 1901 (Inst. 3058, p. 13, in fine; — Inst. 3077 § 8), pénalité majorée par l'art. 110 de la loi du 25 juin 1920 et par la loi du 22 mars 1924.

Dettes non susceptibles de déduction.

Aux termes de l'article 3 de la loi du 25 février 1901 peuvent seules être déduites, pour la liquidation et le payement des droits de mutation par décès, les dettes à la charge du défunt dont l'existence est dûment justifiée par des titres susceptibles de faire preuve en justice contre le défunt au jour de l'ouverture de la succession. C'est la consécration pure et simple de la procédure écrite, seule admise en matière d'enregistrement par l'article 65 de la loi du 22 frimaire an VII. Toute dette qui ne tire pas la preuve de son existence, de son titre même est exclue du bénéfice de la loi de 1901, alors que cette existence pourrait être établie par les autres modes de preuves admis par la loi civile. Ces dettes, dont nous allons donner quelques exemples, ne doivent pas figurer dans l'état du passif. Il est, par suite, inutile de réclamer pour elle l'attestation des créanciers : il n'y a pas lieu de s'en préoccuper.

1° *Dettes verbales*. — Du criterium que nous venons de poser, il résulte que les dettes verbales sont exclues du bénéfice de la déduction, puisqu'aucun titre ne peut être présenté au receveur.

Il faut considérer comme *dettes verbales*, celles pour lesquelles il n'existe qu'un commencement de preuve par écrit, car ce commencement de preuve a besoin d'être complété par d'autres preuves, comme des présomptions graves, précises et concordantes ou par des témoignages, bannis par la loi fiscale. Le titre ne suffit plus à démontrer seul en justice l'existence de la dette. On est, dès lors en dehors des prévisions de la loi de 1901. On doit considérer comme « *commencement de preuve par écrit* » : 1° un acte écrit par le défendeur et qui rend vraisemblable le fait allégué (Mourlon, Rép. écr., t. II, n° 1608; — Conf. Aubry et Rau, t. VIII, § 764; art. 1347 C. C.) — 2° les énonciations d'un compte qui ne règle pas définitivement la situation des parties (Cass., 6 août 1873; D. P. 75, 1, 260); — 3° lettres missives (Cass. crim. 26 juillet 1872; D. P., 72, 1, 147); — 4° les réponses des parties dans un interrogatoire sur faits et articles (Cass. req. 1er décembre 1880; D. P. 81, 1, 25); — 5° les déclarations faites à l'audience et dont il est donné acte (Cass. req,, 29 décembre 1879; D. P., 80, 1, 375); — 6° les déclarations constatées dans un procès-verbal de non-conciliation (Jur. gén. Suppl. cod. V°, n° 1906 ; — 7° les mentions mises en marge, au dos ou à la suite d'un acte. — (Sénat, séance du 22 janvier 1901; J. O., débats, p. 76: Inst. 3058, p. 4).

2° *Factures non acceptées*. — Les dettes résultant de simples notes, factures ou mémoires, non acceptés par le défunt, ne sont pas susceptibles d'être admises en déduction de l'actif successoral pour le payement des droits de mutation par décès, et on doit, pour ce motif, s'abstenir de les faire figurer dans l'inventaire du passif annexé à la déclaration, alors même que ces documents auraient été revêtus de l'acquit des créanciers, postérieurement à l'ouverture de la succession.

Ces factures ou mémoires ne pourraient être des titres contre le défunt, d'après les prescriptions de la loi, et ne faire preuve complète contre lui en justice qu'à la condition d'avoir été acceptés par lui. L'acceptation donnée après coup par ses héritiers n'a pas été capable de procurer rétroactivement au titre une force probante qu'il n'avait pas du vivant du *de cujus* : leur acceptation même antérieure au décès de leur auteur n'a pas pu modifier la nature du titre vis-à-vis de lui. L'acquit apposé par le créancier lui-même postérieurement au décès indique sans doute que la dette n'était pas remboursée au jour du décès, mais n'est pas susceptible de concéder au titre une force qu'il n'avait pas et de le rendre par lui-même opposable au défunt par effet rétroactif (Sol. 13 décembre 1901; Inst. 3080 § 19).

Aux factures non acceptées doivent être assimilés les décomptes non acceptés par le défunt de travaux et de fournitures dressés par les entrepreneurs, de même que les notes non acceptées des agents d'affaires (même Instruction).

3° *Honoraires des Médecins.— Frais de dernière maladie.*— Les honoraires des médecins, ainsi que les autres frais de dernière maladie ne résultent pas ordinairement de titres susceptibles de faire preuve en justice contre la succession. On ne peut considérer, en effet, comme un titre le carnet de visite du médecin, non accepté par le *de cujus* surtout pendant le cours de sa dernière maladie. Il en est de même des notes du pharmacien. Il n'y a là, à proprement parler, envers le défunt que des dettes verbales dont la déduction est prohibée par la loi de 1901, malgré le privilège accordé à ces sortes de dettes par l'article 2101 du Code Civil (Sol. 15 février 1902; Inst. 3080 § 19. Il en serait autrement, si le *de cujus* s'était reconnu débiteur par un billet en règle à chaque visite faite par son médecin ou à chaque livraison de médicaments fournis par un pharmacien.

Une proposition pour permettre la déduction des honoraires du médecin et des frais de dernière maladie, même sans titre, a été présentée lors de la discussion du budget de 1904; certains votes favorables semblent même avoir été émis dans ce sens par le Parlement; mais finalement elle ne paraît pas avoir abouti.

4° *Frais funéraires.* — Les frais funéraires, bien que déclarés *dettes privilégiées* par l'art. 2101 du Code Civil ne sont pas des dettes *à la charge du défunt*, et restent ainsi en dehors des prévisions de l'art. 3 de la loi de 1901. Sans doute ces dettes remontent au jour de l'ouverture de la succession, puisqu'elles ont leur cause originelle dans le décès du *de cujus*; mais pour ce même motif ce dernier n'en a jamais été tenu de son vivant, et aucune action en justice ne pouvait lui être intentée de ce chef.

Ces dettes ne sont donc pas déductibles, parce qu'elles n'existaient pas du vivant du *de cujus*. Un autre motif empêcherait également leur déduction: c'est le défaut de titre contre le défunt.

Aux frais funéraires, il y a lieu d'assimiler les frais de justice et toutes les autres dettes (frais de scellés d'inventaire. de partage, etc.) qui n'ont pris naissance que par le décès et dont le défunt ne pouvait pas être tenu personnellement de son vivant. Leur déduction ne peut pas être admise et il ne faut pas la réclamer dans l'état du passif (Brison, loc. cit. n° 98, p. 103).

5° *Dettes pour fournitures. Tailles.* — Les tailles, lorsqu'elles sont corrélatives. tiennent lieu d'écriture et forment une espèce de preuve littérale de la quantité des marchandises fournies (art. 1333 C. C. ; Mourlon, Rép. écr. ; t. II, n° 1380). Mais les tailles ne sont assimilées à la preuve littérale que quant à la foi qui leur est due. On ne peut pas dire qu'il y a là un titre écrit, au sens juridique du mot. d'après la loi de 1901. (Dalloz, n° 1788). Aussi les héritiers ne sont pas autorisés à justifier des sommes dues aux fournisseurs du défunt par la représentation des tailles et de leurs échantillons (Besson n° 94 p. 101).

En résumé, la déduction des dettes, résultant de titres non authentiques, n'est susceptible d'être admise que tout autant que les successibles, peuvent présenter au receveur au moment de la déclaration de succession la copie collationnée d'un titre ou le titre lui-même qui aurait pu donner lieu à une condamnation en justice contre le défunt lui-même ; ce qui exclut par celà même la distraction de toute dette postérieure au décès, ou ayant pris sa source dans le décès lui-même.

Toutes les règles déjà développées au sujet des dettes résultant de titres authentiques sont communes aux dettes constatées par des actes sous signature privée.

§ 4. — Dettes commerciales

Le législateur de 1901 a admis la déduction des dettes commerciales comme des dettes civiles. En matière commerciale il a autorisé la déduction des dettes résultant simplement des énonciations des livres de commerce du défunt, qui sont considérés comme de véritables titres, à la différence de livres ou notes des non-commerçants (Chambre, séance du 15 novembre 1900 ; J. O., débats p. 2075 ; — Rapport de M. Monestier, sénateur, du 31 décembre 1900 ; Inst. 3049 p. 3 .

Les héritiers ou légataires d'un *commerçant* sont donc autorisés à demander la déduction des dettes mentionnées dans les livres de commerce de leur auteur qui font preuve contre lui-même en faveur des non-commerçants, qu'il s'agisse d'un acte de commerce ou d'une opération civile et alors même que les livres seraient irrégulièrement tenus. Ces mentions forment titre contre le commerçant et ne peuvent être contredites que par des énonciations contraires art. 1330 C. C. ; — art. 13, C. Com.).

La loi de 1901 a suivi pas à pas les règles admises en cette matière par la législation civile et commerciale. Aussi les sucessibles d'un commerçant peuvent-ils se prévaloir également pour demander la déduction du passif héréditaire, des mentions des livres de commerçants *créanciers du défunt*. Entre commerçants ces mentions font foi, sauf preuve contraire, lorsqu'elles sont relatives à un fait de commerce au profit du créancier qui les a inscrites, à la condition que ses livres soient régulièrement tenus (Art. 12, C. Com.). Mais elles ne font en aucun cas preuve contre les non-commerçants ; aussi est-il indispensable, lorsqu'on veut les produire de justifier de la qualité de commerçant du défunt. Elles ne doivent jamais figurer dans la déclaration de succession d'un non-commerçant.

Nous ne rangeons dans la catégorie des *Dettes commerciales*, par rapport à la rédaction de l'inventaire du passif joint à une déclaration de succession, que celles dont les justifications sont fournies par les héritiers ou légataires au moyen des *livres de commerce* soit du défunt soit des commerçants créanciers du défunt. Quant aux dettes commerciales résultant de billets à ordre souscrits par le défunt, de lettres de change qu'il a acceptées, ou de tous autres titres régulièrement présentés, il y a lieu de les faire figurer dans la catégorie de dettes qui leur convient, d'après les explications déjà présentées. Si on présente des effets souscrits ou acceptés par le défunt pour des échéances postérieures à son décès et endossés par des tiers antérieurement à l'ouverture de la succession, cet ensemble de circonstances constituera une présomption assez sérieuse pour faire admettre la déduction par le receveur, lorsque les conditions déjà énumérées se trouvent remplies et que rien ne l'autorise à supposer qu'il s'agit d'effets de complaisance.

Il importe de faire remarquer que pour toute *dette commerciale*, l'Administration a le droit d'exiger, sous peine de rejet, la représentation des livres de commerce du défunt nonobstant toute autre justification (art. 3-2° 1. 25 février 1901). Il est, par suite, indispensable de s'adjoindre tous les livres de commerce d'un défunt commerçant, lorsqu'on se présente au bureau de l'enregistrement pour souscrire la déclaration de sa succession grevée d'un passif dont on demande la distraction de l'actif héréditaire.

L'obligation de produire les livres du défunt est expressément limitée par la oi au cas où la demande de déduction s'applique à une dette commerciale. Mais il est parfois difficile de déterminer, si l'obligation d'un commerçant résulte ou non de faits relatifs à son commerce. Or, d'après l'article 638 § 2 du code de commerce toute obligation souscrite par un commerçant est réputée contractée dans l'intérêt de son commerce, quelles que soient la qualité du créancier et la forme de l'acte qui constate cette obligation. En principe toute dette émanant d'un commerçant est déclarée commerciale si la nature de l'enregistrement ou sa cause, énoncées dans l'acte constitutif, ne permettent pas d'en préciser le caractère civil (Cass. req. 10 Janv. 1859 ; D. P. 59, 1, 225 ; Dall. J. Gén. Suppl. V, Acte de commerce nᵒˢ 446 et suiv.

Il ne s'agit, cependant, que d'une présomption simple, qui peut être détruite par la preuve contraire. Le législateur de 1901, en exigeant dans l'intérêt du Trésor, la production des livres de commerce, pour la déduction des dettes commerciales établies par titres, s'est référé purement et simplement sur ce point aux dispositions du Code de commerce. Les héritiers et légataires ont donc la faculté de prouver, à l'appui de leur demande en distration, soit par l'acte d'emprunt lui-même, soit par des justifications ultérieures, que les fonds empruntés n'ont pas été affectés par leur auteur à des opérations de commerce (Sol. 28 Avril 1902 ; Inst. 3089, § 13).

Si les intéressés ne sont pas en état d'administrer cette preuve, la dette n'en doit pas moins être rangée sur l'état du passif dans la catégorie qui lui convient et toutes les justifications exigées par la loi pour la dette, suivant sa nature et son caractère, doivent être jointes à la demande. Ils doivent seulement se munir des livres de commerce du défunt afin de pouvoir les produire immédiatement, si le receveur l'exige, et démontrer ainsi qu'il n'y a sur ces livres aucune preuve de l'extinction de la dette ou aucune mention de sa non-existence. Ils n'ont pas à les communiquer, si on ne l'exige pas, et on n'usera pas de cette faculté en règle générale, même pour les actes sous seing privé, dont les titres et justifications ont été régulièrement fournis, lorsqu'il n'existera aucune présomption de fraude, ce qui rendrait l'examen des livres absolument inutile (Ints. 3089 p. 44).

La nécessité de présenter les livres de commerce existe pour toute dette réputée commerciale, lorsque l'Administration l'exige. Peu importe du reste, que le débiteur ait perdu, dans la suite, la qualité de commerçant ; puisqu'il avait cette qualité au moment où la dette a pris naissance, le fait d'avoir cessé son commerce ne pouvait modifier la nature originaire de son engagement et en faire une dette civile (Pardessus, Cours de droit commercial, T. 1ᵉʳ nᵒ 50 ; — Lyon-Caen et Renault, Traité de droit commercial, T. 4, nᵒ 799). Si les justifications présentées ne suffisent pas, aux yeux du receveur, à écarter toute idée de fraude, il peut sous peine de rejet, réclamer les livres de commerce que le défunt devait tenir, lorsqu'il était dans les affaires et que l'article 11 du Code de commerce l'obligeait à conserver (1. 25 février 1901, art. 13, 2ᵉ al. ; — Sol. 27 octobre 1902 ; Inst. 3122 § 1ᵉ).

Les héritiers ou légataires doivent donc se munir des livres de commerce du défunt, lorsque celui-ci a fait du commerce, à cette seule fin de pouvoir les représenter, s'il en sont requis. Il est évident au surplus que les seuls livres dont la représentation peut être exigée, sont les livres dont il est question dans les articles 8 et 9 du Code de Commerce, les seuls qui soient obligataires pour un commerçant. Quant aux livres auxiliaires dont la tenue est facultative ils ne peuvent leur être demandés. Il en est de même des livres des créanciers commerçants dont la réprésentation ne saurait être exigée par l'Administration (Besson, loc. cit, n° 113 p. 113 ; Inst. 3089 § 14'.

La 4° catégorie des dettes héréditaires comprendra ainsi, dans l'inventaire du passif annexé à la déclaration et laissé au bureau, les dettes dont la déduction est demandée et qu'on n'entend prouver que par les énonciations des livres de commerce du défunt ou des créanciers commerçants de celui-ci. Pour que la déduction soit acceptée, il faut qu'ils soient *régulièrement tenus, conformément aux prescriptions du Code de commerce* (art. 8 à 12), de manière à ce que l'existence de la dette ressorte bien clairement des mentions qu'ils contiennent Rapport de M. Cordelet, au Sénat, du 9 juillet 1896 p. 52'.

Force probante des livres de commerce. — Les mentions de dettes contenues dans les livres de commerce, même irréguliers, font preuve contre le commerçant de qui elles émanent. Aussi la loi de 1901 permet de les invoquer à l'exclusion de toute autre justification, pour le payement de l'impôt de mutation par décès (Inst. 3058 p. 3 et 17 in fine).

Mais la force probante des livres de commerce s'applique seulement aux livres obligatoires, qui sont : 1° le *livre journal*, qui doit contenir jour par jour toutes les opérations du négociant, par conséquent ses dettes et ses créances quelles qu'en soient l'origine et la forme ; — 2° le *livre de copies de lettres*, qui par son rapprochement avec les lettres reçues par le négociant et qu'il doit mettre en liasse, permet de prouver l'existence et les conditions des contrats commerciaux ; 3° *le livre des inventaires*, affecté à la transcription et à la conservation des inventaires annuels, et où l'on trouve la mention de tous les éléments de l'actif et du passif, des créances, des dettes, des marchandises et de tous les biens meubles et immeubles du commerçant art. 10 C. Com. : — Pandectes françaises. V° Com. n°s 1089 et 1105; Besson. loc. cit. n° 108 . à l'exclusion des livres auxiliaires ou facultatifs, tels que le *grand livre*, le *livre de caisse*, le *livre d'achats et ventes* et le *livre de traites et billets*, etc. qui ne peuvent fournir que des présomptions de fait Pand. franç. V° Commerçant, n°s 1152 et suivants; Rub. de Couder, Dict. de D^t com., V° Livres de commerce, n° 61: Bédarride n° 217, Boistel. n° 114 ; Lyon-Caen et Renault. t. III. p. 66; Dall. Suppl. V° Commerçant, n°s 127 et 128: — Cass. req. 11 mai 1859 ; D. P. 59, 1, 455; — 3 janvier 1860 ; D. P. 60, 1, 222: — 26 juillet 1869; D. P. 71, 1, 216; — Cass. civ. 23 juillet 1873 ; D. P. 74, 1, 102).

L'article 3 de la loi du 25 février 1901, en permettant aux successibles d'un commerçant d'invoquer les livres de commerce du défunt ou ceux des créanciers commerçants de celui-ci, pour justifier l'existence des dettes susceptibles d'être déduites de l'actif imposable n'a eu en vue que les livres obligatoires, les seuls capables de faire titre en justice contre le défunt. Les dettes qui ne sont énoncées que dans un livre de commerce facultatif *tel que le grand livre*, ne sont pas de nature à être déduites, car ces mentions ne constituent pas seules des titres suffisants contre le défunt pour obtenir une condamnation en justice. Il importe donc de ne pas les faire figurer dans l'état du passif (Sol. 8 mars 1902, Inst. 3089 § 14).

Lorsqu'on s'appuie sur les livres de commerce pour demander la déduction du passif commercial, il est impossible de diviser les énonciations qui s'y trouvent

pour ne retenir que celles favorables à la demande faite (art. 1330 C. C.). L'Administration peut puiser tous les renseignements qui s'y trouvent pour réclamer
des droits complémentaires.

L'irrégularité des livres de commerce n'empêche pas la mention de dette de
aire foi contre le commerçant qui l'a inscrite. Mais si cette irrégularité était
telle qu'elle pourrait avoir pour conséquence apparente de faire disparaître la
preuve contraire qu'on était en droit de supposer, il faudrait s'abstenir de reproduire cette dette dans l'inventaire du passif, car le receveur serait fondé à la
rejeter; (Inst. 3058 p. 17).

La preuve tirée des livres de commerce ne peut être établie que par la présentation de ces livres eux-mêmes. Aussi les héritiers ou légataires qui enten-
dent se prévaloir de ce mode de preuve autorisé par l'article 3 de la loi du
25 février 1901 ne peuvent se contenter de produire une copie collationnée et par
extrait de ces livres. Que la preuve résulte des livres de commerce du défunt ou
des livres de commerce de ses créanciers, ils doivent toujours pour constituer une
justification suffisante de la dette, être déposés au bureau, où la déclaration est
reçue pendant le temps prescrit par la loi Inst. 3058 p. 18).

Durée du dépôt des livres de Commerce. — L'article 3-3° de la loi de 1901
décide que les livres de Commerce déposés à l'appui de la demande en déduction
des dettes, aussi bien lorsqu'ils ont été remis par les parties elles-mêmes que
que lorsque le dépôt en a été réclamé par l'Administration, doivent demeurer
pendant cinq jours au bureau qui reçoit la déclaration; afin de permettre au receveur d'y puiser tous les renseignements utiles sur la consistance du passif et de
l'actif héréditaires. Ce délai est un délai maximum, qui ne comporte pas
d'extension, bien que le cinquième jour soit férié, car il est de principe
que, sauf disposition contraire de la loi, les délais ne sont pas prorogés à
raison des jours fériés qui s'y rencontrent ou auxquels ils expirent Flan-
din, De la Transcription, 2138 bis; — Cass. 20 novembre 1871; S. 71, 1,183;
— Conf. Cass. 20 mai 1873; S. 73, 1, 280; — Sol. 25 mars 1886, R. P.
6749). — C'est ce qui résulte encore des déclarations du ministre des Finances, lors de la discussion de la loi Sénat; séance du 22 janvier 1901 ; J. O., débats
p. 78; — Besson, Op. cit, n° 116 p. 121 ; — Inst. 3058 p. 12 .

En fait le receveur les garde le moins longtemps possible, lorsqu'on les dépose
dans son bureau, et les rend même le plus souvent de suite avec la quittance des
droits de mutation. Il est bien rare qu'il en exige le dépôt, lorsqu'on lui a produit par ailleurs les justifications nécessaires. En tous cas à l'expiration des cinq
jours réglementaires, on peut aller les retirer pendant la durée des heures d'ouverture du bureau, c'est-à-dire les jours non fériés de 8 heures du matin à 4 heures du soir 1. 27 mai 1791; — D. M. — F. 9 mars 1839 : Inst. 1586 .

Droit de communication. — La preuve de l'existence des dettes héréditaires
par les mentions des livres de commerce ne nécessite pas seulement le dépôt
dont nous venons de parler ; l'article 3-3° de la loi de 1901 oblige encore les successibles, qui se sont appuyés sur ce mode de preuve à communiquer aux agents
de contrôle les livres de commerce du défunt, qui ont servi de base ou de complément de preuve à une dette commerciale admise en déduction, lorsque ces
agents les réclament.

Il résulte des travaux préparatoires que ce droit de communication se res-
treint *aux seuls livres du défunt*, et que, à la différence des receveurs, les ins-
pecteurs et inspecteurs-adjoints ne peuvent se les faire apporter au bureau. Ces

agents sont tenus de se les faire communiquer sans déplacement chez celui des héritiers ou légataires qui sera dépositaire des livres de commerce. Ils ne pourraient ainsi se rendre chez les commerçants créanciers du défunt pour consulter leurs livres sous prétexte qu'ils ont servi de base à la déduction de certaines dettes commerciales admises lors de la déclaration. Le droit d'investigation de l'Administration est épuisé pour ces derniers livres, lorsqu'ils ont séjourné pendant cinq jours au bureau de l'Enregistrement, où la déclaration a été souscrite. (Rapport de M. Cordelet, sénateur, J. Off. Débats. p. 77 Col. 1 et 2).

La représentation des livres de commerce du défunt ne peut être exigée qu'une seule fois par les agents de contrôle et seulement pendant une durée de deux années à compter du jour de la déclaration.

En fait il sera très rare que les employés supérieurs usent du droit de communication qui leur est concédé par l'article 3 de la loi du 25 février 1901 à cause des difficultés qui en résultent. Mais les successibles qui ont obtenu la déduction de dettes commerciales lors de la déclaration de succession de leur auteur ne pourraient se refuser à cette représentation, sous peine d'une amende égale *aux droits qui n'auraient pas été perçus par suite de la déduction du passif*. Il est évident qu'il ne s'agit que du passif commercial déduit et non des dettes civiles, régulièrement établies. (Besson, loc. cit, n° 197).

Attestation des créanciers. — La justification des dettes commerciales par le dépôt des livres de commerce ne dispense pas les intéressés de fournir les attestations des créanciers. Ils doivent toujours se les procurer avant de se présenter au bureau de l'Enregistrement, car le receveur, conformément aux recommandations de l'Administration, ne manquera pas de s'appuyer dans toutes les hypothèses sur l'article 6 de la loi de 1901 pour exiger ces attestations. Il l'exigera non seulement lorsqu'elles sont obligatoires, c'est-à-dire pour les dettes échues depuis plus de trois mois au jour du décès, non seulement lorsque certaines mentions apparaissent confuses ou contradictoires, mais même lorsque la tenue des livres est parfaitement régulière et que de leur simple examen l'existence ne semble pas douteuse. Nous avons déjà fait connaître le motif de cette exigence et indiqué la nécessité de ces attestations, en étudiant les dettes justifiées par acte sous seing privé. Les livres de commerce, s'ils font foi de leurs énonciations jusqu'à preuve contraire, n'ont aucun caractère authentique et ne sauraient avoir plus de force que les actes sous signature privée. Ce supplément de garantie doit être considéré en fait comme indispensable, aussi est-il important pour les contribuables de s'en prémunir à l'avance, afin de ne pas s'exposer à un rejet légitime de la part du receveur.

Le droit du receveur au sujet de ces attestations est absolu ; il peut même les requérir pour les dettes constatées par actes authentiques et non échues au jour de l'ouverture de la succession (Inst. 3049, p. 4-in fine), bien qu'il lui soit recommandé de ne pas en user dans ces cas. Mais pour les autres dettes, c'est une recommandation inverse qui lui est faite. Il est, par suite, utile pour les parties de se mettre en règle à cet égard, afin de ne pas se trouver ensuite dans la dure nécessité de se pourvoir en restitution, dans les deux années qui suivront la déclaration, conformément à l'article 5-1° de la loi du 25 février 1901.

CHAPITRE V

MUTATIONS PAR DÉCÈS EN ALGÉRIE ET DES BIENS ALGÉRIENS

L'impôt des successions tel qu'il existe en France a été introduit en Algérie par deux décrets en date du 29 décembre 1914 et par un décret du 21 janvier 1920. Les successions ouvertes en Algérie sont donc par suite assujetties au même régime que les successions ouvertes en France au point de vue de l'assiette et de la liquidation. Les règles de perception sont simplement moins rigoureuses que dans la métropole, car elles sont exemptes de la taxe successorale établie par l'article 10 de la loi du 31 décembre 1917 et les tarifs sont moins élevés.

Les biens situés en Algérie sont soumis à l'impôt algérien, même si les sucessions se sont ouvertes en France et réciproquement.

L'unité de déclaration a été maintenue telle qu'elle résulte de l'article 16 de la loi du 25 février 1901, même lorsque le *de cujus* possédait à la fois des biens situés en France et des biens situés en Algérie. Cette déclaration unique doit être déposée au bureau du domicile soit en France, soit en Algérie. C'est ce que décide l'article 17 de la loi de crédits du 29 décembre 1919, ainsi conçu :

« Dans le cas où la succession d'une personne comprend à la fois des biens « imposables en Algérie et des biens imposables en France, la déclaration de « l'ensemble de la succession est faite au bureau de l'enregistrement du domicile.

« A défaut de domicile en France ou en Algérie, la déclaration est souscrite au « bureau du lieu du décès, et, si le décès est survenu hors de France ou d'Algérie, « aux bureaux qui seront désignés par l'Administration.

« Le receveur du bureau qui reçoit la déclaration est compétent pour liquider « et percevoir les droits exigibles pour le compte du budget de la métropole ou « de l'Algérie.

« Les héritiers qui demandent à différer le payement des droits conformément « à l'article 7 de la loi du 13 juillet 1911 et à la loi du 14 novembre 1918 dépo- « seront leur demande au bureau compétent pour recevoir la déclaration. »

Il résulte de ce texte qu'une seule formule sera présentée au bureau compétent pour la recevoir, comprenant *tous les biens* dépendant de l'hérédité situés dans l'un et l'autre pays. Mais par suite de la différence des tarifs, les biens algériens et les biens français ne devront pas être confondus dans une même masse et leur détail devra figurer dans la formule, sous des paragraphes distincts, tels que : *Actif français de communauté. — Actif algérien de communauté. — Actif français de succession. — Actif algérien de succession.*

La distinction s'effectuera conformément aux règles suivantes :

Biens corporels. — Les immeubles, meubles meublants, fonds de commerce, récoltes et autres meubles corporels sont, en vertu du statut réel de l'impôt, assu-

jettis a la législation fiscale du pays, où ils ont leur assiette matérielle Cass. civ.
28 janvier 1880. Inst. de la Régie n° 2641 § 5, et 3662 p. 4, et doivent être classés
en conséquence dans la formule.

Valeurs incorporelles.— Les valeurs incorporelles sans assiette déterminée doivent être classées en s'inspirant de ce principe qu'elles sont régies par la législation du pays où le défunt avait son domicile. On doit ranger dans cette catégorie les titres de rentes, d'actions, d'obligations, les diverses créances hypothécaires ou chirographaires, les assurances sur la vie et les rentes perpétuelles ou viagères, qu'il s'agisse de valeurs françaises ou de valeurs étrangères.

Communauté. — La distinction doit s'opérer d'après les mêmes principes. En matière d'indivision comme en matière de communauté conjugale on classera les valeurs d'après les tarifs différents qui doivent être appliqués sur la quote-part recueillie par chaque associé.

1° *Reprises.* — Si les époux ont des reprises à exercer contre la communauté la solution diffère suivant qu'ils agissent comme créanciers ou co-propriétaires de la masse commune Baudry-Lacantinerie T. II, n° 1128.

Si les reprises s'exercent par voie de prélèvement, d'après l'article 1470 du Code Civil, sur des biens corporels ayant leur assiette dans un pays autre que celui du domicile elles seront classées selon la situation de chaque bien ayant servi à l'extinction du droit de reprise.

Dans le cas contraire, si les reprises s'exercent autrement que par voie de prélèvement, elles constituent un simple droit incorporel de créance régi par la législation fiscale du domicile et sont rangées en conséquence.

En règle générale on doit opérer le prélèvement dans l'ordre tracé par l'article 1471 du Code Civil, d'abord sur l'argent comptant, puis sur le mobilier et enfin sur les immeubles.

2° *Récompenses.* — Les récompenses ou indemnités dues par l'un des époux à l'autre ou à la communauté sont considérées toujours comme de simples droits de créance et doivent figurer à l'actif soit de la succession, soit de la communauté parmi les valeurs sans assiette déterminée passibles de l'impôt dans le pays où le défunt avait son domicile ou dans le lieu du décès, à défaut de domicile en France ou en Algérie.

Imputation du passif. — La loi du 29 décembre 1919 ne permet plus de déduire toutes les dettes héréditaires, même celles gagées ou hypothéquées, sur des biens ayant leur assiette matérielle en Algérie, de l'actif français comme cela se produisait lorsque cet actif était seul assujetti à l'impôt de mutation par décès Inst. 3335, § 12. L'article 18 de la dite loi est en effet ainsi conçu : « Lors-
« qu'une succession comprenant à la fois des biens imposables en France
« et des biens imposables en Algérie est grevée d'un passif, ce passif est déduit
« des biens imposables en France dans la mesure déterminée par la propor-
« tion existant entre la valeur de ces biens et celle des biens imposables en
« Algérie. »

Le mot *passif* employé par le législateur s'entend dans son sens le plus large. Il comprend non seulement les reprises que les époux peuvent exercer contre la communauté à titre de simple droit de créance et les récompenses ou indemnités qu'ils doivent à la communauté ou qu'ils se doivent réciproquement, mais encore les legs particuliers de sommes d'argent ou de rentes perpétuelles ou viagères, toutes les fois qu'ils incombent à l'universalité du patrimoine. L'imputation se fait dans la proportion établie par l'article 18 précité. Toutefois, si des legs sont payables sur le montant d'un autre legs de corps certains, ils ne peuvent s'imputer que sur les biens compris dans ce legs.

La même règle d'imputation doit être observée à l'égard des biens détenus à titre précaire par le *de cujus*, notamment en matière d'usufruit, de gage, de dépôt ou de mandat, si ces valeurs ont perdu leur individualité et se trouvent confondues dans la masse héréditaire. Si, au contraire, elles existent encore en nature et peuvent être identifiées, il faudra les distraire matériellement des biens situés soit en France, soit en Algérie.

La règle d'imputation proportionnelle du passif entre les biens français et les biens algériens, lorsque le passif frappe l'universalité des biens par suite de l'absence de dispositions testamentaires à cet égard, est générale et absolue. Les modifications que les parties auraient pu adopter dans leurs rapports particuliers ne seraient pas susceptibles de la faire fléchir et resteraient sans influence au point de vue de la déclaration à souscrire. Mais il est incontestable que la volonté du testateur doit être respectée. Ainsi s'il lui plaît d'imposer à un légataire ou à un donataire de corps certains, ayant leur assiette dans un pays déterminé, le payement du passif, dont ces biens sont grevés ou même tout le passif successoral, la déduction devrait se faire exclusivement sur les biens algériens ou français, d'après les indications résultant du testament. La formule devrait être très explicite à ce sujet en reproduisant les dispositions de dernière volonté du défunt.

Délais pour souscrire les déclarations algériennes.—L'article 1er du premier décret du 29 décembre 1919 (art. 21 de la décision de l'assemblée des délégations financières) porte que le délai applicable aux déclaration à souscrire en Algérie est de :

1° six mois, lorsque celui dont on recueille la succession est décédé en Algérie.

2° huit mois, s'il est décédé en France ou dans toute autre partie de l'Europe, en Tunisie ou au Maroc.

3° Dix-huit mois, s'il est décédé dans tout autre pays.

Si la *déclaration* des biens imposables en Algérie doit être faite en France, le délai pour la souscrire est le même que celui accordé par la loi métropolitaine pour déclarer les biens en France art. 19 §2 du 1er décret du 29 décembre 1919).

Bureau compétent. — Nous avons déjà indiqué que la déclaration unique qui doit être souscrite, comprenant tous les biens héréditaires du *de cujus*, doit être déposée au bureau de son domicile soit en France, soit en Algérie, ou, à défaut de domicile, à celui du lieu du décès.

Si le décès ne s'est pas produit en France ou en Algérie, et si le décédé n'y avait pas son domicile, les héritiers auront la faculté de déclarer les biens soumis à l'impôt, *lorsque les déclarations sont souscrites dans le délai.* savoir :

En France à l'un des bureaux déjà désignés pour recevoir les déclarations de successions des personnes domiciliées et décédées hors de France, tels que nous les avons indiqués au chapitre 1er § 7 : Paris (1er SSons), Lille (1er SSons). Nice, Marseille (1er SSons), Pau, Bordeaux (1er SSons, Briey, Lunéville SSons), Pont-à-Mousson (Meurthe-et-Moselle).

En Algérie, à l'un des bureaux des successions établis à Alger, à Oran, à Constantine et à Bône (Inst. 3622 § 6).

Mais le 1er bureau des successions de Paris est seul compétent, à l'exclusion de tout autre bureau français ou algérien, si les déclarations concernant des personnes non domiciliées et non décédées en France ou en Algérie n'ont pas été souscrites dans les délais légaux ou n'ont pas fait l'objet d'une demande *préalable* de prorogation de délai (1. 13 juillet 1911 et 14 novembre 1918).

CHAPITRE VI

DES RAPPORTS DES DONS EN AVANCEMENT D'HOIRIE

La loi du 25 février 1901, ayant établi un tarif progressif sur la part nette recueillie par chaque ayant droit, on s'est demandé s'il n'y aurait pas lieu de mentionner dans la formule de déclaration de mutation par décès les libéralités *en avancement d'hoirie* faites par le *de cujus* à un de ses successibles, soit par contrat de mariage, soit autrement, absolument comme s'il s'agissait d'un partage. Ce rapport semblait nécessaire, même en dehors des cas d'usufruit non point pour soumettre les sommes déjà sorties du patrimoine du défunt à un nouvel impôt, mais pour déterminer la part de chacun et permettre d'appliquer le nouveau tarif progressif sur chacune de ces parts, tout en déduisant la somme rapportée de la part nette du successible débiteur du rapport.

M. Besson avait admis avec raison cette conséquence logique résultant de la nouvelle loi (Réf. fisc. des SS^{ons}, n° 65 p. 75). Mais l'Inst. 3058 avait donné une solution différente et dispensé ainsi les déclarants d'indiquer ces rapports dans la formule. « Les biens donnés, y est il dit, sont en effet irrévocablement sortis « du patrimoine du donateur, et au point de vue de l'application du droit de « mutation par décès, les valeurs rapportées ne peuvent être comprises, dans « la masse héréditaire. La mutation entre vifs, réalisée par la donation qui a « supporté l'impôt d'après le tarif spécial aux contrats de cette nature, est com- « plètement distincte de la transmission qui s'opère par le décès du *de cujus* ; « chacune de ces mutations doit être considérée isolément pour l'application des « tarifs. La loi du 25 février 1901 n'a nullement touché à cette règle toujours « admise sous l'empire de la législation antérieure. »

Après un nouvel examen de la difficulté, l'Administration a abandonné cette doctrine pour se rallier à la théorie de M. Besson. S'appuyant sur un arrêt de la Cour de Cassation du 28 octobre 1889, elle assimile le donataire qui doit effectuer un rapport à celui qui n'a pas obtenu l'exécution de sa libéralité. Le donataire tenu du rapport se trouve en effet, obligé de réintégrer dans la masse successorale ce qu'il aurait reçu, il devient, par contre, par cette remise et en vertu de la donation elle-même copropriétaire d'une fraction correspondante de l'hérédité, de sorte qu'il participe toujours au partage comme donataire, jusqu'à concurrence des biens donnés et rapportés. Une telle idée n'est contraire ni au caractère de la donation en avancement d'hoirie, qui n'est qu'une délivrance anticipée de la succession au profit de l'un des héritiers éventuels, ni à la nature du rapport, dont l'objet est justement d'assurer l'égalité entre cohéritiers.

Par application de cette doctrine, que le rapport s'effectue en nature ou qu'il se fasse en moins prenant, le donataire en avancement d'hoirie ne doit l'impôt sur sa part dans la masse successorale, comprenant les biens existants et les rapports, que déduction faite d'une somme égale à celle rapportée. Mais, par contre, les héritiers non donataires devaient acquitter le droit sur la part totale qui leur revenait dans cette masse, puisqu'ils n'ont rien payé jusque là. Néanmoins dans un esprit d'équité l'Administration a autorisé à imputer sur les autres parts le complément des valeurs.

Les rapports de donations en avancement d'hoirie deviennent ainsi un des éléments dont il faut tenir compte pour déterminer les parts héréditaires. Il importe, par conséquent, de les mentionner dans les déclarations que les parties ont à souscrire pour le payement de l'impôt. Si, par suite de leur omission la perception effectuée se trouvait insuffisante, la peine du droit en sus prononcée par l'article 39 de la loi du 22 frimaire an VII, deviendrait applicable (Inst. du 27 mars 1904, n° 3146 § 1er).

La formule de déclaration, après l'indication de l'actif et du passif dans l'ordre déjà indiqué, doit comprendre une analyse sommaire, mais suffisante des libéralités en avancement d'hoirie faites aux héritiers par le *de cujus*. Cette énumération doit contenir l'énonciation des actes avec les noms des donataires et le montant des valeurs données.

Quid des dons manuels ? — Les dons manuels, comme les donations ordinaires sont sujets à rapport, à moins que les circonstances de la cause ne révèlent clairement, de la part du donateur, l'intention de les en dispenser (Cass. 12 août 1884 ; S. 45, 1, 42 ; — Rouen, 24 juillet 1845 ; D. P. 46, 2, 86 ; — Toulouse, 13 mai 1846 ; S. 48, 2, 144 ; — Bordeaux, 20 décembre 1893 ; D. P. 99, 2, 153). Il est donc nécessaire de les mentionner dans la formule, surtout s'ils sont susceptibles plus tard d'être compris dans une liquidation entre les divers ayants-droits.

Quant aux donations préciputaires il est inutile d'en parler, à moins qu'on ne veuille établir ainsi qu'elles n'excèdent pas la quotité disponible.

La liquidation de la taxe progressive étant l'œuvre du receveur, nous n'avons pas à entrer ici dans les développements qu'elle comporte. Les déclarants ont rempli leurs obligations, lorsqu'ils lui ont fourni tous les éléments nécessaires pour pouvoir légalement l'établir.

CONCLUSION

Après avoir réuni toutes les pièces nécessaires conformément aux indications fournies, et suivant la consistance des valeurs transmises, les redevables peuvent se présenter au bureau de l'Enregistrement compétent pour y souscrire la déclaration de succession de leur auteur. En résumé ces pièces sont :

I. — Pour les successions soumises à loi du 25 février 1901 :

1° Une formule comprenant une ou plusieurs feuilles vendues à raison de deux centimes 1/2 la feuille simple ou de 0 fr. 05 la feuille double, sur laquelle figurent toutes les énonciations préliminaires, le détail de toutes les valeurs mobilières laissées par le *de cujus* et de tous les immeubles compris dans le ressort du bureau de son domicile, le résumé des immeublés situés en dehors de ce ressort, les divers renseignements concernant les déductions autorisées par des dispositions antérieures à la loi de 1901, le total du passif tel qu'il résulte de l'état annexé à la déclaration ainsi que le rapport des donations faites aux successibles en avancement d'hoirie.

2° Autant de formules spéciales, qu'il y a d'immeubles héréditaires compris dans divers bureaux d'Enregistrement, autres que celui où la déclaration est reçue. Ces formules doivent chacune contenir le détail des immeubles situés dans le ressort du bureau, où elles doivent être transmises par les soins de l'Administration. Elles sont délivrées gratuitement dans chaque bureau d'Enregistrement à toute personne qui les réclame.

3° Un état sur papier timbré des meubles meublants compris dans la succession, où ils doivent être détaillés et estimés article par article. Cet état n'est nécessaire, qu'à défaut de vente publique de ces mêmes meubles, ou à défaut de police d'assurance remontant à moins de dix ans depuis l'ouverture de la succession, car autrement cette police doit servir de base d'évaluation, ou à défaut d'inventaire de ces meubles notarié ou enregistré. Toutefois on peut se dispenser de fournir cet état pour les successions soumises à la loi du 30 juin 1923, en déclarant prendre pour base 5 % des autres valeurs déclarées.

4° Un inventaire détaillé du passif, s'il y a lieu, rédigé sur papier libre, comprenant toutes les dettes héréditaires, divisées au besoin en quatre catégories d'après les distinctions que nous avons admises.

5° Autant d'attestations sur papier libre qu'il y a de créanciers distincts pour toutes les dettes autres que celles résultant de titres authentiques et non échues depuis plus de trois mois au moment de l'ouverture de la succession. (Pour ces dettes, il est même recommandé aux receveurs de ne pas user de la faculté qui leur est concédée par l'article 6 de la loi de 1901).

6° Autant de copies collationnées ou de titres produits qu'il y a d'actes sous seing privé invoqués à l'appui de la demande en déduction. Ces pièces sont remises en même temps que la déclaration, mais sont retirées avec la quittance des droits payés délivrée par le receveur, à la différence des autres pièces qui doivent rester au bureau.

II. — Pour les successions ouvertes avant la promulgation de la loi du 25 février 1901 et soumises à la législation antérieure :

1° Autant de formules ordinaires qu'il y a de biens situés dans le ressort de différents bureaux. Chacune de ces formules doit être déposée par les parties elles-mêmes au bureau qu'elle concerne où les droits sont distinctement acquittés par les redevables. Les rentes et autres biens meubles sans assiette déterminée, tels que coupons d'intérêts, ou d'arrérages, créances ou autres droits incorporels sont inscrits sur la formule destinée au bureau du domicile du *de cujus* (l. 22 frimaire an VII, art. 27). — L'Administration s'appuyant sur la généralité de l'article 22 de la loi du 25 février 1901 exige l'emploi de formules acquises moyennant cinq centimes ou deux centimes et demi même pour les déclarations soumises à la législation ancienne. M. Besson justifie cette décision, en déclarant que le fait générateur de la taxe consiste, non pas dans le fait juridique de l'ouverture de la succession, mais dans l'*emploi* de la formule affectée à la déclaration Réforme des SS^ons n° 38 p. 60). — Nous ne saurions admettre cette explication et nous pensons que l'Administration a violé sur ce point le principe de la non rétroactivité, que le législateur de 1901 a entendu respecter (Décl^on du Ministre des Finances, (*J. O.* du 23 janvier 1900; Sénat, p. 79, Col. 2). Par le fait de la non promulgation de la loi, les redevables avaient un droit acquis à se servir de formules gratuites, en vertu de l'article 11 de la loi du 6 décembre 1897, droit qui leur a été arbitrairement et illégalement retiré.

2° Autant d'états sur papier timbré, contenant le détail article par article du mobilier laissé par le *de cujus* qu'il y a de biens meubles situés dans le ressort de divers bureaux, à moins que ces meubles ne soient déjà compris et détaillés dans des inventaires ou dans des ventes publiques.

Nous joignons à cet ouvrage des états des diverses taxes permettant de liquider les droits pour chaque succession, y compris les taxes successorales.

A P P E N D I C E

La loi du 22 mars 1924, qui a eu pour but de créer de nouvelles ressources fiscales, a ajouté un double décime à tous les impôts existant au moment de sa promulgation. Ce double décime atteint également les droits de mutation par décès, aussi bien ces droits proprement dits que la taxe successorale, lorsqu'elle est exigible sous les conditions déjà indiquées.

En ce qui concerne cette taxe successorale, ce double décime devra s'ajouter au principal de la taxe pour être déduit avec elle de l'actif imposable en vue de la détermination des parts nettes.

Il importe de remarquer que les deux décimes entreront en compte pour le calcul du maximum de 80 % prévu au 4e alinéa de l'article 30 de la loi du 25 juin 1920.

Ainsi le législateur de 1924, comme celui de 1920, estime que, sous prétexte de droits de mutation, on ne saurait absorber la totalité des biens transmis et il veut bien réserver la modeste part de 20 % aux bénéficiaires d'une succession! Tous les tarifs véritablement abusifs, établis par les diverses lois votées depuis plus de 20 ans, ne sauraient donc atteindre cette réserve. Malgré tous les besoins fiscaux de l'heure actuelle ce prélèvement de 80 % paraîtra aux yeux de tous comme une atteinte à la propriété individuelle. Il serait donc équitable de rechercher par ailleurs les ressources nécessaires et de s'inspirer de la législation italienne, qui a supprimé l'impôt de mutation par décès en ligne directe et l'a réduit en ligne collatérale. Sans admettre la totalité de ce principe, il serait équitable d'exonérer de droits les premières tranches successorales par exemple jusqu'aux parts ne dépassant pas 100.000 frs., tout en maintenant la législation actuelle pour le surplus. On donnerait ainsi satisfaction à la fois aux individualistes et aux collectivistes. En effet, les socialistes eux-mêmes, qui sont animés de sentiments humanitaires incontestables, affirment ne pas vouloir porter atteinte à la *petite* propriété. Elle se trouverait par cela même respectée. Seuls les opulents, ceux pour qui la vie est facile, continueraient à payer l'impôt sur les tranches héréditaires élevées et par suite non exonérées.

Conditions d'exigibilité du double décime. — La loi n'a pas d'effets rétroactifs et la loi du 22 mars 1924 n'a pas dérogé à cette règle en ce qui concerne les droits de succession. C'est le décès qui, en principe, constitue le fait générateur de l'impôt. Il en résulte que la taxe successorale et les droits de mutation par décès afférents aux successions ouvertes antérieurement à sa promulgation ne sont pas assujettis au double décime (Décl. Conf. du Min. des Fin., séance du 15 *mars* 1924, *J. O. Sénat*, Déb., p. 356 et 357. — Inst. de la Régie n° 3810.

Autres innovations résultant de la loi de 1924

I. — *Insuffisances d'évaluations immobilières en matières de mutations par décès.* — Les lois des 27 mai et 29 juin 1918 ont institué en cette matière une procédure dite de « conciliation ». L'article 3 de la loi du 27 mars 1918 porte notamment que « les redevables, dont les déclarations n'auront pas été admises « en seront avisés par lettre motivée et *recommandée*, et ils auront la faculté « de présenter des observations justificatives dans le délai d'un mois à partir de « la réception de la lettre d'avis qui leur aura été adressée ». Dans cette situation les redevables n'étaient tenus d'acquitter que le complément de droit afférent à l'insuffisance reconnue. Le double droit en sus édicté par l'article 12 de la loi du 8 avril 1910 ne se trouve plus ainsi applicable qu'en cas d'expertise judiciaire ou d'insuffisance reconnue frauduleuse. Inst. de la régie n° 3563 .

L'article 29 de la loi du 22 mars 1924 a supprimé l'obligation d'une lettre *recommandée*. Les réclamations de cette nature seront faites au moyen d'avertissements ordinaires. Les redevables en recevront au moins *deux*, avant qu'il puisse être procédé à l'expertise dans les formes tracées par l'article 5 de la loi du 22 février 1912 et par les dispositions non contraires des lois antérieures.

Au point de vue des sanctions applicables la loi nouvelle de 1924 établit une distinction, selon que l'insuffisance est reconnue avant ou après la notification de la requête en expertise et dans cette dernière hypothèse, suivant que l'insuffisance excède ou non le *sixième* de la valeur déclarée.

Lorsque le redevable reconnaît l'insuffisance, avant la notification de la requête en expertise ou même sans la reconnaître, si, après la notification, l'insuffisance constatée n'excède pas un *sixième*, il n'est tenu de payer que le droit simple sur le supplément d'estimation, les frais exposés restant à la charge de l'Administration. Mais il devra acquitter un intérêt de retard calculé au taux de 6 % sur le montant du complément de droit simple à compter du jour de la déclaration contenant la mutation.

Si, au contraire, l'insuffisance constatée ou reconnue après la notification de la requête excède le *sixième* de la valeur déclarée. le redevable doit payer non seulement le droit simple sur le supplément d'estimation mais encore le droit en sus et les frais d'expertise.

II. — *Droit de préemption au profit de l'Etat de la part revenant à un défunt de nationalité française ou domicilié en France sur des biens meubles ou immeubles situés en France et apportés à une société constituée à l'étranger.* — Lorsqu'une société a été formée à l'étranger entre une personne ayant une certaine fortune et ses enfants ou ayants droits à sa succession, l'apport de ses biens situés en France en fait passer la propriété sur la tête de l'être moral qu'est la dite société. Aussi à son décès ses héritiers ou ayants droit n'auront à insérer dans la déclaration de sa succession qu'une part d'associé plus ou moins importante.

Dans le cas où cette part de société serait évaluée d'une façon paraissant insuffisante, l'article 30 de la loi du 22 mars 1924 autorise l'Administration à préempter cette part au profit de l'Etat, moyennant le versement d'une somme égale à la valeur déclarée augmentée du dixième.

L'exercice de ce droit de préemption au profit de l'Administration est subordonné aux conditions suivantes:

1° L'apporteur décédé doit être de nationalité française, ou être domicilié en France, s'il est étranger ;

2° L'apport doit consister en biens meubles ou immeubles situés en France. Mais, vu la généralité des termes employés par le législateur, le texte s'applique à tous les biens sans exception, aux biens corporels, comme aux biens incorporels tels que les créances et valeurs mobilières ;

3° La société doit avoir son siège à l'étranger, c'est-à-dire en dehors de notre pays. Peu importe que la société soit civile ou commerciale, quelle qu'en soient la nature et la forme, puisque la Jurisprudence admet la personnalité des sociétés civiles :

4° La société doit être constituée entre l'apporteur et ses enfants ou tous autres ayants droit à sa succession, cette expression comprenant tous les successibles sans aucune réserve : héritiers *ab intestat*, successeurs irréguliers, légataires et donataires à cause de mort.

L'entrée dans la société d'une ou de plusieurs personnes étrangères à la succession du père de famille ne mettrait pas obstacle à l'exercice du droit de préemption conféré à l'Administration de l'Enregistrement par la loi nouvelle.

Ce droit de préemption doit être exercé par le Trésor dans le délai de *trois mois* à compter de la déclaration de succession sur la « part du défunt dans la société ». Cette part sociale peut consister soit en une part d'intérêt, soit en actions, suivant qu'il s'agit d'une société de personnes ou d'une société de capitaux. — Pour exercer ce droit, l'Etat devra verser aux ayants droit du défunt, outre la valeur assignée à la part sociale dans la déclaration de succession, un dixième de cette même valeur.

Résumé. — La loi du 22 mars 1924 n'a apporté aucune modification dans la confection de la formule des déclarations de succession, telle qu'elle a été préconisée dans cet ouvrage. Il est bon, cependant, qu'elle ne soit pas totalement méconnue de ceux qui sont chargés de rédiger des déclarations de mutation par décès, au point de vue des conséquences qui peuvent en résulter.

Loi du 25 Juin 1920

TARIF APPLICABLE A LA FRACTION COMPRISE ENTRE	NOMBRE D'ENFANTS LAISSÉS PAR LE DÉFUNT			
	3 enfants vivants ou représentés	2 enfants vivants ou représentés	1 enfant vivant ou représenté	point d'enf. vivant, ni représenté
	p. 100	p. 100	p. 100	p. 100
1 et 2.000 fr.	0 25	0 50	1 »	3 »
2.001 et 10.000 fr.	0 50	1 »	2 »	6 »
10.001 et 50.000 fr.	0 75	1 50	3 »	9 »
50.001 et 100.000 fr.	1 »	2 »	4 »	12 »
100.001 et 250.000 fr.	1 25	2 50	5 »	15 »
250.001 et 500.000 fr.	1 50	3 50	6 50	18 »
500.001 et 1.000.000 fr.	2 25	4 25	8 »	21 »
1.000.001 et 2.000.000 fr.	3 20	6 »	12 »	24 »
2.000.001 et 5.000.000 fr.	3 60	6 75	13 50	27 »
5.000.001 et 10.000.000 fr.	4 »	7 50	15 »	30 »
10.000.001 et 50.000.000 fr.	4 40	8 25	16 50	33 »
50.000.001 et 100.000.000 fr.	4 80	9 »	18 »	36 »
100.000.001 et 500.000.000 fr.	5 50	10 »	20 »	37 »
au-dessus de 500.000.000 fr.	7 50	12 »	21 »	39 »

Loi du 31 Décembre 1917

DEGRÉ DE PARENTÉ	1 à 2.000	2.001 à 10.000	10.001 à 50.000	50.001 à 100.000	100.001 à 250.000	250.001 à 500.000	500.001 à 1.000.000	1.000.001 à 2.000.000
		20	120	620	1.620	4.120	9.120	19.120
Ligne directe descendante — 1er degré	1 »	2 »	3 »	4 »	5 »	6 »	7 »	8 »
Ligne directe descendante — 2e degré	1.50	2.50	3.50	4.50	5.50	6.50	7.50	8.50
Ligne directe descendante — au delà	2 »	3 »	4 »	5 »	6 »	7 »	8 »	9 »
Ligne directe ascendante — 1er degré	2.50	3.50	4.50	5.50	6.50	7.50	8.50	9.50
Ligne directe ascendante — 2e —	3 »	4 »	5 »	6 »	7 »	8 »	9 »	10 »
Ligne directe ascendante — 3e —	3.50	4.50	5.50	6.50	7.50	8.50	9.50	10.50
Epoux	5 »	6 »	7 »	8 »	9 »	10 »	11 »	12 »
Frères et sœurs	10 »	11 »	12 »	13 »	14 »	15 »	16 »	17 »
Neveux et nièces	15 »	16 »	17 »	18 »	19 »	20 »	21 »	22 »
Grands oncles, cousins germains	20 »	21 »	22 »	23 »	24 »	25 »	26 »	27 »
Au delà	25 »	26 »	27 »	28 »	29 »	30 »	31 »	32 »
Etablissements Bienfaisance	9 »							

Taxe successorale

	1 à 2.000	2.001 à 10.000		10.001 à 50.000		50.001 à 100.000		100.001 à 250.000		250.001 à 500.000		500.001 à 1.000.000		1.000.001 à 2.000.000	
3 enfants	0.25	0.50	5	0.75	30	1 »	155	1.25	405	1.50	1.030	1.75	2.280	8 »	4.780
2 enfants	0.50	1 »	10	1.50	60	2 »	310	2.50	810	3 »	2.060	3.50	4.560	4 »	9.560
1 enfant	1 »	2 »	20	3 »	120	4 »	620	5 »	1.620	6 »	4.120	7 »	9.120	2 »	19.120
Pas d'enfant	2 »	4 »	40	6 »	240	8 »	1.240	10 »	3.240	12 »	8.240	14 »	18.240	16 »	38.240

Loi du 25 Juin 1920

J. O. du 26 Juin 1920

Exécution du 28 Juin 1920

DEGRÉ DE PARENTÉ	1 à 2.000	2.001 à 10.000	10.001 à 50.000	50.001 à 100.000	100.001 à 250.000	250.001 à 500.000	500.001 à 1.000.000	1.000.001 à 2.000.000
Ligne directe descendante — 1er degré	1 »	2 » 20	3 » 120	4 » 620	5 » 1.620	6 » 4.120	7 » 9.120	9 » 29.120
Ligne directe descendante — 2e deg. et Ep^x	1.50	2.50 20	3.50 120	4.50 620	5.50 1.620	6.50 4.120	7.50 9.120	9.50 29.120
Ligne directe descendante — au delà	2 »	3 » 20	4 » 120	5 » 620	6 » 1.620	7 » 4.120	8 » 9.120	10 » 29.120
Ligne directe ascendante — 1er degré	2.50	3.50 20	4.50 120	5.50 620	6.50 1.620	7.50 4.120	8.50 9.120	10.50 29.120
Ligne directe ascendante — 2e degré	3 »	4 » 20	5 » 120	6 » 620	7 » 1.620	8 » 4.120	9 » 9.120	11 » 29.120
Ligne directe ascendante — au delà	3.50	4.50 20	5.50 120	6.50 620	7.50 1.620	8.50 4.120	9.50 9.120	11.50 29.120
Frères et sœurs	10 »	12 » 40	14 » 240	16 » 1.240	19 » 4.240	22 » 11.740	25 » 26.740	28 » 56.740
Neveux et nièces	15 »	17 » 40	19 » 240	21 » 1.240	24 » 4.240	27 » 11.740	30 » 26.040	33 » 56.740
Grands oncles et cousins 4e	20 »	22 » 40	24 » 240	26 » 1.240	29 » 4.240	32 » 11.740	35 » 26.740	38 » 56.740
Au delà du 4e	25 »	27 » 40	29 » 240	31 » 1.240	34 » 4.240	37 » 11.740	40 » 26.740	43 » 56.740
Taxe								
Taxe successorale								
3 enfants	0.25	0.50 5	0.75 30	1 » 150	1.25 405	1.50 1.030	2.25 4.780	3.20 14.280
2 enfants	0.50	1 » 10	1.50 60	2 » 310	2.50 810	3.50 3.310	4.25 7.060	6 » 24.560
1 enfant	1 »	2 » 20	3 » 120	4 » 620	5 » 1.620	6.50 5.370	8 » 12.870	12 » 52.870
Pas d'enfant	3 »	6 » 60	9 » 340	12 » 1.860	15 » 4.860	18 » 12.360	21 » 27.360	24 » 57.360

TABLE DES MATIÈRES

CHAPITRE III

ÉVALUATION DES BIENS DÉTRUITS OU ENDOMMAGÉS PAR LES FAITS DE GUERRE 119

CHAPITRE IV

DU PASSIF ET DES DÉDUCTIONS AUTORISÉES 120

SECTION I. — DES DÉDUCTIONS ANTÉRIEURES A LA LOI DU 25 FÉVRIER 1901 121

SECTION II. — DU PASSIF PROPREMENT DIT 135

9 782329 199085